柯桥古镇：一边梦里水乡，一边纺都繁华

柯桥区羊山攀岩馆

谢家坞村

棠棣村村道

国兰家庭农场

平水日铸茶叶园

会稽山黄酒小镇

安昌古镇

酒源叶家堰

柯岩景区鲁镇夜景

柯桥南部山区

会稽山国际营地射击场

王坛镇南溪书舍

会稽山古香榧群访问中心

稽东榧香书舍

浙江省现代纺织技术创新中心展示中心

2023 柯桥秋季时尚周
启幕秀

兰亭文化旅游度假区风光

2023 第六届世界布商大会

杭绍临空一体化发展示范区绍兴片区揭牌仪式

全力聚焦"八八战略"引领的高质量发展
全景展示"中国式现代化"的多维度蝶变

共同富裕的柯桥密码

绍兴市柯桥区人民政府
浙江工业大学之江学院　编著

ZHEJIANG UNIVERSITY PRESS
浙江大学出版社
·杭州·

图书在版编目（CIP）数据

共同富裕的柯桥密码 / 绍兴市柯桥区人民政府，浙
江工业大学之江学院编著. -- 杭州 ： 浙江大学出版社，
2024.5

ISBN 978-7-308-24903-4

Ⅰ. ①共… Ⅱ. ①绍… ②浙… Ⅲ. ①区域经济发展
—研究—柯桥区 Ⅳ. ①F127.554

中国国家版本馆CIP数据核字(2024)第086993号

共同富裕的柯桥密码
GONGTONG FUYU DE KEQIAO MIMA
绍兴市柯桥区人民政府　浙江工业大学之江学院　编著

责任编辑	平　静	
责任校对	黄梦瑶	
装帧设计	周　灵	
出版发行	浙江大学出版社	
	（杭州市天目山路148号　　邮政编码　310007）	
	（网址：http://www.zjupress.com）	
排　　版	杭州林智广告有限公司	
印　　刷	浙江新华印刷技术有限公司	
开　　本	710mm×1000mm 1/16	
印　　张	23.25	
插　　页	6	
字　　数	404千	
版 印 次	2024年5月第1版　2024年5月第1次印刷	
书　　号	ISBN 978-7-308-24903-4	
定　　价	120.00元	

《共同富裕的柯桥密码》
编委会

主　　任　姜少飞　何作井

执行主任　任宏亮　程宣梅　周群芳

副 主 任（按姓氏笔画排序）

王　涛　王真慧　刘程军　严绍南
李　菲　李武军　汪俊东　陈月芳
郑　诚　胡李川　夏颖翀　钱苗娣
唐根年　陶永兴　曹　祁　董　勇
韩　峰

成　　员（按姓氏笔画排序）

叶玲珠　孙春晓　李恒光　杨杨帆
邹迎双　张　帆　张　炜　张增祥
陈　思　范　勇　柯　科　徐　喆
徐丽仙　陶佳苹　曹　帅　曹志奎
喻伟祥

前　言

P R E F A C E

大道之行，精彩蝶变。

2023 年，是深入学习贯彻落实党的二十大精神的开局之年，国家共建"一带一路"倡议提出 10 周年，浙江"八八战略"和"千万工程"实施 20 周年，也是杭州第19 届亚运会成功举办之年，更是柯桥区（原绍兴县）打造现代化"国际纺都"的关键之年。

舟循川则游速，人顺路则不迷。"八八战略"为浙江改革发展指明了前进的方向。柯桥被誉为一座"托在布上的城市"，拥有全国最先冠名"中国"的专业市场——中国轻纺城，是全球规模最大的纺织品集散中心，堪称浙江改革开放的一张"金名片"。20 年来，纺城柯桥沿着"八八战略"的指引，一任接着一任干，一张蓝图绘到底，在共同富裕及高质量发展方面走在前列，干在实处，美丽的蓝图渐成现实，在新时代赶考路上交出了一份沉甸甸的"柯桥答卷"。

"共同富裕"是什么？"柯桥答卷"有什么？我们有幸聆听、激情探寻。

创新为先——数字赋能，做大做强

在高质量发展中做大蛋糕是前提基础和必要条件，而要做大蛋糕，制造业无疑是核心，是关键，作为柯桥主导产业和支柱产业的纺织产业，更是必不可少的关键之钥。柯桥围绕打造现代化"国际纺都"的核心目标，从科技创新、时尚创新、绿色创新、数字创新等多元视角，探索重塑纺织行业发展韧性的新路径、新引擎，以数字赋能产业转型升级，培育市场经济新增长点，让创新的活力竞相迸发，让创新的要素汇聚柯桥，让创新的源泉充分涌流，奋力打造更加现代化、更具开放度、更有时尚味、更富竞争力的"国际纺都 杭绍星城"。柯桥坚持实施"智造强区"战略，围绕"1+3"支柱性产业，坚持数字赋能和创新驱动，实施新一轮"腾笼换鸟、凤凰涅槃"攻坚行动，全域推进印染产业高质量发展，深化"织造印染产业大脑""浙里工程师"等多跨场景应用，全力打造世界级现代纺织产业集群。同时，积极抢抓国家战略性新兴产业发展"风口"，培育壮大新材料、泛半导体、生物医药等新兴产业，形成了具有全球竞争力、柯桥辨识度的现代产业体系，以新担当新作为续写纺城新华章。

开放为要——市场拓展，抱团出海

中国轻纺城已成长为全球规模最大、经营品种最多的纺织品集散中心，"线上＋线下"年成交额突破 3300 亿元，全球每年有将近 1/4 的纺织品在此交易，产品销往192 个国家和地区，以"一块布"加速推进着从世界面料集散地到全球时尚策源地的进程。柯桥区积极引导企业"走出去"，通过"丝路柯桥·布满全球"行动，围绕东、西两条路线，西面向欧美高端市场，东面向"一带一路"共建国家，组织企业抱团出海，开拓市场、抢抓更多国际订单，柯桥企业对外开放的脚步永不停歇。常态化运行中欧班列"柯桥号"、成为世界布商大会永久承办地、打造全省首个外贸共享客厅、聘请外籍调解员"以外调外"……这些年，柯桥区不断完善相关配套，积极打造物流网络，持续提升服务效能。一个开放包容、多元创新、昂扬向上的"国际纺都"亮相于世界舞台。

统筹为径——城乡协调，持续跃进

"千万工程"从生态起步，但不止于生态，更是发展理念、发展模式的变革重塑，打破城乡二元结构，推进城乡融合发展，完善城乡之间要素平等交换、双向流动。从垃圾收集、村内道路硬化、卫生改厕、河沟清淤、村庄绿化，向污染治理、农房改造、农村公共设施建设拓展，从一处美向全域美、一时美向持久美、环境美向生活美转型，柯桥走出了一条示范引领、整体推进、深化提升、转型升级的美丽乡村建设新路径。柯桥高标准推进省级试点共富星村建设，从"五星 3A"向"未来乡村"整体跃进，在乡村建设"服务均等化、环境生态化、生活智慧化、文明现代化"上持续发力，全力打造共同富裕现代化基本单元。"千万工程"不仅有力促进了农业强、农村美、农民富，还加快了城乡融合步伐，城市公共设施向农村延伸，城市公共服务向农村覆盖，城市文明向农村辐射。以协办亚运为契机，柯桥以绣花功夫推进"微改造、精提升"，加快推动城乡整体风貌由干净整洁向形神和美转变，高标准实现"办好一个会，提升一座城"。

民生为本——整体智治，精准有效

柯桥以新时代"枫桥经验"为指导，推进城乡整体智治，着眼重点人群，兼顾公平效率，构建高质量就业创业促进机制，深化"扩中提低"改革，落地各类就业提振举措，促进零就业家庭动态消零。柯桥以共富星村省级试点带动全域"共富工坊""未来乡村"建设，实施"老绍兴回归工程"，推进"一片叶子""三棵摇钱树""五朵金花"特色优势产业提质增效，新增各类农村就业岗位。柯桥创新"三农"领域改革，激活农村发展后劲，推进强村富民兴村集成改革，全域推广片区组团和集成帮扶等共富举措，探索实践农村宅基地"三权分置"改革，持续做好"闲置农房激活"，全面盘活农村田地、山林等资源，让农民在家门口就能增收致富。柯桥聚焦公共服务均等化发展，建立"一村一品"特色公共服务体系，推动教育、医疗、养老等公共服务全面升级；持续加强民生服务实体场景功能，打造"5分钟生活服务圈""10分钟公共交通圈""15分钟健身圈""20分钟医疗圈"。柯桥始终将增进民生福祉作为重中之重，坚持问题导向、先行示范、精准有效、系统重塑、多跨协同的原则，尽力而为、量力而行，用心用情用力解决群众急难愁盼问题，让共同富裕更加真实可感。

党建为魂——品牌推进，融合发展

柯桥深入实施"红色根脉强基工程"，全域推进党建联建，形成了集成化的党建联建网络，打造党建统领三级强村公司共富矩阵，实现全区全覆盖。柯桥不断深化拓展驻村指导员制度的内涵外延，全面推进强村公司、共富联盟、共富工坊建设，加强帮扶村集体经济增收和项目招引落地，不断提升村集体经营性收入。绍兴 2500 多年文脉不断，给柯桥留下了众多文化宝藏。柯桥加快推进文商旅融合发展，创新利用、有效激活历史文脉，重塑城市文化体系，做大做强文化产业，打造新时代文化高地。柯桥深入挖掘古越文化、诗路文化、宋韵文化，做大做强"柯桥好戏"文化品牌，积极推进乡村文化振兴行动。柯桥因地制宜发展休闲旅游、特色民宿、采摘体验、健康养老等新产业、新业态、新模式，实现农文旅融合发展，实现从"被动输血"到"主动造血"跨越。柯桥精心打造"有礼有爱"的文明品牌，构建体系化、多样化、高品质公共文化服务，实现文化文明全覆盖，不断聚集正能量，真正实现百姓的精神富裕。

从城市到乡村、从山区到海滨，一幅宜居宜业、人民满意的共同富裕现代化的"柯桥样板"正在绘就。

诚然，"共同富裕"任重道远，"柯桥密码"与时俱进，归根结底，惟改革者进，惟创新者强，惟改革创新者胜！

党的二十大报告中提出实现全体人民共同富裕的现代化目标，浙江被赋予了特别的历史使命。柯桥作为全国十强区，总结这些年来推进共同富裕示范区的建设成果，找寻高质量发展的内在动因，展现榜样力量，是作为探路先锋的应有之义。

《共同富裕的柯桥密码》一书，从做大蛋糕、城乡融合、扩中提低、精神富有、追寻善治、国际纺都等多个维度去剖析柯桥在推进共同富裕建设中的基本做法和主要经验。结合柯桥的产业及特色，本书分为"现代农业与和美乡村""产业升级与数字赋能""文旅融合与精神富裕""宜居乐业与善治追寻""杭绍星城与水韵纺都"五个篇章。每个篇章由十多个典型样本组成，每个样本按照统一的体例，从主要做法和经验启示两方面来总结、提炼，旨在对历史进行回望和记述，希望给读者以启发和参考。

"共同富裕"永无止境，"柯桥密码"一起解读……

《共同富裕的柯桥密码》编委会

2024 年 2 月

目录

C O N T E N T S

C O N T E N T S

CONTENTS

第四篇 宜居乐业与善治追寻

C O N T E N T S

总论　柯桥共同富裕画像

一、解读共同富裕

（一）共同富裕的含义

共同富裕是指在生产力不断发展的基础上，全体人民在历史规定的条件下，按照社会主义公平与正义的原则来共同分享发展的成果。中国地域宽广、人口众多、资源禀赋不平衡，因此，实现共同富裕的目标不能追求同时富裕，而是鼓励部分人及部分地区先富起来，然后再由先富带动其他人或其他地区后富，逐步实现共同富裕。共同富裕是解决我国社会主义发展过程中主要矛盾的重要抓手，也是我国社会主义的本质要求及根本原则。

（二）习近平共同富裕观的核心要义

习近平总书记以科学社会主义为指导，遵循共同富裕的发展规律，继承与创新前人的思想实践成果，立足于中国具体实际，逐步形成了习近平共同富裕观。习近平共同富裕观的内容丰富且翔实，其核心要义主要包括以下三个方面。

1. 共同富裕的科学内涵

第一，共同富裕是社会主义的本质要求，是中国式现代化的重要特征之一。共同富裕是社会主义区别于资本主义的显著优势，社会主义公有制不允许出现两极分化。共同富裕是我国社会主义现代化的根本特征及奋斗目标。习近平总书记在对《中共中央关于制定国民经济和社会发展第十四个五年规划和二〇三五年远景目标的建议》的说明中强调，"随着我国全面建成小康社会、开启全面建设社会主义现代化国家新征程，我们必须把促进全体人民共同富裕摆在更加重要的位置，脚踏实地，久久为功，向着这个目标更加积极有为地进行努力"。缺少全体人民共同富裕的现代化必将丧失社会主义国家的灵魂。我国现代化发展的过程也是全体人民走向共同富裕的过程，朝着共同富裕方向稳步前进是不变的责任。目前，我国已全面建成小康社会，消除了绝对意义上的贫困，向着全体人民共同富裕走出了扎实的一步，为社会主义现代化进程构筑起了标志性的里程碑。

第二，共同富裕是人民群众物质生活和精神生活都富裕。物质决定意识，人民物质生活富裕是精神生活富裕的现实基础。经过改革开放40多年的奋力追赶与快速发展，中国的物质财富获得了极大的发展，人民生活的物质条件获得了极大的改善，但人民群众对美好生活的向往已经从量转向质，从"有没有"转向"优不优"，从物质层面转向精神层面。我们必须以更高质量的精神文化生活满足人民群众对美好生活的新追求，推进精神上的共同富裕，促进人的全面发展。

第三，共同富裕不是少数人的富裕，也不是没有差别的同等富裕、同步富裕。共同富裕是一个总体概念，中国共产党在带领群众奔向共同富裕的道路上，一个也不能掉队。共同富裕是有差异性的普遍富裕，不是同等富裕、"大锅饭式"的富裕或同时富裕，后者是背离了社会主义发展规律和科学社会主义原则的乌托邦式的幻想。事物是普遍性与特殊性的统一体，特殊性即事物之间存在着差异性，如果将差异抹去，在生产力水平尚不发达的情况下过于强调均贫富，只会阻碍共同富裕的实现进程。

2. 共同富裕的基本原则

第一，鼓励勤劳创新致富。中国人民依靠勤劳奋斗和开拓创新的精神品质创造了伟大的中华文明。新时代要使全体人民共同富裕之路走得稳、走得实、走得好，必然离不开奋斗和创新。

第二，坚持基本经济制度。当前，我国正处于社会主义初级阶段，立足于这一基本国情，习近平总书记指出社会主义基本经济制度是实现共同富裕的制度保障和经济基础。因此，在共同富裕目标下，必须将公有制经济的繁荣发展作为重要经济基础。

第三，尽力而为量力而行。我国发展水平离发达国家还有很大差距，扎实推进共同富裕必须立足基本国情，准确把握我国现阶段的应然与实然。政府不能什么都包，不能制定超越阶段的目标，不能搞过头的保障。政府必须正确统筹公共财富消费支出的必然性和民生保障建设的基础性之间的辩证关系。习近平总书记深刻地诠释了在实现共同富裕的过程中，何为尽力而为，何为量力而行。在这一原则的指引下，全体人民共同富裕之路将走得更为扎实、务实和踏实。

第四，坚持循序渐进。充分预估共同富裕目标实现的长期性、艰巨性和复杂性。共同富裕是一项长远的系统工程，只有完成最初设定的阶段性富裕目标，才会发生质的飞跃，迈向下一个更高水平的富裕目标。走在正确的道路上，以点带面，循序渐进，才会行稳致远。每个地区实现共同富裕的基础和条件存在差异，实现共同富裕的进程有快有慢，应在发展较快的地方形成示范效应。例如，浙江在实现高质量发展中探索出解决新时代社会主要矛盾的成功路径，为其他地区推进共同富裕行动提供了可借鉴的经验样本，推动其他地区结合自身情况因地制宜、循序渐进、分梯次实现共同富裕。

3. 共同富裕的实现路径

习近平总书记针对扎实推进共同富裕目标的实现提出了总体思路和具体部署。结合党的十八大以来关于共同富裕发展的理论创新和实践探索，其实现路径主要有以下五个方面。

第一，毫不动摇地坚持党对中国式现代化的领导。历史和现实、理论和实践都雄辩地证明，正是坚持了中国共产党的领导，中华人民共和国才能迎来站起来、富起来和强起来的伟大飞跃。亦然，新时代扎实推进共同富裕不能离开中国共产党这个核心力量，这是在中国历史和当今实践中证明了的真理，只有坚持党的领导，全体人民共同富裕的美好愿望才会如期实现。

第二，树立以人为本的发展旗帜。破除共享发展和共同富裕之间的障碍隔阂，将共享上升为中国特色社会主义的本质要求，共享发展理念的核心就是以人为本，是实现共同富裕目标的重要步伐。

第三，以高质量发展助推共同富裕。高质量发展是党的十九大首次提出的，它区别于传统粗放型经济发展模式，在新发展理念的指导下呈现出一系列鲜明的时代特征，具体表现为增量与增质相统一、平衡性与全面性相统一、目标与路径相统一等。共同富裕是高质量发展的根本旨归，高质量发展是实现共同富裕的重要途径，二者在理论逻辑、时代逻辑和现实逻辑的互动中实现同频共振。

第四，正确处理效率和公平的关系。效率和公平二者虽然具有不同的价值内涵，但其并非尖锐对立，而是能够在共同富裕的实践中优势互补、和谐统一的。在新发展阶段，要构建三次分配的基础性制度安排，将第三次分配作为实现共同富裕的关键路径，通过激发劳动者共享意识和推动多元主体的协同配合，如民间捐赠、慈善事业和集体互助等方式济弱扶倾。在"政府之手"、"市场之手"和"社会之手"的协同配合下，促进生产与分配的平衡统一，实现共同富裕主客体条件的耦合增力。

第五，夯实脱贫攻坚成果，谱写乡村振兴新篇章。 从历史维度来看，消除绝对贫困意味着我国朝共同富裕迈出了扎实的一步，但不是终点，而是实现共同富裕目标取得实质性进展的新开端，仍需要持续巩固脱贫成果、提高脱贫质量和缓解相对贫困，在此基础上，有效衔接乡村振兴战略，释放乡村活力。

二、柯桥高质量共同富裕建设的主要成效

1. 建设绍兴科创走廊，打造高质量发展建设共同富裕示范区

绍兴科创走廊是绍兴市委、市政府的重大决策部署，是区域协同创新的大舞台，是绍兴抢抓长三角一体化机遇、接轨长三角 G60 科创走廊、促进高质量发展的重要引擎。2021 年以来，绍兴借助浙江省"十四五"规划的东风，大力发展绍兴科创走廊，在提升完善科创走廊建设规划，扎实推进市域科创平台建设，有效推动区域科技创新合作，加快集聚优质科技创新资源，迅速形成合力共建氛围等方面，取得了明显成效。柯桥区作为绍兴科创走廊建设的重要组成部分，借助绍兴科创走廊发展之势，不断深入实施创新强区、人才强区战略，以数字化改革为牵引，探索创新了一批特色跨场景应用；同时借助杭绍临空经济一体化发展示范区绍兴片区的有利政策，大力发展柯桥未来之城，集聚了现代纺织鉴湖实验室、印染产业工程师协同创新中心、中科大绍兴新材料研究院等一批高能级科创平台，基于政策引领和科技驱动，不仅为区域发展提供了强大动力，还为区域内的技术革新注入活力。

柯桥根据绍兴市委"聚焦自立自强，在全面增强创新动能上先行突破"的总体决策部署，对标省级战略平台，高质量编制建设规划；对标高能级科创平台，加快标志性项目建设；强化区域创新协同，集聚技术创新要素；强化创新驱动力，促进科技创新生态优化；强化协同联动，营造浓厚建设氛围，形成绍兴市全域科创走廊一体化推进的工作机制。柯桥在引进人才、引进平台、引进项目等方面比以往任何时候都更加主动，全力以赴推动绍兴科创走廊建设，助力绍兴打造高质量发展建设共同富裕示范区。

2. 科技创新 + 大纺织推动产业高质量发展

纺织产业是柯桥的特色优势产业和重要支柱产业，对于实现共同富裕具有不

可替代的作用。自 2021 年以来，轻纺名城柯桥全力以赴，致力于创建世界顶级千亿级现代纺织产业集群。为此，柯桥采取了多种举措，包括打造一流经商环境、提升经营户综合素质、全面深化服务企业、服务群众、服务基层"三服务"等方式，以激发市场主体活力。为推动传统纺织产业转型升级，柯桥采取了多项措施，包括科技创新驱动、时尚潮流崛起、绿色可持续发展等举措。其中，打造"数智轻纺城"是其中的一项关键举措，旨在为纺织产业高质量发展赋能。通过这些措施，柯桥为新时期的纺城再次腾飞插上了"数字翅膀"，走出了一条传统向时尚、单一向多元、低端向高端的纺织产业高质量发展之路。

在新时代，机遇与挑战并存，需要不断创新和改变。柯桥纺织行业积极适应新发展阶段，贯彻新发展理念，构建新发展格局，紧扣"八八战略"和"重要窗口"主题，深入实施传统产业升级 2.0 版。通过这样的努力，柯桥将成为全球布商、金融、科技和人才等全产业链高端要素的聚集地，引领共同富裕的发展道路，为建设新时代的"国际纺织之都""先行一布"。

3. 柯桥数字化改革为打造"国际纺都、杭绍星城"提供强大动力

2022 年，柯桥区"浙里城市生命线及地下空间综合治理集成应用"成功入选全省首批一体化智能化公共数据平台"一地创新、全省共享""一本账 S0"，并成功入选浙江省首批数字政府系统 50 个优秀应用案例。"数字红利"犹如春风一般拂面而过，席卷了整个柯桥。而数字化改革犹如一艘"巨轮"，在社会主义现代化建设这个"大海"中乘风破浪，引领柯桥人民在现代化建设中奋力打造"国际纺都、杭绍星城"。

党政机关整体智治系统。柯桥区全面贯通浙江省委办公厅"七张问题清单"应用，发挥基层党组织主动发现报告机制，812 个基层观测点常态搜集、27 个部门定期梳理，快速响应、科学调度、高效协同处置，实行责任单位和主管部门"双整改"，推动更多风险隐患得到及时有效防范化解。2022 年，柯桥区管控力量化指数排名位居浙江省第一方阵、绍兴市前列，连续两个季度获评省"五星级"；入选省级示范榜案例 2 个、市级示范榜案例 6 个。在持续优化"民族 e 家亲"应用过程中，聚焦传统治理模式下少数民族群体的基础信息底数不清、数据分散，服务少数民族群众融入当地生活的举措不够有效，各民族交往交流交融的深度广度不够深远等问题，在原有城市民族工作的扎实基础上，利用区位优势，由统战部门牵头，协同宣传、政法、人社、教体、公安、医保等 21 个部门（单位），打通 8

套跨部门、跨层级系统，构建一图两端两场景应用，切实提升民族事务治理法治化水平。

数字政府系统，提升治理能力。 柯桥区"浙里城市生命线"，聚焦预防燃气管网爆炸、桥梁结构病害、城市内涝、路面塌陷等重大安全事故，积极推进城市运行安全建设，通过物联感知"慧眼"发现、城市运行"智脑"处置等举措，率先打造"风险可视、源头可溯、安全可控、事故可防"的治理新模式。监测范围覆盖柯桥主城区重点区域 3.5 平方公里和 3 座亚运场馆周边，该应用获评中国信息协会"2022 数字政府创新成果与实践案例"。柯桥区"有限空间安全监管平台"，针对有限空间安全作业领域，运用数字孪生感知、建模、分析推理等技术手段，构建"数字感知""精准管控""智慧管理"等子场景，构筑人防、物防、技防"三位一体"危险有限空间安全"智治"体系，实现风险一秒感知、救援一键驱动、管理一体协同。"有限空间安全在线应用"手机端于 2022 年 8 月 29 日上线"浙里办"，有效督促辖区有限空间作业企业及时消除事故隐患，实现对全区安全生产重点领域风险精密智控。该应用被列入省应急管理厅应用场景建设试点，在全省应急系统作经验介绍，试点经验在全省推广，得到应急管理部专家的高度肯定。

数字社会系统，打造舒适家园。 柯桥区积极推进全省"浙里民生关键小事智能速办"重大应用的贯彻落地，51 项涉及出生、入学、就业、生活、救助、养老等 6 个方面的"关键小事"，点点手机即可办理。同时，柯桥区还组建了一支"小事体验员"队伍，为小事功能更完善建言献策。自应用贯通至 2022 年底，柯桥区实现"关键小事"累计办理量 74.97 万件。以群众所需、所盼为导向，找准小切口，打造线上"特色小事"，上架了绍兴违停处理、柯好玩、实时公交、绍兴柯桥供水等 10 余项数字社会相关"特色小事"。绍兴实时公交应用场景率先实现柯桥、越城和上虞三区公交实时查询，并于 2022 年 11 月完成版本升级迭代，新版本将原有轨道出行查询模块整合入内，并新增单车服务、停车场、信息公告、气象查询等便民模块，实现"浙里办"APP 与微信小程序同源发布。该应用自上架以来，月均查询量保持在 4.9 万人次，并被舟山市交通运输局应用共享。

数字法治系统，构建法治保障。 缺少法治作为支撑的改革难以经受较大的风浪，而数字法治系统的出现如同为数字化改革这艘巨轮增添了一层坚实的船甲，在航行的道路上行稳致远。柯桥搭建了法治系统的数字化"船甲"，将数字化、智能化治理融入法治体系，促进法治系统的数字化、智能化水平的提升，加快形成

"事"到"制"的固化优势，继而转化为治理效能，构建更为高效的司法监督体系。"枫桥经验·平安共富"正是法治系统数字化改革的重要代表之一。建设"枫桥经验·平安共富"应用，助力除险保安攻坚行动，成功揭榜浙江省"2022 年度数字赋能社会治理现代化场景应用项目"。

数字经济系统，提供发展动力。柯桥区数字经济系统省级试点创建情况全绍兴市领先，被评为 2021 年度数字经济系统建设工作优秀区；成功创建浙江省首批中小企业数字化改造试点县，累计培育省级工业互联网平台 7 个，省级未来工厂试点 1 家，智能工厂、数字化车间 10 家。"织造印染产业大脑"获评省级优秀细分行业产业大脑并获得年度考核优秀。"浙里工程师"获省数字经济系统第一批优秀省级重大应用。纺织品花样数智应用在列入全省"一地创新、全省共享""一本账 S0"后，又获评 2022 年浙江省数字化改革最佳应用，系全市数字经济系统唯一入选项目。其子场景"浙里工程师"在"浙里办"平台上线以来，成效显著，该应用平均月活 20 万多人次，最高月活超过 130 万人次。

4. 开展城乡风貌整治活动，引领城市发展新动力

2022 年，柯桥区荣获浙江省关于推进未来社区建设和城乡风貌整治提升两项工作成效明显县（市、区）的督查激励，还成功入选省全域推进未来社区建设和城镇社区公共服务集成落地改革第一批试点，均是全绍兴市唯一。此外，柯桥区还获得浙江省新时代美丽城镇建设优秀县（市、区）和浙江省农村生活污水治理优秀县（市、区）称号。

轻纺城杭甬运河两侧的水韵纺都特色产业风貌区项目正式通过省级验收，这5.6 平方公里轻纺城"梦开始的地方"已然实现了风貌的整体提升，不仅成为柯桥区营商环境的一个代名词，更让"柯桥风景"既可近赏又可远观，成为一幅富有"柯桥韵味"的新时代"富春山居图"。

与此同时，以"党建引领、共享共富"为主线，通过风貌整治提升、存量资源就地转化、机制创新，实现由"被动输血"向"主动造血"活态化共同致富目标的转化。"舜源古忆"县域风貌区擦亮"绿水青山"生态底色，以农旅融合、镇村共富为主基调，全面提升整体景观风貌、综合服务能力、基础设施支撑能力、区域品牌实力等，成功创建为绍兴唯一一个浙江省 2022 年度第二批城乡风貌样板区，实现了一地一域的风貌提升和文化重现，打造了一幅独具"舜源文化韵味"的美丽图景。

5. 未来社区建设初显成效

与传统社区相比，未来社区具有美好生活、美丽宜居、智慧互联、绿色低碳、创新创业、和睦共治等六大独特内涵，助推实现社区居民对美好生活的向往。时尚摩登的楼宇街道、"一步一景"的城市公园、功能齐全的"邻里中心"……在柯桥街道大渡社区，这些原本在脑海里的社区形象已经被一一勾画成了现实。

柯桥区持续统筹推进未来社区创建和城乡风貌整治提升，积极推动以"三化九场景"为标准的优质公共服务，从局域提升向全域覆盖，推进"一老一小"服务场景落地，在浙江省率先启动全域未来社区建设和公共服务集成落地改革试点，取得了一大批群众满意度高、社会反响好、在省内有彰显度的成果，极大提升了社区公共服务的空间均衡性和居民获得感，打造了公共服务优质共享的共富样板。

截至 2022 年底，柯桥区已创建大渡、下市头、新未庄等 5 批 13 个未来社区，直接惠及居民近 10 万人，其中大渡社区、下市头社区、新未庄社区等 3 个省级未来社区已顺利通过省级验收挂牌。在创建活动中，"大渡社区文化"被评为浙江省数字社会第一批最佳应用；大渡社区被评为全省社区场景运营"最佳实践"优秀案例，并成功入选首批 28 个省级未来社区。

6. 打造新时代美丽城镇样板，提升城镇品质

高起点、高标准、高强度，这是柯桥区在美丽城镇建设上交出的一份亮眼成绩单。2022 年，6 个镇（街道）通过省市达标验收，55 个开工建设项目完成率达100%。

自美丽城镇创建以来，柯桥区坚持把美丽城镇建设作为协调推进乡村振兴战略和新型城镇化战略的总抓手，严格按照省、市美丽城镇建设要求，以高标准建设"五美城镇"为主轴，以满足人民对美好生活的向往为出发点和落脚点，加快构建城乡高质量融合发展新格局，全面提升美丽城镇建设发展水平。在资金方面，柯桥区出台《柯桥区美丽城镇建设补助资金使用办法》政策，拨款 3 亿元，设立区级美丽城镇建设专项资金，同时对奖补资金进行细化规定，建立三段拨付制度，该制度要求创建成绩与补助资金相匹配，以激励镇街的创建积极性。除此之外，柯桥区各部门拨付各类补助资金 8000 万元，引入社会资本约 15 亿元。多措并举、统筹要素保障的创建工作为柯桥区居民带来更多的发展机遇。

马鞍街道作为工业强镇，于 2022 年成功创建全省美丽城镇建设省级样板。该街道践行绿色低碳环保理念，积极创建工业特色型样板镇，通过"十个一"标志工程、"五美"建设、特色发展、重点项目设计等全面推进美丽城镇建设。

齐贤街道以"领跑竞跑"为定位，抢抓亚运攀岩项目落户的历史机遇，加速提升城市品质，高质量集聚高新产业，高水平推进数智融合，为柯桥区建设现代化"国际纺都、杭绍星城"注入强劲动能。

齐贤街道因地制宜全面提标美丽乡村建设，光明居以"光大渊明，见贤思齐"为主题打造荷塘人家田园综合体。齐贤村全力打造"党建 + 旅游"新模式，村集体经营性收入突破 1000 万元大关，书写了美丽风景转化为美丽经济的生动实践。柯桥区的产镇融合创新治理和美丽经济发展为居民带来更美好的生活。

柯桥区稽山舜源美丽城镇集群被列入 2022 年美丽城镇集群化典型案例培育名单。以此为契机，柯桥区把"舜源古忆"县域风貌样板区建设与美丽城镇建设相结合，形成产业共富联盟，实现县域风景带集群化发展。

三、柯桥高质量共同富裕建设的主要经验

1. 党建引领，保障共富进展

柯桥区积极探索党建统领推进共同富裕的机制和路径，出台抓党建促乡村共富八条举措，构建共富党建联盟、聘请"乡村运营师"、派出"共富指导员"、打造三级强村公司矩阵等，努力将党建优势集成转化为发展胜势，推动共同富裕取得更为明显的实质性进展，为打造现代化"国际纺都、杭绍星城"提供坚强组织保证，为柯桥"全省竞跑、示范先行"提供了有力保障。

为推动共同富裕取得突破性进展，平水镇在王化片党建共富联盟的基础上，提质扩面实行全域党建联盟，构建以 1 个镇级党建共富联盟为主体，东南西北 4 个联盟片区为基础，N 个特色联络站为补充的"1+4+N"联盟架构，促进资源互通、经验共享。

宋家店村加大税源培育，成立绍兴耕读宋仕物业服务有限公司，帮助村庄修建停车场、开发民间工艺品、挖掘休闲农业和文旅资源、优化智能农业管理等。同时，引进彩虹庄针纺有限公司、宝业纺织有限公司，着手打造"美筑小院"民宿、创意产业园区，以现代的视野、国际的平台，探索富有时尚、创意、艺术的纺织品新领域。

小舜江村引入"乡村运营师"，成立红色芳华强村公司，以岭下党史馆为依托，开辟研学游项目。截至 2022 年底，累计吸引了 8 万余人前来团建和旅游体

验。同时，打造红色娘舅工作组、红色山娃机动队等基层治理七大组团，确立户外运动类、农特产销类等七类运营方向，推出乡村记忆、乡村演习等近 10 个经营产品。

2. 返乡创业，带动乡亲共富

共同富裕的推进需要缩小农村与城市间差距，这要求柯桥加快高质量农村的建设，壮大"乡贤圈"，释放"人才第一资源"活力，这是高水平推进农业发展的重要支撑。柯桥区深入贯彻落实"两进两回"行动要求，大力实施乡村振兴"领雁计划"，推动乡村人才创业园和孵化基地建设，吸引大学生从事乡村产业发展。

不少大学生返乡创业，变身"农创客"，带动乡亲共富。绍兴中禾竹木制品有限公司作为农创客投资的代表企业之一，年产 2 万吨竹基纤维材料，实现了专业砍伐、运输、加工、销售的全产业链，破解闲置毛竹出路问题，可完成购销毛竹 1 亿斤，带动村级年均增收约 2000 万元。

满怀振兴家乡的梦想，时任大学教授的应华亮联合其他 6 位乡贤，合伙在稽东镇大桥村创立了绍兴七竹农业发展有限公司。截至 2022 年底，七竹公司已流转村民土地 500 多亩，在荒山上开发果蔬种植业、养殖业，同时发展民宿业，为当地村民提供稳定就业岗位 130 多个，支付劳动报酬 500 多万元。公司还利用现有民宿客流量，创新推出"石苍山"等农副产品品牌，用于"吆喝"周边农民和自家农场的土特产，如土鸡、冬笋、特色酱醉制品等。随着公司慢慢打开局面，村美民富的图景照进了现实，大桥村也一跃成为 3A 级景区村庄。

3. 特色产业，助力乡村发展

将产业兴旺放在乡村振兴战略的首位，对乡村发展具有重要意义。平水镇摆脱了传统农业发展的结构化困境，聚焦于自身特色产业，形成了乡村产业品牌，为乡村产业发展提供了优秀范例。中禾竹、日铸茶、海丰花、同康笋和至味酱构成了平水镇的 5 张农业金名片。共富工坊、强村公司更是强强联手，多元拓宽富民路。2023 年，平水镇倾力打造北片高质量农业、东片生态康养、西片三产融合、南片全链条竹资源 4 条示范共富带，承办浙江省强村富民乡村集成改革现场会。平水镇若耶村依托若耶溪源头优势，融合了一、三产业，为 35% 以上的农户提供了增收途径，森林康养年产值达 1200 余万元，并入选 2022 年度省级森林人家。平水镇的兴起表明乡村可以以自身产业为基础进行拓展，发展一系列相关产业，实现乡村振兴。

素有"十里梅廊"之称的王坛镇东村有梅林 6500 亩，为国内单体连片面积最大的梅园。村内以"香雪梅海"景区为依托，发展绿色氧吧经济，修缮森林健身游步道等 5.5 公里，完善休闲设施，为远近游客提供了原生态的绿色清肺之地，入选 2022 年度浙江省省级森林氧吧。王坛镇东村依靠林业资源发展，助力乡村振兴和美丽大花园建设，拓宽生态产品价值转化路径，推动乡村发展，是对"绿水青山就是金山银山"的最好诠释。

4. 积淀文化，富足精神世界

促进共同富裕，既要提供良好的物质条件，又要提供良好的精神世界。柯桥以老年大学本部为龙头示范带动，借助柯桥区社区学院资源成立老年大学鉴湖校区，创办镇街老年学校 16 所、村社老年学堂 341 个，构建"区镇（街）村（社）"三级联动、优质共享普惠的"老年教育共同体"，2022 年吸纳近 2 万名老年人，入学比例占全区老年人口 11% 以上，较好地满足了老年人的精神文化需求。

为让文化惠及更多群众，柯桥着力完善公共文化服务体系，深入实施文化惠民工程，丰富群众性文化活动，将文化礼堂作为一项为民、惠民、利民的民生实事工程，实现行政村全覆盖。紧紧围绕构建"15 分钟文明实践服务圈"，狠抓新时代文明实践中心建设扩面提质增效，将文化礼堂打造成为守护"红色根脉"的主阵地、"浙江有礼"品牌的孵化器、"全域文明"创建的连接点、"为民办实事"的综合体。

为了提高图书的可得性，弥补大型图书馆距离较远的缺陷，柯桥提出了城市书房的概念。截至 2022 年底，全区已建成 36 个高品位、多功能、免费开放的城市书房，建成数位居全市第一，形成了以区图书馆为核心、镇街图书分馆为骨干、城市书房为补充的公共图书馆服务体系，营造书香满城的浓厚氛围。由于匹配了高"颜值"和丰富"内涵"，城市书房成了所在地的文化地标和文明高地。

稽山鉴水百花靓，梨园新韵金名片。在打造文化强区的过程中，柯桥还创新性地将越剧和城市形象推介结合起来，产生了"1+1 > 2"的叠加效应。随着"跟着小百花·享游金柯桥"柯桥区全域旅游长三角推广季活动不断开展，柯桥的文化内涵得到了进一步提升。

5. 科技创新，激发内在动力

创新是引领发展的第一动力，以科技创新激发共同富裕的内在动力，首先要搭建创新培育的载体。作为全省首批综合体创建单位之一，现代纺织产业创新服务综合体坚持市场导向、因地制宜，按照"一核引领、三园联动"总体布局，以"技术+、设计+、标准+、人才+、服务+"为重点，以中纺CBD创新中心区块为核心，沿金柯桥大道串起科技园、轻纺城创意园、创意大厦等三大区块，核心平台入驻了东华大学绍兴创新研究院等四大研发平台、纺织印染全产业链检测中心等五家服务中心和一个科技大市场，建立了平台型创新服务机构24家，集聚各类创新服务机构400多家，构建起了纺织领域创新联合体，为助推柯桥纺织产业跑出创新"加速度"提供了坚强支撑。

同时，综合体积极与省级科研机构合作，全力打造纺织印染全产业链检测中心、国家技术转移东部中心绍兴分中心等服务中心，为企业提供纺织检验检测、产品设计、人员培训、技术转移、成果转化等全链条"一站式"服务平台。依托省现代纺织技术创新中心（鉴湖实验室）高能级平台，综合体将为纺织产业创新发展进一步汇聚优质资源，拓宽成果转化渠道。

综合体搭建平台，组织开展知识产权质押融资银企对接会、外贸企业银企对接会专场融资服务等政银企对接活动，助力科技型企业发挥其商标权、专利权等知识产权最大价值，为企业持续健康发展不断注入"源头活水"。

2000年来，柯桥大力推进"互联网+政务服务"，积极打造"科技云"建设平台，通过"科创直通车""浙里工程师"等多跨应用场景，全面赋能数字化精准帮扶。截至2022年底，已累计帮助企业解决各类问题1000多个。坚持以产业提升发展需求为导向，不断拓展平台服务功能，增强科技创新供给，确保现代纺织产业创新服务综合体取得更大实效。

6. 文旅融合，助推共同富裕

为了实现文化旅游千亿产业目标，柯桥将文化旅游作为新经济增长点，巧借独特产业、乡村美景、稽山鉴水秀美风光、红色旅游资源，与运河文化深度融合发展，成功创建了省5A级景区城，大大提升了"老绍兴·金柯桥"的知名度、美誉度。柯桥区以文旅融合为契机，以"见人见物见生活"为保护理念，在保护非遗文化的同时创造财富。平水镇王化村、稽东镇冢斜村、安昌古镇、王坛镇东村及柯岩风景区鲁镇入选市级首批非遗旅游景区，并新增2个市级研学游实践基地和3个市级乡村非遗体验基地。同时，柯桥"非遗"活动风生水起，亮点频现，持续举办非遗嘉年华、"文化和自然遗产日"主题活动、非遗"五进"（进机关、进乡村、进企业、进社区、进学校）活动……活态传承让文旅融合不断提速。为文物留存探寻新策良方，柯桥区文广旅游局深入挖掘柯桥全区文化遗产内涵，将其融入大运河文化带建设和浙东唐诗之路建设中，做好文物保护开发再利用，建设数字博物馆，实现馆藏文物线上线下一体化。

共同富裕是国家全域旅游示范区建设的最终落脚点。打造文艺精品高地泽富、构建文化高地润富，推动文旅高质量发展，全域协同、全域美丽、全域振兴，文化因旅游更富活力，旅游因文化更显魅力，奏响了以人文之美推动精神富足的新序曲。

执笔：刘程军

第 一 篇

现代农业与和美乡村

共 同 富 裕

柯 桥 样 本

分论（一）

党的二十大报告指出，全面推进乡村振兴。坚持农业农村优先发展，坚持城乡融合发展，畅通城乡要素流动。加快建设农业强国，扎实推动乡村产业、人才、文化、生态、组织振兴。

柯桥区找准浙江省共同富裕大跑道，紧紧围绕共同富裕先行区建设目标，紧扣缩小城乡差距这一共富难点，借力国家乡村振兴示范县创建的东风，迭代升维新时代"三农"工作，以共富星村为建设切入点，坚持党建统领、两山转换、改革创新、项目为王、数字赋能、"绿水青山就是金山银山"，实施乡村产业能级提升、改革强村富民、文化服务精神培植、乡村整体智治、公共服务城乡融合、美丽乡村迭代、乡村人才递进培养等行动，持续擦亮柯桥"三农"金名片。通过建立共富联盟，升级"五星3A"（乡村振兴"五星达标、3A争创"工作），推进产业发展、持续深化改革，柯桥区逐步走出了一条以共富星村建设带动农民农村共同富裕的新路径。2022年，率先建设的8个共富星村全部通过验收。柯桥区实施强村工程三年行动计划，构建区级引领、镇街主抓、村级主体的合力共促发展格局，推动"扩中""提低"。2022年，柯桥区全力推进强村共富行动，全区87个经济相对薄弱村全部制定"一村一策"增收方案，将强村"消薄"基金规模由5400万元调整为10800万元，在浙江省率先打造区、镇街、村三级强村公司共富矩阵，探索形成9种强村公司发展模式，累计成立强村公司50家。组建柯桥区抱团物业经营管理有限公司，推进"飞地抱团"项目建设。柯桥区2022年度农村居民人均可支配收入达51605元，位列浙江省第一，远高于全省37565元的平均水平。

特色产业助推农民富裕富足

在国家共同富裕的战略背景之下，柯桥区农业产业呈现出了"多点开花，各有特色"的局面。"一片叶子"（日铸茶）、"三棵摇钱树"（香榧、红豆杉、杨梅树）、"五朵金花"（兰花、桂花、梅花、荷花、菊花）、"五大农展节"（兰花节、梅花节、香榧节、茶博会、农旅节），重塑了现代农业产业体系、生产体系和经营体系，推动农业产业发展方式实现系统性变革。柯桥区先后建成国家级"花香漓渚"田园综合体等 3 个现代农业园区，全力打造富民标杆产业。柯桥区着力提升优势农产品的知名度，结合乡村休闲旅游业、农产品电商业，实现三产融合发展，让农民在产业振兴中获得实惠，促进农民收入持续增长。

数字化规模化打造现代农业样板

柯桥区滨海现代化农事服务中心，如火如荼地在打造全程机械化服务、数智化管理、集中育苗和烘干加工、农资配送、农机维修等省级服务中心。柯桥区以农事服务中心建设为起点，充分发掘东湖农场独有的红色历史和建场历史，紧紧围绕粮食生产和"农业双强"，推进国有东湖农场万亩农用地的整治提升，实施高标准农田建设，引入农商、种业等国资农企，以数字化、规模化、产业化建设柯桥现代农业样板。通过不断推动农机化、数字化深度融合应用，促进规模化种粮面积增加 30%，柯桥区粮食产量实现十八连增。

乡村人才支撑农村发展高质高效

柯桥区是全国驻村指导员制度的萌发地，曾获得时任浙江省委书记习近平同志的批示肯定；2021 年，驻村指导员制度相关做法获省委袁家军书记的批示肯定。"坚持发展驻村指导员制度、打造推进共同富裕的硬核队伍"被评为首批浙江省共同富裕示范区最佳实践案例。驻村指导员制度已成为柯桥践行"党建引领乡村全面振兴"的金名片，驻村指导员队伍已成为柯桥全面推进乡村振兴实现共同富裕的重要力量。按照"政法干部驻乱村、经济干部驻穷村、党建干部驻弱村"的原则，深入推进驻村指导员专职选派全面覆盖、专业能力迭代提升、专管体制深化变革等计划，推进"百名共富指导员进百村"行动，利用共富指导员的专业优势、单位优势，配强"兴村共富"力量。柯桥区多元渠道打好人才振兴组合拳，健全乡村人才体制机制，加强农创客和科技特派员培育，加强校地科技协同创新、人才联合培养，助推共富进程。如，湖塘街道的杨梅产业和兴华菌菇，在浙江大学农业专家的指导下，激发了农创活力，助推产业发展。

和美乡村协调发展宜居宜业

2021年，柯桥区已基本建成5条党建示范带，累计创成省级美丽乡村示范镇10个、省级美丽乡村特色精品村27个、"五星3A"先行村2个、五星达标村232个、3A级景区化建设示范村30个，再现了"山阴道上行，如在镜中游"的全域美丽面貌。未来乡村的新发展引领乡村居民走向数字化、生态化、智能化生活模式，呈现未来元素、彰显江南特色，通过营建绿色产业、升级公共服务设施、改善居民生活环境，打造共富乡村新生活。以有人来、有活干、有钱赚为建设定位，以乡土味、乡亲味、乡愁味为建设特色，打造未来产业、风貌、文化、邻里、健康、低碳、交通、智慧、治理九大场景，促进主导产业兴旺发达、主体风貌美丽宜居、主题文化繁荣兴盛。漓渚镇棠棣村、湖塘街道香林村、平水镇剑灶村、王坛镇东村村、漓渚镇九板桥村、夏履镇莲东村等6个乡村入选未来乡村创建名单，集成了"美丽乡村+数字乡村+共富乡村+人文乡村+善治乡村"建设，是特色村的高级形态。通过建设充满生机的未来乡村，将都市人向往的生活渐渐变为现实。

集成改革盘活乡村闲置资源

柯桥区依托全国农村改革试验区平台，着力推进强村富民乡村集成改革，打造全省强村富民乡村集成改革硬核样板，稳慎推进全国宅基地改革试点工作，重点探索宅基地资格权跨区实现，宅基地自愿有偿退出及"以权换房"等重点课题，推动宅基地改革试点项目，深化闲置农房全域激活计划，新引入社会资本，全面完成宅基地基础信息调查，实现"房、地、产"一张图。2021年和2022年，接连率先在王坛镇喻宅村和福全街道峡山村，探索实现农村宅基地资格权镇内跨村和市域跨区的有偿选位。通过在全国率先探索农村宅基地资格权市域跨区实现，有效地突破了农村要素自由流动、外来资本入村障碍的体制瓶颈，涌现出了一批以平水岔路口·刻石山雅居、王化长塘头·金秋家园为代表的闲置农房盘活利用的村点，有力促进了农村全要素资源的盘活，并直接促成省强村富民乡村集成改革试点落地平水镇王化村。

执笔：陈思

样本 1　小兰花撬动大产业

20 世纪 80 年代，绍兴县（现柯桥区）漓渚镇兰农凭借"一根扁担闯天下"，把兰花销往世界各地。漓渚也被誉为"中国花木之乡"，现有兰花基地近 2000 亩，春蕙兰精品名种 800 多个，拥有国内唯一的"中国春兰样品园"棠棣兰苑和全省规模最大的"浙江省蕙兰样品园"银泉兰苑。全镇共有 1000 余户农民种兰卖兰，其中专业兰农 300 余家，兰花大户 27 家，兰花年销售额超 1 亿元。

漓渚镇抓住兰花特色产业，整合下辖的棠棣、棠一、棠二、六峰、红星和九板桥等 6 个花卉专业村，高标准建设"花香漓渚"国家级田园综合体，着力打造"千亩花市、千亩花田、千亩花苑"，创建"花满棠棣"美丽乡村，逐步走出了一条农村生产生活生态"三生同步"，一、二、三产业"三产融合"，农业文化旅游"三位一体"的乡村振兴新路子，实现年产值超 2 亿元。在先后获得"美丽中国乡村振兴发展先进乡镇""国家卫生镇""浙江省 4A 级景区镇"等荣誉的基础上，抢抓发展新机遇，探索文旅融合新途径，以节会活动搭建平台，促成了"中国春兰节"国字号兰展永久落户，在百年古镇、千年兰乡的发展进程中写下了浓墨重彩的一笔。小兰花撬动大产业，形成大市场，成为推动乡村振兴、实现共同富裕的"加速器"。

一、漓渚镇发展兰花产业的主要做法

（一）坚守兰花特色产业，形成集群效应

兰花作为漓渚繁荣乡村经济的主要资源，从单一的靠山吃山演变为专业化、标准化生产，从久囿于庭院培育迈向了产业化、规模化发展；兰花品种培育不断

向新、奇、特方向发展；各村社积极联动，推进传统兰花产业向农文旅融合发展，实现了兰花产业的提档升级、凤凰涅槃。

柯桥区园艺学校落户棠棣，为村里培养了数百位"星级园艺师"，棠棣村也被称为"中国春兰故乡""绍兴花木第一村"，全村95%以上的土地种上了花卉苗木，95%以上的劳动力直接或间接从事花卉业，村民95%以上的收入来自花卉产业，95%有劳动能力的农户都自主创业，村民年人均收入超12万元。后期园艺学校和柯桥区财经学校合并为绍兴财经旅游学校，学校组织美丽先锋队，针对土地分散的问题，提出整体规划方案，将300余亩分散的丘陵山地改造成为"千亩花海"。

在政府的大力支持下，以九板桥村、棠一村和红星村为核心的"千亩花市"，实现了从地方性花市向国家级综合花卉市场的迈进；棠二村依托"千亩兰苑"，统一规划兰花产业特色经济体，成为一个集兰花培育、休闲观光、科普教育于一体的现代兰花产业基地；"三个千亩"平台打通了产业路、美丽路和健康路，使兰花产业从零星散落到形成集群效应，实现了大综合一体化，打响了兰花品牌。

（二）数字赋能技术革新，实现兰花产业迭代升级

漓渚镇积极整合资源和技术优势，通过数字化创新，实现兰花快繁技术和推广应用的新突破。通过组建数字化兰花组培中心，利用基因改良技术，不断繁育出新品、佳品。国兰家庭农场运用生物组培技术培育兰花；蕙兰样品园利用现代科技种植珍稀名兰；彩云涧兰花有限公司率先引进兰花组培专业设备、技术和人才，研究新技术、开发新品种。一系列"组合拳"让兰花产业破解同质化竞争的难题。

漓渚镇通过流转土地，陆续建成430亩数字兰花温室大棚；运用自动控温控湿系统、自动喷淋系统、自动遮阳系统，控制光照、气温、水分等条件；通过智能化、精细化、数字化技术设备的系统运用，实现数字化贯穿兰花培育全过程，完成兰花培育基地的智慧化升级。棠二村国兰家庭农场的兰花种植智慧化成为亮点，42亩大棚只需7位工人照看，自动喷淋设备可实现30多万盆兰花同时浇水作业。一系列举措加快了兰花的培育和流通周转，降低了人力成本，改变了过去的低效种植局面，有效增强了产业集聚效能，提高了产业现代化水平，收益增长达80%。兰花养育趋向精品化、科技化、数字化。

漓渚镇通过鼓励兰农转变思路，走上电子商务、数字销售之路。截至 2022 年底，漓渚养兰专业户中，在中国兰花交易网、中国兰花市场、淘宝网等平台开展兰花网上交易的已有 20 多户，直播带货成为兰花销售新模式。数字赋能加速了产业转型和运营创新，大力推进了智慧育苗发展之路，打开了从过去"一根扁担跑天下"到现在"一根网线通天下"的新局面，实现了兰花产业迭代升级。

国兰家庭农场

（三）创新农文旅＋项目，塑造多途径创收模式

漓渚镇在乡村振兴战略中大胆实践探索文旅融合新途径。以兰花作为根本核心点，延伸周边产业链，借力兰花产业打造农文旅＋项目，将花木、兰文化、打卡旅游点和研学项目融为一体，打造花木展销、文化旅游互动体验基地。依托花木产业、区位优势，以"农旅＋研学"为架构，产生聚力效应，实现从叠加到集成的升格。

漓渚镇以"乡村振兴示范区、全域美丽标杆镇"为目标，建设"花满棠棣"美丽乡村。与相关农科所合作开发特色兰花种植课程，邀请技术专家开展培训课程，设计兰花文创、农创产品，让花满棠棣 IP 形象深入人心；抓住露营、亲子、研学游热门机遇，通过劳动实践基地和亲子游玩项目，运用"千亩花海"载体，提供沉浸式研学体验，创建好玩、好看、有趣、有益的田园研学大本营；围绕水乡风情和兰花祖地两大主题，勾勒"花溪老街"，着力打造水乡生活展示区、兰花文化研究展示区、旅游商业服务区三大功能区，吸引了越来越多的目光，实现了多途径创收。

（四）传承弘扬兰文化，铸就文明新风尚

漓渚镇大力推进新农村改造，改善农民居住环境，完善各类基础设施，率先实施天然气入户、强弱电入地等工程，使老百姓更有幸福感、安全感，乡村振兴也更有保障、更具可持续性。通过成立党员志愿队、家风家训上墙等形式，营造文明风尚，开展兰文化精神传承活动，大大丰富了村民业余生活，提高了村民生活品质，实现了从"腰包富"到"脑袋富"的根本转变。

棠棣村通过"兰文化"的沉浸，提升乡村建设的内涵。建设200平方米"花满棠棣"数字展厅，将村精神凝练为"以兰为镜、人勤春早"的励志文化和棠棣人精神，以及"以兰为缘、花好人和"的乡贤文化；以兰文化为魂，每年举行"金秋感兰仪式"，行兰泽礼，颁水晶兰，感化乡风。富裕起来的棠棣村，每年评选"棠棣好榜样"，文明家庭、平安家庭、星级庭院、身边的道德模范与好人等，提高村民的精神素养和道德品质，真正实现了物质和精神的共富。

棠棣村兰文化馆注重挖掘本地文化，设立兰之源、兰之韵、兰之器、兰之情、兰之艺五个篇章，大大提升了棠棣人的凝聚力和归属感，增强了游客与棠棣的情感联结，提高了棠棣村的品牌商业价值，构建了独一无二的兰文化新风尚。

棠棣村文化礼堂

二、小兰花撬动大产业的经验启示

（一）党建联建，先富带后富

棠棣村村支书刘建明是一位任职 20 多年的老村支书，他扎根乡村，时刻牵挂民生问题。在他的带领下，在全体党员干部和广大群众的大力支持下，棠棣村始终坚持党建引领产业发展，以兰花为特色产业，以花卉苗木为主导产业，开拓农文旅＋各类项目的创新发展模式，以强村公司为载体，合力打造花满棠棣 IP 形象。2020 年，村集体经济收入实现翻番，村民人均收入达到 12 万元。到 2021 年，全村创收 700 余万元，带动花木销售额增加 1000 余万元，被列入浙江省第一批未来乡村建设名单。在此基础上，棠棣村还积极融入"花香漓渚"党建联建，将共富效应辐射到周边村庄。大棠棣片区党建联建发挥棠棣村龙头优势，以先带后、强带弱、大带小，辐射带动片区乃至全镇组团发展，推动乡村振兴共同富裕跨越式发展。

（二）集聚人才，助力共富

绍兴市首个实体化新型现代乡村人才创业园在"花香漓渚"的落户，推动了乡土、乡贤、乡创人才全面激活乡村创业、创新、创意。通过项目引才，引进博士研究生、乡创人才，为乡村先行共富探路。创业园加大人才培育招引的政策保障力度，通过"搭发展平台、强激励关怀、畅晋升渠道"的方式，把优秀年轻人才引入、留下、育强、用活，将人才转化成乡村建设和发展的动力。聚焦"两进两回"，推动"三乡三创"、吸引人才、留住人才，园区成了吸引创新人才的"强磁场"，也为先行共富打造了"发展引擎"。搭建校地合作平台，与省内外多所高校达成合作，成立实践基地，通过开展"大学生农业农村创业创新"等活动，吸引优秀高校毕业生到乡村干事创业。通过建立浙江省农科院兰花博士专家工作站，为漓渚兰花的新产品和新技术研发提供科技支撑，进一步提高其核心竞争力，为推进兰花产业高质量发展提供强大智力保障。

（三）持续发展，跃升奔富

棠棣村在农文旅发展过程中目标长远，以"花满棠棣" IP 作为其品牌建设的核心定位，形成知名度和忠诚度兼具的品牌文化。通过置换、租赁等方式，全面盘活闲置农房、土地、大棚等低效、分散资源，采用乡村市场化运营模式，结合大中小学校和企业合作模式，实现多元化主体相互赋能；引入民营企业浙江立尚文化传播有限公司，将4000平方米废弃厂房改造升级成研学大本营，成立全国大学生乡村振兴实践基地和培训基地、绍兴花满棠研学文旅有限公司；采用"项目共建、收益共享"的方式，统筹整村产业规划、建设、推广全过程，实现乡村运营从"0"到"1"的转变；创建"浙江最美乡道"，联合相关机构进行研学课程开发，不仅在当下吸引了众多游客，而且注重可持续发展，以文旅带动乡村振兴，促进产业跃升共奔富。

棠棣乡村振兴讲习所

（文字和图片资料由漓渚镇及棠棣村提供）

整理：任文杰　徐丽仙

样本2 "六统一"打造名茶区域公共品牌

　　柯桥区是"中国珠茶之乡"、"中国茶文化之乡"、全国重点产茶区和浙江省茶叶产业强区。全区茶园面积6.9万亩,涉及茶农3万余户,有茶企18家、专业合作社16家,建有茶叶专业市场2个;有区茶文化研究会、区茶叶产业协会、区出口茶叶产业协会、日铸茶研究院等社会组织,为全区茶业发展提供社会服务支撑。2011年,区委、区政府提出茶产业"复兴计划",实施品牌兴茶,做强"平水日铸"区域公共品牌,打造茶叶强区,逐步探索出一条"政府引导、协会主导、企业(合作社)主体、茶农参与"的品牌兴茶路子。

　　柯桥区坚持"一个区域品牌、多个经营主体、一支创建队伍、一批管理制度、一套标准体系、一组系列产品"的茶产业发展思路,创造并实行统一生产技术、统一质量标准、统一产品包装、统一商标使用、统一指导价格、统一品牌宣传的"六统一"管理模式。"平水日铸"区域公共品牌创出特色,吸引了省内外同行及其他农副产品行业主管部门前来参观学习。

"六统一"管理的平水日铸茶

一、"平水日铸"茶品牌创建的主要做法

（一）充足资金保障扶持茶产业

柯桥区积极争取国家和省级茶产业提升项目、标准化示范园创建项目、现代农业园区（产业集聚区）建设项目，推进茶园基础设施升级、良种茶苗应用推广、标准茶厂清洁化改造、茶产业一二三产融合。2020年以来，共争取上级扶持资金6000万元，落实本级财政资金1.56亿元，并专门制定政策，明确对茶农流转茶园给企业的予以每年每亩100元的奖励，对茶企收购茶农茶青予以收购金额10%的奖励，每年预算400万元用于"平水日铸"公共品牌的"六统一"管理和宣传。

（二）通过科技攻关助力茶生产

区政府与中国农科院茶叶研究所签订了战略合作协议，共同推进茶叶集聚区建设；聘请省农业农村厅、浙江大学、浙江农林大学等单位的10名专家和教授为柯桥日铸茶研究院专家，共同解决日铸茶茶树品种选育、土壤改良、茶园绿色防控、茶叶加工及系列产品研发等问题；并相继实施绍兴市柯桥区茶产业升级转化、平水日铸茶产业化提升技术集成与应用等科技攻关项目，为全区日铸茶发展提供坚实的技术支撑。通过校地合作，日铸茶研究院专家为柯桥区茶产业注入了强劲的科技力量。2022年，"平水日铸茶1号""平水日铸茶2号"两个茶树品种获得农业农村部品种授权；平水日铸茶申请了20余个日铸系列商标和9个产品包装专利，品牌保护意识也进一步强化。同时，企业注重品质提升和产品创新，玉龙茶业积极探索袋泡茶、花草茶开发，增加各类新产品20余款，2022年全年生产各类茶包3500万包，成为国内最大的袋泡茶加工企业之一；东方茶业积极探索抹茶市场，开发冷泡茶等新产品；寺山茶业注重多茶类开发，其生产的红茶、黄茶等先后获得"华茗杯"推选产品和中国茶叶流通协会"两展一节"活动金奖。

（三）加大茶文化标识宣传力度

柯桥区着力加强日铸茶文化挖掘，先后举办"日铸岭的故事""走茶园、赋茶诗""忆茶史、抒茶情"等征文活动；编印《越地茶情》《日铸岭的故事征文集》《历代名人咏日铸》《走茶园·赋茶诗活动作品集》等茶文化作品；创作绍兴莲花落《日铸茶传奇》并出版光碟；2018年，正式出版《越地茶史》和《平水日铸茶》两本（套）图书作品。2021年，占地5000余平方米的越茶博物馆正式投入运营，博物馆拥有各类藏品 500 余件，采用传统与多媒体技术手段结合的形式，全面生动地展示越茶历史、越茶产业、越茶风俗和越茶文化等越茶知识，填补了绍兴市没有综合性茶叶博物馆的空白。

柯桥区统一组织企业参加全国农交会、中国国际茶博会、浙江绿茶博览会等各类重大活动；在哈尔滨茶产业博览会上举办"平水日铸之夜"专场活动；连续 5 年举办"平水日铸"茶叶节、开茶节等活动并邀请全国各级新闻媒体做品牌宣传；深入推进茶文化"四进"（进企业、进机关、进社区、进校园）活动，在绍兴一些街道社区、中小学校以及机关单位开展了 40 余场推介活动和专题讲座；2019 年和 2021 年，均作为全国全民饮茶日启动城市，开展了春茶品茗活动，并于 2020 年承办省迎春茶话会。

（四）全程监管管控茶品质

柯桥区组织茶叶技术专家服务一线，对生产主体开展各类技术培训和指导；加强茶叶标准化生产和质量安全全程监管，对平水日铸一类生产茶园实行认证授牌并安装视频监控系统；积极推广应用茶叶绿色和有机生产技术，每年定期对茶园土壤、茶园青叶、初制干茶开展农残、重金属检测，实现源头可管控和质量可追溯；积极实施茶叶标准化项目，重点推广日铸茶机采机制技术，扎实推进采茶、中耕机械化、加工连续化。

平水日铸茶园

二、"六统一"管理模式取得的主要成效和启示

（一）"六统一"管理模式促进产业规模不断跃升

"六统一"管理模式推动了农业发展方式的转变，提高了区域公共品牌的价值和美誉度，让"平水日铸"茶品牌产品获得了消费者充分的信任，带动了产品销量的增加。与此同时，政府项目的支持，极大减轻了茶企在转变生产方式上的负担，助力企业"腾笼换鸟"。2021年底，柯桥区省级现代农业园区（茶叶产业集聚区）高分通过省级验收。2022年初，日铸茶特色农产品优势区成功入选省级特色农产品优势区。截至2022年底，全区拥有茶叶省级农业龙头企业2家、林业龙头企业5家，国家级茶叶合作社1个，省级茶叶合作社2个，省级家庭农场1个，建设绿色茶园5764亩；共引进"平水日铸"系列名优茶加工连续化生产线21条，全区40%的平水日铸茶实行了机采，70%的生产企业实现了连续化加工。茶产业的规模化、标准化、机械化、组织化程度不断提升。

日铸茶品牌中心工作人员在审评茶叶质量

（二）"六统一"管理模式推动市场份额与日俱增

"六统一"管理提高了市场竞争力，改变了柯桥区茶叶企业规模小、品牌影响力小以及茶叶产业中大部分是从事采摘和初加工、产业链偏上游等现状。茶叶产能过剩特别是经济相对欠发达地区茶叶产业受挤压，国内茶叶市场由礼品市场转变为大众消费市场，倒逼柯桥茶叶产业必须顺应市场需求，因而通过"平水日铸"

品牌的打造以及"六统一"的管理模式，使平水日铸茶在绍兴及周边区域具有一定的竞争优势，并占据了一定的市场份额，而且随着品牌认可度的提高和宣传的不断加强，这一份额还在与日俱增，推动了茶产业的转型升级。

2022年，经授权许可使用"平水日铸"和"日铸"商标的茶叶生产类企业达20家，授权专卖店、茶楼等50家，地域涵盖浙江、上海、山东、辽宁等地，在淘宝网上已开设旗舰店，平水日铸茶销售网络覆盖全国大部分省、区、市，并有少量销往国外。

（三）特色管理模式促使茶农增收效应显著

随着产业活力不断激发，茶业主体与茶农的联结愈发紧密，茶农增收效应显著。茶园流转租金从过去的350元/亩提高到近1000元/亩，17家茶企与区内茶叶专业村的1.6万余亩农户茶园建立茶青购销关系，创新"茶农采收—茶企加工—强村公司保底销售"三方合作的"造血"模式，茶农享受收益分成及兜底保障。2022年，稽东镇玉龙、山娃子、晨景三家企业春茶茶青收购均价为45元/斤，400余户茶农户均增收3000—5000元，这两项共富成绩获《浙江日报》、浙江卫视等媒体报道。随着产茶区饮用水源地保护政策的实施、大量工业企业的外迁、剩余劳动力的转移，2023年春茶产业为山区农民增加了3000多个岗位，有效实现了农民增收。

（四）文旅融合打响区域公共品牌

柯桥区积极推动茶产业与"五星3A"、美丽乡村、整洁田园创建的结合，促进乡村旅游发展。建设了以"游美丽乡村、走御茶古道、品千年贡茶"为主题的日铸茶文化体验风情线，将茶产业与茶文化、茶旅游融合，先后获评浙江省绍兴市首批"美丽农业风情旅游线路""全国茶乡旅游精品线路""全国乡村旅游精品线路"，越茶博物馆年吸引游客5000人次，受到了省市区各级领导的好评。以茶旅为主题的王化·日铸岭、云端丹家、若耶山居、禅茶平阳等景区成为全区乃至全市乡村旅游的热门，年吸引游客近百万人次。在茶叶主产区，已成功创建浙江省3A级景区村4个、2A级景区村8个、A级景区村8个、浙江省金宿级民宿1个。

（文字和图片资料由柯桥区越茶博物馆提供）

整理：宋晓

样本3　海丰花卉，富农兴村

剑灶村地处绍兴柯桥南部山区，紧邻平水东江饮用水源保护区，工业发展受到限制。村"两委"班子在平水镇党委的指导下，转变发展思路，对废杂山地和关停的废弃厂房进行综合整理，并通过土地流转方式，统一招商引进绿色项目，与浙江海丰花卉有限公司党支部结对，建立了村企党建共富联盟，按照"统租返包、统一管理、收益兜底"原则，成立村、企、户为主体的剑灶海丰花卉共富工坊。

2015年，浙江海丰花卉有限公司（以下简称"海丰花卉"）在平水镇剑灶村开启"千亩菊园"特色花卉种植基地，从此"花落平水"。海丰花卉通过鲜花（菊花）产供销一体化经营模式，构建种植、出口、生命文化三大业务板块，形成了一条成熟完善、特色鲜明、富有生命力的产业链，先后获得绍兴市农业龙头企业、浙江省农业龙头企业、浙江省农业科技研发中心等荣誉称号，已形成年产值近3亿元的全国最大的鲜切菊生产基地。随着花卉产业在平水的发展壮大，花卉销售和花卉观光已成为平水继养生休闲旅游度假之外的又一重要产业支柱。平水正朝着"菊花之乡""绍兴花园"的目标迈进。

海丰花卉，平水相逢

一、海丰花卉与剑灶村合作共赢的主要做法

（一）实施规模化经营，产品瞄准海外市场

海丰花卉已具备种苗繁育、种植生产、采收分级、加工包装、冷链运输等菊花产业链的整体运营能力，在平水镇的种植出口加工基地的园区种植栽培区建有单体和联体钢架大棚 400 亩，其中种植的荷兰、日本菊品种 80% 以上用于出口。日本作为海丰花卉的主要出口目的地，由于劳动力成本高土地又少，40% 依赖进口，每年菊花消费量 20 多亿枝，是名副其实的"菊花需求大国"。一枝成本 0.6—1.1 元的菊花，在日本可以卖到 1.5—2.5 元。海丰花卉除了向日本国内最大、世界第三大综合花卉市场——大田花卉供花外，还定期向日本的 600 多家超市供花，每年仅出口日本的鲜花就高达 3000 余万枝，占到了菊花出口量的八成，销售额超亿元。

海丰花卉共富工坊以"农村有土地、企业有需求"为导向，打破原先分散式种植模式，统筹资源要素，盘活零散土地，推进 1600 亩土地集中连片长期流转，将"小田变大田"。按照"规划布局、统一搭建"的发展思路，海丰花卉投资 8000 万元建成现代化大棚、玻璃温室等菊花种养标准化基地，为共富工坊建设提供场地支撑。

花卉大棚，"撑"起美丽

（二）打造利益共同体，统租返包促农增收

2016 年起，海丰花卉向平水镇剑灶村流转土地 1600 亩，投资 8000 万元，配套完善了一系列现代化设备。为了提高菊花产量，海丰花卉将土地连同设备返租给农户，构成了"公司＋农户"的合作关系，按照"统租返包、统一管理、收益兜底"的生产管理模式，积极引导吸纳小农户融入现代化农业进程中。

2021 年，来自平水镇本部及周边、四川金川和云南丘北等地的 700 余户农户签订了承包经营协议，由海丰花卉提供大棚，为农户提供如农田道路沟渠的修葺改造，定植网、棚膜等检查维护、设施维修、损失补偿等一系列保障措施，让农户吃下了"定心丸"。通过建立"负盈不负亏"的保障制度，每月向农户预支花款，将农户多项出资环节"后移"至种植花款结算之后，通过提供免费食宿、开办平价食堂等举措，满足了农户的日常生活需求，最大程度减少了开支。对因不可抗力造成的损失，公司兜底保证农户的收益。另外，在加工销售旺季，通过开放季节性就业岗位等方法，带动农户增收。

（三）采取统一化管理，精耕稳产提升标准

针对出花数量及质量下降、农户收益不稳定的问题，海丰花卉实行了统一化管理，建立起全过程标准化种植体系。通过自主研发和海外引进等方式，从源头保证种苗品质统一。种植期所需农用物资由公司统一采购，且制定了 23 项严格标准，生产规范性显著提高，农户种植出花率由 80% 提高至 95% 以上。通过统一生产计划，坚持市场导向，采用精准化订单管理模式，实现了"精细化配额、科学化控量、滚动式种植"，最大程度上保证订单合理分配。截至 2022 年底，平水基地农户出产的菊花总数超 3500 万枝，菊花收购率达到 100%，产品销售同比增长 28.9%。依托合作院校、农业龙头企业等平台，组织开展生产经营、专业技术培训，安排农技专家与农户"一对一"结对，提供农业种植技术指导与服务，及时解决承包农户在生产时的技术难题。同时，工坊定期向农户发放种苗、化肥等农用物资，确保生产农用物资储备到位。农户生产的菊花 90% 以上都符合出口高标准，且出花品质由 M 级提升至 L 级及以上。

二、打造村企利益共同体的几点启示

（一）引入强村企业，深化产业融合

在平水推广的花卉种植特色农业产业，推进了农村产业融合发展，打破了产业界限，引入了现代农业发展理念和组织方式，依托农业资源整合市场要素，构建起了农业与二、三产业交叉融合的现代农业体系。

海丰花卉依托平水千亩花卉种植基地，集中优势资源倾力打造海丰花园项目。2018 年，海丰花卉在平水镇剑灶村建成了全省首个菊花主题公园——海丰花园，

规划面积为250亩，是浙江省首个菊文化全景体验地。海丰花园作为浙江农、旅、文综合发展的生态休闲观光园示范区，集自然体验、赏花采风、休闲娱乐、旅游服务为一体。这里以自然科普、历史文化、花卉和农耕体验为核心，外含体能活动、安全教育等功能，打造出浙江研学品牌示范课程，吸引了不少学生前来体验研学。2020年，海丰花园成功入选绍兴市第二批中小学研学实践教育基地。

海丰花园在已开放的旅游面积为200亩的园区内，设置了菊花花田、精品菊萃、鲜花采摘等体验活动。在相当于26个足球场大小的展示采摘区，聚集了中国传统菊、荷兰菊、日本菊、乒乓菊、切花菊、金陵菊、钟山菊、小雏菊、多头菊等500余个菊花品种，其中荷兰品种的菊花就有近200个。在菊花开放的季节，园内同期开放的鲜花有150万株。百万朵菊花怒绽的盛大场面，蔚为壮观。

剑灶村积极打造"菊彩剑灶"3A级景区村，改善村容村貌，发展"美丽经济"。从2019年起，每年10月下旬，这里都会举办绍兴金秋菊花节（菊花博览会）。通过节日搭台、经贸唱戏的方法，以菊花节为契机，以菊文化综合展示为主题，培育农产品区域公共品牌，提升农产品附加值。

（二）依托特色农业，勾画共富图景

2016年以前，剑灶村村集体收入主要依靠土地出租和物业用房出租，村民经济和集体收入都不宽裕。海丰花卉特色农业不仅吸纳了大量村民就业，增加了村民的收入，而且富裕了集体经济，走出了一条依托现代农业产业发展的共同富裕之路。

共富工坊，向着"小康"

通过建设海丰花园，联合开发乡村旅游，剑灶村又拓展了村集体经济的发展空间。按照协议，海丰花园 10% 的门票收入归村集体所有，仅此一项每年就有 7 万多元。按照"公司＋基地＋农户"的模式，通过吸纳当地村民就地就业，直接带动了平水镇四五百户农民增收，间接帮助两三千户农民增收，还带动了四川省阿坝藏族羌族自治州的农民一起脱贫奔小康。

（三）加快改革促富，打造共富新引擎

柯桥通过重点引进一批有实力、懂农村、善经营的企业团队，培育好农业新型经营主体，积极探索乡村市场化运营模式和路径，推动成立强村公司，构建乡村现代化产业新体系，助力村集体资源变资产、资产变资金。通过招商引资推动投资乡村新兴产业。盘活用活村集体经营性建设用地和宅基地，推动城乡资源要素对接，挖掘就业岗位，鼓励村民就地就业，打造"人不离乡、乡不离岗"的就业环境，通过"经营、产销、服务"三位一体，改善生产设施条件，拓宽增收空间，鼓励走融合、联合、联动发展的路子，让村民搭上了现代农业的"快车"，激发村民投身现代农业产业的热情。

坚持系统集成，整体统筹，利用好各类自然资源和人文资源，联动推进空间布局、项目落地、产业发展和差异化发展，是推动农村集体经济发展和增加农民收入的保障与前提。柯桥加快建设一批具有引领作用的农业工厂和种养基地，打造好具有示范效应的共同富裕现代化基本单元。

（文字和图片资料由海丰花卉提供）

整理：蓝刚

样本4 "一根竹"撑起乡村绿富美

山有竹则山青，水傍竹则水秀。平水镇位于绍兴市柯桥区中部偏南，是进入南部山区的门户。这里峰峦高耸，峡谷幽深，区域面积达173.39平方公里，下辖4个社区和25个行政村，户籍人口52664人，是国家综合改革试点镇、浙江省首批省级中心镇和绍兴市中心城市培育试点镇。其中同康、五联、合心等6个试点村，紧跟市场，重整竹产业，将万亩竹林"化"作竹游道、竹餐饮、竹民宿等农文旅融合产业，多举措推动竹产业高质量发展，积极争创省级5A级景区镇。

平水镇围绕生态文明建设，紧扣强村富民，以体制机制创新为动力，统筹谋划，以生态旅游为契机，培育竹林产业新业态。随着多个超大型文旅项目的实施，平水镇的竹产业正由经营性向竹文化、竹文旅迈进，用产业牢筑共同富裕的基石。

与平水镇相邻的兰亭街道，有竹林32739亩，拥有"中国竹笋之乡"等荣誉称号。街道整合串联新陈村及周边4个村的竹资源优势，发展竹产业，成立五富竹业共富工坊，促进村集体和村民大幅度增收。

一、推动竹产业高质量发展的主要做法

（一）强化政策扶持，构筑产业新优势

平水镇竹林资源丰富，有竹林面积51036亩，其中，平水镇25个村的3.5万亩毛竹林曾被闲置。面对丰富的竹林资源，平水镇积极开发竹林经济，将竹产业纳入"三农"发展政策笼子，推进"一村一品"，出台了一系列扶持竹产业发展的

政策，对以行政村为主体实施的竹产业加工项目，开展基础设施建设：根据竹林资源分布情况，安排专项资金，开展片团式集聚型竹产业基地建设，用于毛竹临时堆放、初加工场地的整理、周边环境整治、作业道路维修等；给予竹青收购奖励，由村股份经济合作社牵头在拨付村级工作经费的基础上再给予 0.08—0.16 元/斤的奖励；给予砍伐农户人身意外保险补助；对于推动竹产业发展的强村公司根据砍伐数量给予奖励。通过有效流转盘活闲置资源，使广袤的"绿林竹海"真正成为农民的"绿色富矿"。

（二）深化党建联盟，补强产业链群

作为党建共富联盟的试点镇，平水镇通过整片规划、整合资源、整体运营，打造竹产业链共富工坊，先后引进了 10 个符合环保要求的乡村振兴项目。其中，绍兴华瀛竹木制品有限公司总投资 4000 万元的竹业全链条加工新建了 12 条竹基纤维材料生产线。生产线年消耗毛竹 2 万吨，为山区农户和村级集体经济分别增加 1000 万和 800 万元的年收入，切实解决了南部山区三镇的毛竹滞销难题。

平水镇通过统筹片区大党建，突出运营赋能，以联盟为纽带，串村联片，打通农特产品、销售市场、劳动力等资源共享快车道，促进资源有效对接、融合，助力竹产业叠加做大、项目共建做强、强弱结对帮带，助力柯桥南部山区跨越式高质量发展。王化片共富党建联盟之一的合心村村支书任利成带领村民成立强村公司，打响"任公子"品牌，提高了竹子的附加值。

中禾竹业产品展厅

（三）探索合作模式，凝聚发展合力

为了在开发利用各类资源上形成更大合力，平水镇鼓励各村设立强村公司，通过"专业砍伐、村级统收、企业产销"的方式，推进竹林集约化管理，以组织化的矩阵推动共同富裕。截至 2022 年底，平水镇已经成立了 1 家镇级强村公司和 5 家村级强村公司。镇级强村公司承担了全镇 5.1 万亩竹林的砍、运、销等工作，村级强村公司主要安排农户的沟通和竹林的租赁等。益农竹业引进资金、人才和科技，投入了近百万元购置了"爬山王"运输车，作业效率大大提升。强村公司是推动乡村共富的新载体。它以整体、主动的理念，拉大农村发展框架、拓宽发展路子，激发农民增收潜能。同时，平水镇政府鼓励基础较好的竹制品企业做大做强，以龙头带动引领竹产业发展。强村公司积极对接社会资源，盘整资源，多方联系，通过规模化、产业化发展，带动各村抱团"消薄"攻坚。

（四）统筹农文旅融合，提升康养新品质

绍兴文化底蕴深厚，平水镇竹文化也源远流长。以竹林产业为基础，以康养休闲为形态，以地域文化为灵魂，平水镇充分发挥竹林优良生态环境、绿色笋竹食品，以及竹文化历史底蕴的优势，有效融合美丽乡村建设和全域旅游，推进竹林观光向养生、度假、体验、康养转变，充分发挥竹产业富农增收的潜能，建设美丽乡村。

平水镇政府以国家 3A 级绿林竹海景区、省级森林公园等核心景点为依托，推进"竹产业 + 乡村游 + 康养游"融合发展。平水镇同康村开发建设的绿林竹海农业观光园，以竹农增收为目标，集科教、产加销和社会服务于一体，将"万亩毛竹山"中 3000 亩开发为浙江省"四季笋"特色基地，并注册"同康"牌毛竹四季笋商标，推动竹产业增效、竹农增收。作为柯桥区首批"一日游"乡村休闲旅游基地、浙江省农家乐特色村，同康绿林竹海农庄将"游竹山、挖竹笋、住竹屋、享竹情"的主题与人文景观相结合，打造了一个绿色健康、耕读传家的康养胜地。通过积极举办竹文化节、春笋节、竹林登山节等竹主题活动，平水镇打造了一批竹生态精品游线、掘笋体验基地、竹林康养民宿，推动竹农文旅深度融合。此外，平水镇作为特色养生小镇，以生命健康产业为核心，发挥绿水青山的地区优势，投资 10 亿元的绍兴兰若寺国际休闲度假村项目，落户平水；"港深竹源""会稽湖·金鱼湾""天天亲""贤居山庄""仙人谷"等养生养老项目也均投入使用。

二、竹产业助力共富的经验启示

（一）创新模式提升资源效益

平水镇以农村有资源、企业有需求为导向，推进竹林集约化管理，鼓励和引导对分散竹林地进行"统一托管＋林地入股＋资源流转"，打造集约高效的现代林业园区，实现竹林可持续和产出效益最大化。此外，绍兴华瀛竹木制品有限公司（以下简称"华瀛竹木"）与祝家、合心、宋家店、同康、五联、红墙下等村股份经济合作社签署平水镇村企毛竹购销合同，从源头上破解全区毛竹出路问题。平水镇开展的村企联动，打通了毛竹购销渠道，实现现代农业企业发展与富民强村共赢。

由平水镇政府牵头，支持竹资源丰富的行政村成立伐竹队伍，合理安排培训提高作业人员专业化技能水平，熟练操作适用林业机械，降低劳动强度和竹林采伐、竹笋采

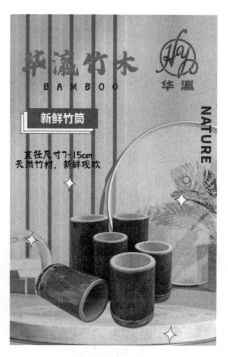

华瀛竹木生产的产品

伐成本。在此基础上，开发旅游路线，打造精品民宿，让专业团队营造养心平水网红打卡地，将竹林资源融入市场，生态优势转化为经济优势。

（二）丰富业态拓展发展空间

竹条纷敷，青翠森肃。平水镇一年四季绿荫蔽日，游客徜徉流连，是文旅产业方兴未艾的增长点。森林覆盖率达85%的同康村，与会稽湖、若耶溪源头、云门寺毗邻。同康竹林养心游将自然风光与历史古迹串联，吸引大量游客。柯桥春笋节的举办，使得"同康笋"、"麻园笋"和"大庆笋干"等农副产品声名远播。平水镇以节会带动物产销售，以电商带动网络销售，以品牌带动价值提升，以项目招引优质资本，推动全业态三产融合。

平水镇以中禾竹木为核心打造高端竹产业园区和产业集群，健全"竹原料供应—竹制品加工—竹产品销售"的全产业链。通过校企合作、创新赋能，推动竹

制品企业与国际竹藤中心、中国林科院、浙江省林科院等知名科研院校开展密切合作，建立竹产品创新实践基地和产业基地，助推产业链不断完善。

（三）创造就业带来增收致富

平水镇以现有的市级龙头企业华瀛竹木为依托，引进"年产2万吨竹基纤维材料项目"。该项目2021年初启动，4月动工建设，11月一期便顺利投产。同时，同康、五联、合心等6个试点村的毛竹实现源源不断的供应。仅2021年11月底至2022年1月初，就陆续为中禾竹木供应新鲜毛竹约450万公斤，实现农户增收120万元，村集体增收90万元。平水镇充分利用丰富的竹资源，增加了就业岗位，吸纳农村剩余劳动力就近就业，增加村民收入，壮大集体经济，助力乡村振兴。

自动剖竹机生产车间

（四）注重品牌建设提升品牌价值

平水镇依托资源优势，引导企业提高品牌意识和商标注册运用、管理能力，支持品牌营销推广。2002年，"同康"牌四季笋被浙江省农产品认定委员会评为浙江省绿色农产品，同康毛竹四季笋基地被省、市有关部门认定为省森林食品基地和市绿色农产品基地。平水镇培育出竹笋金名片，打响了"绿林竹海"品牌，增加了平水镇竹产业的品牌价值。

（文字参考自"柯桥组工"等公众号，图片由华瀛竹木提供）

整理：金玉霞　傅蓉

样本5 智慧养猪，拓展延链

"猪粮安天下。"生猪养殖如何既保证出栏数量稳定、质量标准不降，又保证不对生态环境造成污染？在"禁养限养"政策和生态环境保护的双重压力下，柯桥区对生猪养殖和保护的支持力度不降反升。

福全街道和柯岩街道是柯桥生猪养殖的重点镇街。福全街道交通便利、农业基础良好、生态环境秀美、自然资源丰富，通过升级改造，全力提升生猪养殖水平，借助互联网思维，以科技创新为核心，建设集生猪养殖、农产品种植、饲料生产、有机肥加工销售、猪肉产品精深加工销售、产业观光于一体的全国领先的现代化生猪养殖全产业链生态示范点。柯岩街道的绍兴天圣牧业有限公司通过引进新品种、技术升级、数字赋能，实现现代农业发展升级。

2022年，柯桥区项目化推进生猪保供能力，科盛生态农业有限公司、绍兴天圣牧业有限公司2个新建猪场顺利完工验收，并被列入国家级生猪产能调控基地，这2个项目全年饲养生猪19.3万头，同比增加18.92%。借助数字赋能，实现传统生猪养殖工业化、信息化、可控化，探索出一套"产出高效、产品安全、资源节约、环境友好"的数字化生态养殖模式。

一、数字化生态养猪的主要做法

（一）楼房养猪，走集约化规模化之路

福全街道2021年出栏生猪10万头，如此庞大的出栏量，需相应规模的养殖场支撑。福全街道总面积仅39.8平方公里，存量土地有限，面临工业用地、商贸

用地、未来新城用地的需求压力，因此摒弃传统养猪模式，采用选址简单、地形要求较低的楼房养猪模式。福全街道建成的数字化生态生猪养殖场占地仅 70 亩，节约了近八成土地。养殖场内，电梯可直达不同楼层，人可以通过电梯、升降机专门通道出入；配怀、分娩同层配套，保育、育肥同栋配套；病死猪通过专用电梯转运；饲料可利用楼层中转实现自动送料，方便统一管理和大规模养殖，大幅度提高了土地的集约利用效率。

浙江天圣控股集团有限公司（以下简称"天圣集团"）在柯岩街道丰项村总投资 15 亿元，新建肉食品深加工基地，并配套建设承揽 5 万头以上规模的楼房式生猪养殖基地，形成一条生猪养殖、屠宰、加工、配送、销售一体化的食品消费产业链。

（二）对口帮扶，做强国家地理标志保护品牌

绍兴市积极响应中央号召，对口扶贫，与吉林省辽源市缔结友好城市，在双方共同推动下，建设规模化、绿色化、科技化的生态农业产业园，积极探索"飞地养猪"模式，有效带动辽源市产业发展，也弥补了绍兴猪肉市场缺口，助力政府"菜篮子工程"。

作为浙吉帮扶对口企业，天圣集团收购辽源当地国家地理标志产品"东辽黑猪"，并以"飞地养猪"的模式将东辽黑猪引入绍兴进行加工和销售。2019 年 10 月，天圣集团和浙江天天田园控股集团合作，达成项目总投资 10 亿元，成立吉林双天生态农业有限公司，布局 30 万头东辽黑猪生猪养殖基地及配套项目，项目建设占地 950 余亩。天圣集团收购了东辽黑猪保种繁育公司资产，布局东辽黑猪原种繁育、生猪规模化养殖、肉食品加工、饲料生产加工、农牧结合种植基地等，旨在打造我国知名东辽黑猪品牌，做强国家地理标志保护产品，成为生猪外拓基地飞地养殖模式全国样板工程，2020 年底，已建成年出栏 5 万头的现代化楼房式生猪养殖基地。

（三）欧盟标准，打造生态养育中心

东辽黑猪因其肉质好、口感佳，清代曾成为"皇家贡品"，2015 年，被列为国家地理标志保护产品。但因长期受出栏周期长、饲养成本高等因素限制，东辽黑猪和其他中国优质土猪一样渐渐失去市场占有率。为促进合作共赢发展，吉林双天生态农业有限公司建设现代化楼房式生猪养殖基地，为避免有害菌接触，采用全封

闭式管理。精心"呵护"下的东辽黑猪，吃的是科学配比的紫花苜蓿、米糠粕、葵花籽粕、大麦、甜菜粕等天然草谷饲料，住的是干净舒适、带空气过滤系统、能减少应激激素的 4 层楼房。由天圣集团创立的"猪领鲜""猪锦记"两大品牌已推出鲜肉、冷鲜肉、礼盒、深加工等近百项产品，在绍兴地区开设 15 家专营门店，京东、天猫等电商平台也同步上线品牌店铺，受到了众多消费者的青睐。绍兴天圣牧业有限公司（即东辽黑猪生态数字养育中心）获"2022 年浙江省美丽牧场认定"。

（四）全产业链、全域化生态营销

天圣生态食品有限公司以吉林双天旗下占地 1000 余亩的东辽黑猪智能现代化养殖基地为依托，运用独创的"飞地养猪"模式，通过智能机械化透明分割车间、德国比泽尔制冷机组冷库，以及全产业链溯源系统、现代化冷链物流，打造全供应链平台，助力终端市场，发挥"东辽黑猪""猪领鲜""猪锦记"等优质品牌优势，打入长三角、珠三角、京津冀等核心城市圈的消费市场，并通过向肉制品精深加工的延伸，将一头猪的价值最大化、最优化。同时，将产业延伸至文旅业，打造生态研学基地，实现品牌价值最大化。

天圣集团将继续优化产业链结构，发挥高品质猪肉供应商与服务商的市场地位与竞争优势，专注"东辽黑猪"产业化之路，打造具备完整产业链的百亿级现代生态农业企业，以"消费安全、品质高端"来重新定义产业链，结合线上线下融合模式，真正实现从"一头猪到一块肉"的全产业链、全域化生态营销。

"东辽黑猪"品牌直营店

二、绿色高质量生猪养殖的经验启示

（一）以生态为重心，走绿色高效发展之路

天圣集团2022年初已建成年存量5万头的楼房生猪养殖基地，猪舍采用轻型节能材料，增加使用面积的同时保障温度和通风的均匀性；采用大数据处理技术建立自动饲养系统，增加养殖效益的同时严格保障食品安全；采用虹吸管道排污，运用现代水处理技术、微生物技术，将固废制作成有机肥实现粪肥还田，液废完全达标纳管排放；生猪运输采用结构货箱运输，车内设置污水回收装置，防止滋生细菌病毒。

一头生猪一年的排污量相当于一个成年人的三四倍，在养殖过程中，数字化养猪场配备各式现代化、自动化环境控制系统、废气处理系统、气动送料系统和排污系统等。通过工业物联网实现远程管理，切断了病毒传播途径；通过进道与污道分离，定期杀菌消毒，利用智能刮粪机将猪粪一周清理一次改为每天定时清理；经厌氧工艺处理后的污水和经粪污处理设施发酵后的猪粪被制成有机肥，实现了污水和猪粪100%资源化利用，做到对外零排放、零污染。

大圣集团巧妙利用地形，实现高效转运，物流效能最大化；结合当地风向，利用南北不规则用地布局"洁""污"区域，实现动线分离，为员工提供优质安全的办公住宿条件；通过在生猪屠宰加工车间屋面设置臭气处理机组，采用负压通风、集中处理、高空排放等方式，集中处理生猪待宰屠宰产生的臭气。

（二）GAP认证，坚持高标准食品安全理念

东辽黑猪浙江柯岩养育中心2022年通过了GAP中国良好农业规范一级认证。东辽黑猪养育中心获此认证，是对"东辽黑猪生态全产业链"追求全链闭环、全链溯源、全程品控的重大肯定。养得好、吃得好，才能有好猪肉。天圣福味坚持300多天慢养，坚持草谷饲料喂养，秉持科学化管理，专注养好东辽黑猪。

出于产业链完整性的考虑，同时为保证食品安全及肉食品质量，配套建设的天圣集团食品深加工基地于2022年11月建成并投运。基地建有智能机械化透明分割车间，使用德国比泽尔智能机组的冷库与国际一流的杀菌切割包装流水线，引进西班牙火腿生产工艺技术、利比里亚黑猪风化技术，并严格按照欧盟IFS、BRC食品标准实施。

天圣福味透明化分割车间

（三）产学研合作，助推产业高质量发展

天圣集团与吉林大学动物科学学院联合开展产学研合作，重点解决东辽黑猪遗传结构和生产性能方面存在的问题，加速科技成果的推广应用，建立新的规模化良种繁育体系，提高东辽黑猪高端精品猪品牌附加值，让养猪行业成为高科技新型行业，实现现代农业发展升级。

浙江吉林对口帮扶的重要成果——绍兴柯岩生态农业产业链工业食品深加工项目，由浙江天圣生态食品有限公司投资建设，规划用地规模为84.42亩，2021年3月动工，2022年建成投产。该项目采用全自动生产线，配备仓库管理系统和实时视频监控系统，实现产品全过程可追溯和智能化园区管理；屠宰加工车间部分采用R507制冷剂，肉制品加工车间及冷库系统制冷工质采用环保自然工质"R717/R744"；冷库的制冷系统设有自动控制管理系统，可对主要设备运行情况进行模拟显示，实现对制冷系统实时运行状态监测、控制和管理；机房内均设置泄漏检测报警系统，全面保障园区安全生产。

项目通过全产业链溯源系统和现代化冷链物流，打造全供应链平台，助力终端市场，充分发挥国家地理标志产品——"东辽黑猪"的品牌效益，建立线上线下全覆盖的物联网销售模式；立足柯岩，面向绍兴，辐射长三角、珠三角、京津冀等核心城市圈的消费市场，打造全省首家集养殖、屠宰、智能加工、冷链配送、销售服务于一体的高端、环保、绿色的优质猪肉食品深加工基地。

天圣集团获评"2022年推动中小城市高质量发展特别贡献企业"

（文字资料由柯桥区农业农村局提供，图片参考自"柯桥文旅"等公众号）

整理：蓝刚　徐丽仙

样本 6 共富星村全域覆盖正当时

　　柯桥区下辖 11 个街道、5 个镇、339 个村（居、社区）。柯桥区为推进城乡高质量均衡发展，牢牢坚持"党建引领乡村全面振兴"，深化驻村指导员制度建设，构建"5 带 16 片"党建联盟体系，推进"千万工程"，持续推进"五星达标、3A 争创"，深入推进以农村集体经济为核心的强村富民乡村集成改革，全区乡村振兴实现从点状积累到整线推进、再到全域提升的阶段性跨越。为缩小城乡差距，激发先行示范星火效应，2022 年，柯桥区做出共富星村建设的重要部署。共富星村紧扣柯桥"国际纺都、杭绍星城"战略定位，迭代深化"五星 3A"创建，以星村试点助力星城建设。2022 年底，柯桥区共富星村入选浙江省高质量发展建设共同富裕示范区第二批最佳实践案例。

　　柯桥区深入实施《共富星村建设三年行动计划》，围绕共富星村创建目标和创建十大标准，结合"浙里兴村治社"应用、网格智治等重点工作，全面落实星村标准，全力打造满星达标村，并鼓励先行创建村在优势突出的领域成为"单项冠军"，放大优势打造样板，加快形成星火效应，突出塑造变革，进一步强化责任担当，强化领雁培养，强化督查考核，加强宣传推广，造浓发展氛围，努力打造一批在省市可推广可复制的共富星村样板。

　　共富星村是柯桥区着重打造的共富标志性品牌，它既是推进以农村集体经济为核心的强村富民集成改革的实践案例，也是可感可及的共同富裕未来乡村形态的全新探索，与推进"百千万工程"、争创"红色根脉"强基示范区相辅相成。

一、打造可推广可复制的共富星村样板的主要做法

（一）迭代深化驻村指导员制度

柯桥区不断推动驻村指导员工作标准化、培训系统化，并探索形成县级统筹、因村派人、包乡驻村的工作模式。下派百名创富指导员，以专兼职形式联系经济相对薄弱村，共谋共同富裕新格局，探索共同富裕新路径。打造了一支包括"共富指导员"在内的"硬核"驻村队伍。2003—2023 年，累计派出驻村指导员 19 批次，5500 余人次机关党员干部下沉到全区 340 个村社，实现全区驻村指导员全覆盖，成绩斐然。

（二）探索共富星村建设十大标准体系

通过"创标杆、亮特色"的共富星村样板建设，立足"一村一品"，大力探索未来乡村建设标准，围绕"富裕乡村、众创乡村、学悦乡村、健康乡村、优享乡村、和睦乡村、通常乡村、诗画乡村、平安乡村、党建乡村"十大标准，在不断实践中构建具有普遍意义和指导作用的指标体系和建设导则，打造一批具有辨识度的"金字招牌"。

共富星村的试点探索，旨在把乡村建设放在共同富裕大场景，通过试点星村建设、打造星标体系、激发星火效应的连锁反应，以共富星村为基本单元和空间载体，强化乡村工作的系统集成，突破部门界限、突破条块分割，探索一条体系全面、功能优化、创新集成的农民农村共同富裕实现路径。

稽东香榧访问中心

（三）加强党建联建，提升乡村创收

城乡居民收入差距不断缩小。至 2022 年底，柯桥区实现村均年集体经济收入 588.81 万元，年经营性收入 339.47 万元；农村常住居民人均可支配收入 5.1605 万元，绝对值居全省第 1 位；农村居民人均可支配收入增速为 7.4%，连续 18 年高于城镇居民人均可支配收入增速水平；全面消除集体经济年收入 100 万元以下、年经营收入 50 万元以下的经济薄弱村；城乡居民收入比缩小至 1.599 ：1，农村居民人均生活消费支出为 2.8423 万元，优于全省全市平均水平，是全省共同富裕程度最高的区域之一。

柯桥区通过制定"找跑道、定目标、建体系、抓改革"的总体要求和"一年顶层设计、两年示范引领、三年制度成熟"的三步走计划，力争到 2024 年底，建成 20 个以上有柯桥辨识度、有引领带动作用的共富星村；建成共富党建联建点 200 个；村均年集体经济收入、年经营性收入分别达到 700 万元和 350 万元，农村居民人均可支配收入 6 万元，城乡居民收入比降至 1.59 ：1 以下，扎实推进"共富星村"建设。

王坛镇文体中心

（四）实施人才引流工程，集成共富关键要素

促乡贤回流，如平水镇王化金秋强村农业发展有限公司、漓渚镇花满棠研学文旅有限公司等都是乡贤回流后创办的，从而克服了外来运营团队水土不服的问

题，促进了强村公司的发展壮大。推人才引流，实施乡村"领雁人才""头雁"培育工程，启动运营全市首个乡村人才创业园，已有5个乡创团队入驻创业。借智囊导流，组织顾问团开展共富星村课题调研，开展调研咨询活动，借智借力为柯桥共富星村建设提真言、谋良策。

二、共富星村建设的经验和启示

（一）打造星标体系，探索共富星村试点

共富星村是柯桥区推进以农村集体经济为核心的强村富民乡村集成改革的实践积累，也是"千万工程"的迭代升级，更是可感可及的共同富裕乡村形态的全新探索。随着柯桥区入选全省高质量建设共同富裕示范区第二批试点，共富星村将以新时期未来乡村标准体系这个小场景为切入点和突破口，以更多市场化的手段催生乡村内生持续发展动力的长效机制，为全省共同富裕基本单元建设提供"柯桥经验"、打造"柯桥样板"。

柯桥区通过三年努力，打造出了"探一条路径""定一套标准""出一项规范""建一个机制"的"四个一"标志性成果，形成了强化共富党建联盟、实施六大专项行动和打造重大应用场景的"161"基本路径，并综合集成"三农"重大改革成果，打造了具有内生造血功能的组团式集体经济共同体，走出了农民持续增收、农村集体经济持续壮大的共富新路径。

（二）打造共富矩阵，聚力强村富民乡村集成改革

弘扬胆剑精神，强化改革破题；依靠制度支撑，激活全域要素；处理三方关系，实现利益共赢；体现农村特色，务求内优外美。这是平水镇积极参与高质量建设共同富裕示范先行区的主要经验。平水镇在剑灶村先行先试，深挖欧冶子铸剑和越窑青瓷等历史文化，做大文旅产业，做强富民产业，使得该村的村级经营性收入从原来的80万元增长至237万元。与此同时，平水还在全镇推广"4+5"王化模式，以资源盘活、产链融合、村企联动、农创文旅和数字平台这5条路径，全域激活全镇29个村的土地、山林、农房等资源，最终实现全镇的强村富民。

柯桥区将共富星村试点列为"一把手"工程，组建了共富顾问团，筹建共富指导中心，成立实体化运作的六个工作专班，构建政策制度体系，通过政府有为和市场有效打造社会有序、群众有感的未来乡村共富基本单元。

稽东镇强村公司

（三）文化融合，形成村庄治理新风貌

亭山桥村地处绍兴市柯桥区北部，由原大源、亭峰、西闸街3个村合并而成。亭山桥以"文化治村"为村庄治理特色，践行"以文化人"的理念。将山海小学旧址打造成市、区两级干部培训基地；村民共同创办了《今日亭山桥》《共富新亭》村报，定期刊登村民作品；邀请行业专家，在家门口举办"百姓写百诗，乡诗铸乡魂"诗歌讲习班，采写34名乡贤传记《乡贤乡情乡愁》；有3位村民荣登"浙江好人榜"。通过文化和社会主义核心价值观的浸润，乡村振兴、治理村庄方方面面成效显著。如今的亭山桥成为一个既有"面子"又有"里子"的特色村庄，实现了从名不见经传的小村落到全省美丽乡村特色精品村、全国学习型村居的蝶变。

齐贤村坚持党建引领，抢抓亚运契机，深挖红色资源，着力打造以中共绍兴独立支部纪念馆和百年党史路为核心的红色基因带，形成"党建+旅游"新模式，做深做实美丽乡村向美丽经济转化的文章。积极抢抓乡村振兴先行村创建契机，对标共富星村建设要求，通过盘活现有资产、资源，加强集体资金、资源管理，做大做强村集体经济，筑牢共同富裕的根基底盘。2022年，村集体经营性收入突破1000万元大关。除了用于村庄建设发展，该村集体经济收入的一半都用于村民福利，真正实现了强村富民。

（文字参考自"柯桥发布"等公众号，图片由丁蔓琪拍摄）

整理：丁蔓琪

样本 7　先行乡村，营建多维未来场景

　　未来乡村是以人本化、生态化、数字化为建设方向，打造未来产业、风貌、文化、邻里、健康、低碳、交通、智慧、治理等场景，集成"美丽乡村＋数字乡村＋共富乡村＋人文乡村＋善治乡村"建设，着力构建引领数字生活体验、呈现未来元素、彰显江南韵味的乡村新社区。

　　柯岩街道叶家堰村、湖塘街道香林村、夏履镇莲东村以及漓渚镇九板桥村等13个乡村，先后入选了浙江省未来乡村创建名单。柯桥区以党建为统领，以"三化九场景"为指引，以未来乡村为主抓手，在"五星3A先行村"培育的基础上，有效构建引领乡村未来生产、生活的新形态和新模式。深入实施乡村振兴战略，着力构建引领数字生活体验、呈现未来元素、彰显江南韵味的乡村新社区，全力打造高标准未来乡村试点村，从而带动柯桥未来的高品质，展现柯桥特有的气质，打造可感可及可体验的城乡风貌和社区场景，为高质量发展建设共同富裕示范区增添浓墨重彩的一笔。

一、未来乡村创建的主要做法

（一）抢抓时机，打造"美丽经济"样板村，营建未来风貌场景

　　柯岩街道叶家堰村凭借其优越的地理位置、优美的自然环境，被柯桥区作为美丽乡村进行重点建设，成为最具成效的典型代表。绍兴市柯桥区通过投资产业、建筑改造等措施，重塑叶家堰村的历史风貌，扩大乡村自然风光的影响力，实现鉴湖乡村休闲游，从而带动乡村产业经济发展，实现乡村致富。叶家堰村利用外部环境良好的现状，把乡村建设成为柯桥区甚至绍兴市、浙江省的"美丽经济"模

板。经过多方共同努力，在 5 年时间里，叶家堰村脱胎换骨，从一个名不见经传的小渔村一跃成为"五星 3A"景区化示范村，展现了党建引领下的巨大转变。

（二）党建引领，振兴共富乡村，营建未来经济场景

柯桥区湖塘街道香林村地处柯桥区西南部，与宝林山和鉴湖相邻，共 4.86 平方公里，绿化覆盖率高，环境优美，曾被评为"浙江省森林村庄"，如今成功上榜浙江省首批 3A 级景区村庄培育名单，成为全省 37 个样板村之一。香林村认真贯彻落实乡村振兴战略，以党建引领治理创新，积极响应国家的号召，村干部与村民共同努力治理环境，"三治融合"推动乡村旅游业发展与进步，获得了浙江省首批"3A 级景区村"的称号。香林村利用景区资源，推进一、二、三产业的融合发展，发展多类产业融合，以旅促农，发展乡村休闲旅游。乡村引入元祖米酒工坊、特色高级酒店等创新产业以吸引游客。鼓励村民充分利用当地旅游资源，自主创业，带动民宿、农家乐等发展，共同推动集体经济发展。通过引入乡村运营团队和街道强村公司协作，锚定"千年禅村、一里香街"定位，实施"文化＋产业"双振兴，谋好产业发展、全域振兴、基层治理三篇文章，深挖宋韵文化，塑造出独具一格的香林气质。

香林村的民宿

夏履镇竹林资源丰富，竹笋品种众多，全镇共有竹林 2 万多亩，集中生长于联华、双叶、莲西、莲东、莲中、莲增等村。夏履的麻园笋，因其特殊的土壤环境以及村民独特的种植方法，成为竹笋中的佼佼者。夏履镇各村因此因地制宜打

造竹笋基地、茶叶基地、水果采摘基地、蔬菜基地，打响"麻园笋"品牌，推广使用"夏禹"农产品商标，以品牌提升农产品附加值，夯实乡村旅游自然风光基础，在多层次、多领域积极探索，走出一条产业转型升级、绿色发展之路，带动群众发家致富。

（三）文旅赋能，打造乡村振兴先行村，营建未来文化场景

九板桥村内配有具有非物质文化遗传馆、文化讲堂，以及图书阅览等功能的文化礼堂，为村民提供充足的文化活动空间。该村还组织了例如书画节、庙会、戏曲等文化活动。此外，九板桥村注重对村庄原始风貌的保留，在尊重原有地方风貌、地域特色和绿色生态的基础上，推动村庄的微改造，从而获得较大的提升，将村庄打造成为独具特色的村庄节点。该村整合古街、古井、古塘等历史遗迹，为实现可持续的有机再生，利用历史文化遗产和传统建筑创造出独特的历史特色景点，打造可识别的九板桥村景观特色和生态基础设施，突出从晋开始，经宋、明、清，到新时代等的不同历史文化印记，展现九板桥村所特有的"乡村记忆"和"百工非遗技艺"。

（四）拓展特色业务，打造未来产业，营建未来产业场景

九板桥村利用当地优越的地理位置，将花木产业作为主要发展产业，协同公司、合作社、基地、农户，提升花木产业专业性，逐步建立"一村一品"的专业发展模式。为继续推动农业、文化、旅游这三个关键性领域的整合，以及花木产业链的数字化，村庄通过建设"花香漓渚"田园综合体，联动花卉和花木产业的发展，带动周边村庄共同发展，形成了多个特色产业园区，如"创享花园""非遗文园""荷塘乐园""共享农园""产业绿园"。积极推动民宿和文创发展，为满足家庭、婚庆、房车旅行的需求建立户外露营营地。

夏履镇莲东村开展了新型业务——越马拓展训练中心，建造了一个完整全面的乡村休闲旅游度假村，把闲置的300亩山林土地充分利用，开拓了马术俱乐部、青少年成长训练营、果蔬种植基地，以及独具特色的浪漫星空帐篷体验区。静谷生态竹林主题公园一期以竹、木为材料，打造出特色民宿，为游客提供别样的住宿感受，二期主要是建造餐厅、船屋、书屋等，打造一个健康养生的度假区，通过依托特色建筑，依靠良好的自然资源，吸引更多商客，提升游客体验，带动乡村产业。

莲东村竹笋基地

二、高质量建设城乡风貌区的经验启示

（一）以文化、风俗为载体，推进乡村全面发展

香林村充分利用其优越的地理环境，不仅着手建设村庄内居民建筑、公共建筑、景观小品等硬件设施，还加强村庄文化熏陶，增加多种不同的元素，赋予村庄更深刻的内涵，把文化、风俗作为其载体，推进全面发展，共同创造美好未来。村庄坚持党建引导，支持大学生回乡创业，为其提供补贴方案和专业的培训等，使其参与旅游业的建设，为乡村振兴出一份力。对于特色产品的运用也是发展经济的重要一步，如文创产品、特色糕点、特色食物等，赋予其文化底蕴，增加其商业价值，为经济发展添砖加瓦。

（二）整合产业服务平台，加快农文旅融合发展

九板桥村通过建设救助帮扶队伍、表彰"九板桥好榜样"等方式，推进乡村精神文明建设；骑行、图书推荐、观影、赶集和篮球赛等活动，有效地增进了邻里间的交流和合作。村里的老人、病人、残疾人和困难群体得到了有效的帮扶，突显了"乡村会客厅"的社会意义与价值。此外，九板桥村构建了一个整合三大产业的服务支持平台，打造了多样化的未来产业场景，建立了土地使用权、农户、旅行者和团队资源共享的模式。团建、研学、婚庆、露营和休闲等未来产业场景，使墨池、荷塘、农田等资源得到充分利用。通过巩固和加强主导产业，进一步加快农文旅的融合发展，很好地带动了九板桥村的共同富裕。

（三）借助信息技术打造智慧乡村

九板桥村将智能信息技术融入未来文化场景的多样化打造中：首先，通过3D建模、虚拟仿真的技术建立数字化"镜像村落"，将百工活态、传统技艺融入其中，在九板桥村构建一个包含晋、唐、宋、明、清的历史文化场景。其次，基于智能媒体技术，进行用户群体剖析和精准推广，实现了视觉呈现、互动交流和沉浸式体验。九板桥村与墨池结合，成立书法家协会和摄影家协会，组织节庆和交流，为现代书法研究搭建舞台；将自然和人文景观、建筑风格和文化特征结合起来，建设个性化的住房、丰富多彩的公共活动和绿地系统，打造可识别的九板桥村景观特色和生态基础设施，彰显历史文化印记。

（文字参考自"柯桥发布""柯桥组工"等公众号，图片由相关村委提供）

整理：陈思

样本8 "水源保护地"跨越式高质量发展

柯桥区南部三镇平水镇、稽东镇及王坛镇拥有得天独厚的生态资源、浙东唐诗之路等人文资源，以及日铸茶、青梅酒、香榧果等农业资源。

南部三镇百村串联，打造中国第一个真正意义上的"唐诗宋韵大地艺术系统"，充分利用、盘活现有江南建筑与大地景观，让区域形象提升为全国性品牌流量。有利于第三产业快速聚集与业态落地，更利于项目整体盘活，从而将艺术与乡村深度融合。以文化艺术赋能，点亮乡村生活品质；以艺术为触媒，激活乡村产业的持续活力。依托整合后的山林资源和独有人文艺术底蕴等核心优势，柯桥南部三镇获得了越来越多优质资本青睐，将乡村空间营造和治理向更广泛、更纵深发展，使之成为浙江省共同富裕示范区。

平水镇水源保护区

一、南部山区高质量发展的主要做法

（一）携手"红色引擎"，共筑高质量发展的绿色共富之路

南部三镇积极探索"五星3A"，践行习近平总书记"绿水青山就是金山银山"的理念，实现农村环境的改善，生活理念的转变。平水镇坚持党建统领，深化强村富民集成改革，探索实行党建联建"九个一"机制，走出了一条组织联建、项目联融、产业联兴的乡村共富新路径。平水镇剑灶村坚守"红色根脉"，抓基层、强基础、固基本，全力推进全村经济发展，促进乡村振兴，寻求共同富裕。由镇党委牵线，剑灶村党总支成功与浙江海丰花卉有限公司党支部合作，成立村企党建共富联盟，以"统租返包、统一管理、收益兜底"为方针，组建了以村为集体、企业为依托、农户为单位的剑灶海丰花卉共富工坊，带领小农户参与农业现代化进程，达到助农增收的目的。

王坛镇作为绍兴市宅基地制度改革试点20个先行镇之一，自承担改革试点任务后，充分抓住先行先试机遇，以深化涉农体制机制创新为切入点，探索"去工业化"后乡村振兴的有效路径。王坛镇探索闲置农房使用权流转初显成效。一是线上平台规范流转，委托专业软件公司开发了"王坛镇闲置农房使用权流转平台"。二是集体房屋创新利用，沙地村申请项目资金，将原闲置空倒房改造成一幢三层框架结构酒店式公寓，面向到集镇求学及到王坛度假休闲的家庭出租。三是发挥示范带动作用，建造城市书房带动文化发展，鼓励以村集体经济组织为主，带动农户创收。

王坛镇城市书房儿童绘本区

稽东镇坚持以党建为引领，以"生态立镇、强乡富民"为理念，以"农文旅新高地"为目标，依托全镇文化旅游资源，探索文旅融合的新方式。稽东镇努力提升工作质量和速度，把偏远的村落变成宝地，大力开发电商平台销售香榧等农产品，促进乡村振兴，实现共同富裕。此外冢斜村通过大规模地改造闲置厂房、土地资源流转，将众多绿色产业引入，大力推广果园游、采摘游，使游客在游玩过程中感受到乡村的魅力和韵味，带动旅游业发展，为当地创造更多就业岗位，从而提高了村民的就业率和收入。

稽东镇电商直播平台

（二）加快资源互补，探索特色文旅产业的高质量发展

南部三镇是浙东唐诗之路上的三粒珍珠，历史悠久，文化底蕴非常深厚。平水镇剑灶村在特色产业发展中颇见成效，以村企联动为抓手，引入海丰花卉、秦望茶业、华绿园林等多家特色农业企业，打造不同主题的研学游，壮大农村集体经济，带动村民共同致富。省龙头企业海丰花卉，依托企业种植基地、海丰花园，与剑灶村共同打造了共富工坊和共富中心，推动了剑灶村的旅游发展，成功举办了樱花节、海丰花园菊花节、农民丰收节等特色节会。

稽东镇冢斜村位于会稽山南麓，地理位置优越，历史文化悠久，入选国家第五批"中国历史文化名村"，第一批"中国传统村落"，全国 100 个"最美古村落"以及"绍兴市十佳休闲旅游村"，稽东镇"首批 3A 村村庄"。冢斜村开发古村落的新发展方式，为共同富裕创造了新的途径：以"生态立镇、强村富民"为目标，致力于打造古村落文化旅游品牌。2018年以来，冢斜村连续5年举办文化旅游节，推动古村焕发新生。

（三）利用文化名片，传承文化遗产

平水镇剑灶村挖掘传承千年的"胆剑精神"文化名片，做好文化振兴文章，围绕"胆剑精神"开发文化产业项目，建设越王剑非遗传承基地、胆剑书房、胆剑广场，开发胆剑精神研学游，打造以胆剑精神为主题的综合性文化旅游景区村。平水镇宋家店村以"耕读传家"为文化内涵，建设邻里中心、共富中心，升级提升非遗文化馆、村史馆，打造3A景区化示范村。作为柯桥区第一个农村地下党支部诞生地，平水镇小舜江村以红色文化为特色，改造岭下党史馆、黄炳兴故居等爱国主义教育基地，用活红色资源，赋能乡村振兴。

二、水源保护地跨越式发展的经验启示

（一）"积水成渊，聚沙成塔"，改善乡村环境

从村民角度出发改善居住环境，先从村民身边最容易遇见的事情开始。污水处理是家家厨房都会遇见的问题，道路修建与人们出行息息相关，绿化栽种是维护自然生态的必需品，垃圾分类促进资源回收利用。剑灶村实施一系列措施，有效改善了村庄环境，有效地加强了村容村貌整治和环境卫生管理，提高了村民群众文明素质和生活水平。剑灶村因地制宜，普及垃圾分类知识，积极鼓励和引导村民参与垃圾分类，剑灶村因此荣登垃圾分类红榜第一名。同时，剑灶村也是"五星3A"示范村、省级卫生村、全省农村垃圾分类示范村。

（二）弘扬剑胆文化，推进绍兴文化发展

若耶溪畔、日铸岭下，越王勾践曾在这里驻扎防守、操练军队，欧冶子在这里烧炉淬火、锻造名剑，而越窑青瓷也在这里烧制而出。在这样的文化熏陶下，剑灶村的胆剑精神酝酿而成，并融入了生活的方方面面，剑灶村在新时代也坚持弘扬和践行胆剑精神。如此吸引到了一大批文创企业入驻，为乡村振兴提供了强有力的支持。剑灶文化不仅在绍兴得到展示，更得以在世界彰显。例如海丰花园研学游依托于海丰花卉打造的千亩菊花种植基地，秉持"绿色、创新、和谐、共享"的理念，开发集自然环境、文化科普、历史传承、素质拓展等多种类型于一体的综合生态旅游研学课程，推进绍兴文化发展。

（三）探索生态振兴，奠定高质量共富基石

2003 年以来，柯桥区推动建设美丽乡村，将"千村示范、万村整治"作为主题。在美丽乡村建设中，冢斜村经历了村庄道路建设、垃圾分类、污水处理以及村庄绿化等几个整治阶段，以"宜居、宜业、宜游"为基本意识的发展阶段，以及共同创建"富裕、美丽、和谐、文明"的"五星 3A"景区化建设阶段。冢斜村建设包括水利工程、垃圾分类、公厕革命、环境整治、管道整理、消除违章、建设长廊等 18 个项目，引领村庄经历村庄整治、美丽乡村建设、美丽乡村升级打造和景区化建设的全过程。

（四）加强产业振兴，巩固高质量共富根基

剑灶村积极推进土地流转，对土地加以整合利用，盘活土地资源，推进农业经济的持续发展。企业入驻剑灶村，引进重点项目，为村民提供了更多的就业空间。村民入职本村的企业，生产经营，运营管理，全民参与，村民个人收入较以前大幅提升。剑灶村为进一步实现乡村共同富裕，建立剑灶共富中心。该中心成立后，与海丰花卉共同对外招商，引入外地鲜花收购商户，设立鲜花销售专区，巧用市场营销策略，吸引更多的外地客商来到剑灶村海丰花园，实现"村集体 + 农户 + 企业 + 周边村社"四方联动促共富的新模式。最终，村民个体经济收入提升，乡村集体经济稳步增长，实现共同富裕。

（五）实践文化振兴，引领高质量共富之魂

冢斜村着力引进人才和资金，利用乡贤和节会等资源，通过与浙江视联等机构的合作推广，为该村的招商引资和宣传工作提供有力帮助。同时，为了壮大村级集体经济，带动村民走向共同富裕，该村在古村保护和文化传承的基础上，积极探索出古村落新的发展途径，为古村落保护提供了一条可持续发展道路。

（文字参考自"柯桥发布""柯桥组工"等公众号，图片由村委提供）

整理：陈思

样本 9　可复制可推广的山区共富"王化模式"

柯桥区平水镇王化村位于南部山区小舜江水源保护区内，受资源禀赋限制，村内工厂全面关停，资产闲置过剩，大量劳动力外流，是名副其实的"老龄村""消亡村"。2020 年以来，王化村依托"稽山舜源"的生态优势和大量闲置农房，招引乡贤回乡投资，开发了以延伸"养老＋"产业链为核心的"金秋家园·长塘头"共富项目，先行探索一种低成本、可操作、易复制、覆盖广的乡村居家"养老＋"模式。

2022 年，在省农业农村厅 10 条帮扶举措的推动下，强村富民乡村集成改革"四套组合拳"在王化加速落地开花，"王化模式"逐步成形，"改革味、乡村味、惠民性"不断彰显，这一模式的核心就是：依托闲置农房激活大平台，通过"养老＋"产业链的不断延伸，驱动区域休闲农业、乡村旅游、生态康养、文化体验等产业融合发展，打通"绿水青山"向"金山银山"转化、城乡资源流动两大通道，走出了一条活权富民、兴业富民、强村富民、智慧富民的共同富裕新路径。

一、"王化模式"乡村集成改革的主要做法

（一）宅基地改革＋乡村建设，实现活权富民

王化村破题农房闲置、老后无依困局，在不改变宅基地性质、不产生新违建的情况下，创新"三权"分置，探索公益养老，让危房变民宿、居家变互助。

一是盘活闲置农房，探索民宿养老模式。按照"村民＋开发商＋疗养人群"的盘活模式，通过村集体和 85 户农户签订租赁协议，流转闲置农房 320 间，面积

约 5660 平方米，同时盘活闲置集体房屋约 4000 平方米。首批 32 幢（85 个房间、122 张床位）养老养生精品民宿及咖啡吧、茶楼、垂钓处、老年活动室、医务室等配套设施已陆续建成并投入运营。盘活的闲置农房为村民增收最多的一户年租金达 5000 多元，个人房屋使用权租赁每年为村民增收约 25 万元。

金秋工程盘活闲置农房

二是提升乡村生活品质，开启农村居家养老新模式。因村制宜开设"金秋食堂"，为本村村民提供差异化的居家养老服务。80 岁及以上老人就餐全免费，80 岁以下 70 岁以上、60 岁以上老人每天分别仅需 10 元、20 元餐费。对于不便行走的年老体弱人群，也提供送餐到家服务。2022 年底，王化村长塘头自然村、宋家店村和合兴村的老年免费公益食堂开始运行，实实在在为农村老人提供养老服务。

三是盘活闲置劳力，激发增收内生动力。项目建设带动本地劳动力就业，按市场价与村民签订劳动协议，吸纳本村村民就地安置就业，已有超过 80 名务工人员在"金秋年华"就业，其中 30 名为长期就业人员，包括厨师、保洁、安保人员等。农民每年从公司获得收入超过 400 万元，最多的一人超过 10 万元。

四是实施适老化配套改造，让村容村貌焕然一新。为加快打造长三角养老康养产业目的地，对标未来乡村，对王化村内年久失修的基础设施进行"微改造、精提升"，全力优化设施，提升服务水平，重点围绕"适老化、中医化、数字化"目标，开展养老配套、医疗网点、家宴中心、快递网点、星级养老中心、博爱家园、农家书屋等配套项目建设。

（二）标准地改革＋农业"双强"，实现兴业富民

王化村破题土地抛荒困局，挖掘水源地生态资源，加快耕地功能恢复，引进高附加值新品种，让荒地变良田。一是围绕"双强"（科技强农、机械强农），调优种植规模布局。稳步推进王化区域内退苗还粮和机械强农进程，完成村口130亩景观松基地退苗还粮工作，金秋农场提升改造恢复耕地功能59亩，完成王化村山区农事服务点建设。创新承包土地租赁新模式，通过村集体流转富余、闲置、抛荒土地，成片流转达500余亩。流转的承包土地返包给村民种植蔬菜水果，养殖畜禽，按照统一的生产管理方式，采用套种、间种、轮种方式提升亩均效益，并统一按市场价收购。二是推动产销融合，发展特色富民产业。租用荒废的茶山，依托"茶香王化"一村一品效应，发展日铸茶生意，积极探索与村民合作模式，依托王化竹山优势，开发竹类农产品，以收储和委托加工的方式开发鲜笋和笋干制品，金秋公司负责兜底销售，实现户均创收2万元，成为带动村民致富的特色产业。

（三）市场化改革＋集体经营，实现强村富民

王化村破题增收乏力困局，以市场化手段为驱动，培育强村公司，增加集体经济收入，让输血变造血。一是强村运营，搭建市场化平台。以整村资源入股组建强村公司，实行全域市场化运营，村集体通过"保底收租＋效益分成＋股份分红"，实现每年增收70万元以上。2022年，积极盘活村内闲置建设用地约11.2亩，首期4套农宅区内跨镇有偿选位为王化村级集体增收约80万元。二是村企联动，实现共商共建共富。引入竹业全链条加工项目，以"农户自伐、机械化伐运、村级统收、企业产销"模式，实现从砍伐到销售一条龙，年均可消耗毛竹约100万公斤，村级集体年均可增收40万元，农民年均可增收55万元。

金秋行健康管理有限公司与王化村成立金秋王化强村公司

（四）数字化改革＋赋能创富，实现智慧富民

王化村破题丰产难卖、人才难留困局，以"互联网＋三农"为抓手，通过电商兴农、就地就业，让滞销变畅销、农民变员工。

一是坚持数字赋能，打造富民增收"淘金"平台。实现"农户码"与"浙农码"对接，构建农产品的生产源头可追溯、流通过程可控制、应急需求可响应的智能供应链，极大拓宽日铸茶、雷笋、有机蔬菜等农副产品的销售渠道。开发"金秋淘金"微信小程序，借助电商平台，通过与顺丰快递合作、租赁房客带货等方式，采取线上线下相结合的销售模式，面向全国市场销售农副产品。微信小程序已上线各类农产品 50 余种，2022 年销售额突破 500 万元，村民增收约 20 万元。该项目为村集体每年增收 50 万元以上。

"金秋淘金"电商平台

二是加强人才引育，营造乡村人才振兴"好生态"。实施村社书记"双强双先"领雁计划，让村社书记运用数字化、网络化思维推动兴村共富，积极构建"人才＋资本＋技术＋企业"多位一体的创业格局，鼓励"小宋说王化"等本地网红发挥示范效应，"直播＋文旅＋助农"，发展乡村旅游新业态。依托产业发展创造多工种岗位 82 个，解决了本地村民和返乡务工人员 90 余人的就业问题，每年为村民创造工资性收入超 200 万元。

二、"王化模式"的经验启示

（一）乡村造血功能得到了持续增强

王化村的改革探索成果，受到了党和政府各级领导的广泛关注和认可，不仅干

部队伍的凝聚力、基层组织的战斗力得到了进一步提升，乡村造血功能也得到了持续增强，村经营性收入增长了50%，农户年均收入增长了15%。作为一种改革模式的探索，浙江省农业农村厅决定与王化村结对，出台了10条措施支持王化村集成改革，柯桥区也出台了支持王化村改革试点的10条举措，支持王化村可持续发展，依托组织、发改、交通、文旅、民政、卫健、供销、邮管等部门职能，加快平王线路域环境整治提升，持续放大平王线最美乡村公路与王化溪最美溪流的引流效应。

（二）因地制宜，理好三方关系

共同富裕道路上不能落下一村，要因地制宜围绕强村富民这一目标坚定推进。按照"政府规划配套、企业市场主导、干部群众报到"的原则，做到到位而不越位，充分保障各方利益，补齐各类短板，体现农村特色，实现可持续发展。要避免农村过度城市化、景区化，将农村的好山好水好风景与城市的基础设施和公共服务自然整合。积极推广"王化模式"这一强村富民乡村集成改革路径，立足平水镇王化村实践点的实际情况，将有改革味、乡村味、惠民性的现代化治理模式落实到王化村网格内部，加快打造王化村成为全省集成改革样板地、长三角康养产业目的地、柯桥区共富星村标杆地。

（三）为乡村治理提供了可复制的经验

在乡村全面振兴大背景下，王化村乘强村富民乡村集成改革的东风，坚持以市场化运作为导向，充分利用自然生态地理优势和深厚历史文化底蕴，以"养老+"产业为切入点，大力发展生态康养产业，多元化激活农村闲置资源，不仅有效打通了城乡资源流转通道，推动农村资源联动盘活，也为当地经济发展注入了新的活力，还为面上解决"空心村"问题、激活乡村造血功能、完善乡村治理等提供了可复制可推广的经验。

（文字参考自"绍兴农业农村""绍兴金秋家园"公众号、浙江新闻网等，部分资料由平水镇提供）

整理：陈虹宇

样本 10　以生态为笔，描绘稽东共富金画卷

位于小舜江源头的柯桥区稽东镇，地处会稽山腹地，是中国香榧之乡，自然人文资源得天独厚。2018年底，出于小舜江饮用水源地环保需要，稽东镇当地大批企业关停、搬迁，村里青壮年劳动力外流，很多村庄成了老弱病残留守的"空心村"。

为让绿水青山更美，金山银山更纯，稽东镇紧紧围绕"产业兴旺、生态宜居、乡风文明、治理有效、生活富裕"的总体要求，着力挖掘香榧特色产业的经济价值和文化价值，传承发展会稽山古香榧群这一全球重要农业文化遗产，实现山区榧农增收致富，以实际行动赋能乡村振兴，以乡村振兴画好共同富裕同心圆，稳步走好"绿色、生态、均衡、持续"的高质量发展之路。稽东镇以生态为"笔"，深入挖掘特色香榧产业、山水人文、闲置土地和农房等资源，共富项目多点开花，文旅发展深度融合，在扎实推动共同富裕方面作出了许多有益的探索，描绘出了一幅产业兴旺、宜居宜游、业态丰富、人民幸福的共同富裕"金"画卷。

一、稽东特色资源挖掘的主要做法

（一）主打优势特色产业——香榧产业的传承发展，践行生态立镇

2013年，会稽山古香榧群申遗成功，成为全球首个以山地经济林果为主要特征的农业文化遗产利用系统。截至2022年底，稽东镇有100年以上香榧28900株、5万余亩，榧农3400余户，常年干果产量约60万公斤，总产值已突破1亿元，香榧已成为稽东镇山区农民的"摇钱树"。

如何切实推动香榧产业提档升级，形成全球重要农业文化遗产保护发展的

"柯桥经验"？稽东镇围绕"一年打基础、两年出形象、三年大变样"的建设目标，形成一批惠及榧村榧农、可看可听的特色亮点，快速提升"稽东香榧"公共品牌价值，为推进乡村振兴、实现共同富裕打下坚实基础。

针对香榧产业的传承发展，稽东镇建设了香榧品牌中心，形成会稽山古香榧群访问中心、包装中心、公共炒制中心、企业研发中心及电商中心五大功能布局；建设示范园区及千年香榧森林公园，打造了一个可观可游的产业示范园区和一个展示全球重要农业文化遗产形象的重要窗口；完成了柯桥古榧保护和利用集成应用系统建设；委托中国美院对系列包装设计进行迭代升级，稽东香榧包装 2.0 版全新上市；稽东香榧品牌已入驻萧山国际机场；稽东"山娃子"香榧作为稽东香榧代表亮相第一届全球重要农业文化遗产大会；"稽东香榧"国家地理标志证明商标进入公告期。

稽东香榧礼盒

（二）以"企业＋村社＋农户"助农模式，铺就共富新道路

在大桥村，村集体与专业运营公司联合成立"强村公司"，并在教育部学生发展中心的指导下打造了浙江省首个劳动教育标准示范基地，积极探索"明星直播带货＋爱心产品推广＋创业技能培训"的新助农模式。2022 年 6 月，经乡贤牵线搭桥，引进人气明星水木年华主唱缪杰，把"家乡来客"助农平台放到稽东，首场直播带货累计观看量达 63 万人次，实现助农销售额 21 万元。不仅为优质农产品拓宽了精准销售的市场渠道，同时也提升了稽东乡村旅游的知名度，为强村富民开拓了更广阔的空间。

稽东镇积极探索"企业＋村社＋农户"的新助农模式，助力"稽东山宝"不愁卖。通过电商平台销售高品质农产品、打造蔬果种植基地和土菜体验山庄等，"稽东·一桌土菜"成为探索中的共富项目。品牌创始人尉建亢返乡创立"三心农业"，采用"企业＋村社＋农户"的经营模式，通过"订单种植"方式，在各村设立蔬菜收购点，集中收购村民的蔬菜，丰富了水源地及山区百姓增收模式，扩大了其增收渠道，还解决了不少农村剩余劳动力的就业问题。通过政银企合作推广，瑞丰银行的 26 家支行、当地 6 家千人以上企业的食堂都加入了"稽东·一桌土菜"的订购行列。同时，"稽东·一桌土菜"也引起了杭州、上海高端餐企的关注，成功入驻杭州市乡村振兴共富体验中心，杭州西子火锅用笋指定由"一桌土菜"专供。截至 2022 年底，"一桌土菜"累计销售额达 400 余万元，为参与项目的百姓人均增收 2000 余元，已与稽东镇 10 个行政村签订共富收购协议。

（三）构建"党建＋工坊"工作机制，完善共富全体系

稽东镇以全域党建联盟为重要抓手，激活共同富裕新动能、新活力，构建"党建＋工坊"工作机制，成立"全域党建联盟共富工坊"，打开思路、聚合力量、引入项目、做大增量，不断突出富民导向，不断完善全域党建联盟带富发展体系，持续放大共富效应，打通共富道路的"最后一公里"。

为进一步提升当地优质共富产品对接市场的能力，编制全域共富网，稽东镇 15 组村企代表携手共同探索内外产业发展合作新模式。其中强村公司协同大桥村股份经济合作社，在中秋佳节到来之际，推出"月满大桥·情系稽东"共富月饼中秋礼盒，为村集体经济带来更加实实在在的经济收入，使共富成果惠及更多百姓。

此外，大桥村股份经济合作社还与浙江耕耘力智科技有限公司联合成立绍兴市耕耘力智科技有限公司，在教育部学生发展中心的指导下打造浙江省首个劳动教育标准示范基地，把劳动教育和德育、智育、体育、美育相融合，培养德智体美劳全面发展的社会主义建设者和接班人。徒手攀岩、高楼逃生、火灾扑救……2022 年暑期，位于稽东镇车头村的会稽山研学国际营地俨然成了校外研学的打卡地，吸引了源源不断的学生前来体验，也为乡村带来了闹猛的人气。营地占地 1200 亩，分设综合体验区、农耕体验区、国防教育区等区域，日接待规模可达 1500 人次。该项目不仅成了稽东镇深化农文旅融合的助推器，也成了该镇实现乡村振兴的新引擎、新标杆。

（四）青年助力乡村书舍建设，提升乡村教育

稽东镇的网红打卡地之一——"榧香书舍"，已实现从废弃茶厂到乡村书舍的华丽蜕变。2019年，由当地青年企业家资助，建成乡村书舍，总面积达600余平方米。作为"益梦·书舍"爱心基金资助建成的第一家乡村爱心书舍，榧香书舍具有示范标杆意义，通过打造一个集图书借阅、学习交流、文旅体验、聚会沙龙、公益组织孵化于一体的多功能空间，既为柯桥山区群众营造"与书为伴、放飞梦想、追逐远方"的精神家园，又同时具备了新时代文明实践、乡村文化窗口、文化旅游驿站、慈善公益基地等功能。一到暑期，一场场别开生面的山娃子暑期公益活动档期满满，为山区群众营造"与书为伴、放飞梦想、追逐远方"的精神家园。通过整合资源，引入多元业态，开设科普讲座，开展亲子活动，打通了山区群众阅读的"最后一公里"，书舍年服务量已经超过3万人次。

二、稽东高质量发展的经验启示

（一）做优生态优势

把绿水青山变成金山银山，一抹幸福的绿色扮靓了稽东镇的传统产业，农遗资源与农文旅正在深度融合。建成了以香榧文化为底蕴、以村庄自然风光为特色的香榧产业示范园区；"山娃子"香榧打响了知名度；香榧仁、香榧汁入选省"百县千碗"特色菜肴展示活动；会稽山香榧古道成功入选省第二批"大花园耀眼明珠"。稽东镇的榧乡生态旅游规模逐年壮大，生态红利持续释放。

生态稽东风貌

（二）做强科技助农

以生态为本，离不开科技的赋能。稽东镇已完成柯桥古榧保护和利用集成应用系统建设。该系统作为全省唯一的古榧保护系统，已接入省"乡村大脑"平台，获评全省农业农村数字化改革"优秀应用"，在全市数字经济系统路演大赛中获评优秀案例，稽东镇也成为在全区数字化改革领导小组会议上作汇报路演的首个镇街。首次在香榧集中区域开展无人机授粉和施肥、洒药合作探索，已实现无人机授粉 5000 亩，试行施肥、洒药 2000 亩次。与浙江农林大学围绕打造研究生工作站、制定古香榧树技术规程、推广后熟处理库及种质资源库等开展校地合作项目。

（三）做活资源联动

无论是以"企业＋村社＋农户"助农模式，铺就共富新道路，还是构建"党建＋工坊"工作机制，完善共富全体系，都是突出资源联动，突出共建共享。稽东镇积极对接乡贤力量、企业力量，持续引入各类工商资本和专业队伍，激活资源，联动资源，成为撬动乡村振兴的有力杠杆。稽东镇成立柯桥区首个青年农创联盟，截至 2022 年底，培育了农创企业 30 余家、农创客 100 来名，为乡村振兴注入了强劲动力。2022 年，稽东镇 24 个村制订"一村一策"增收计划，涉及增收项目 52 个，实现增收 2519.4 万元。

（文字和图片资料由稽东镇政府提供）

整理：陶佳苹

样本11 聚焦宋韵耕读，增强造血功能

宋家店位于绍兴柯桥区南部会稽山日铸岭内。村东与富盛镇董溪村隔山，村南连着王化村，村西与合心村接壤，村北与祝家村（安兴）相邻。

宋家店村历史悠久，至今已900年有余，村庄取名源于"南宋皇帝（赵构）驾临过的驿站"之意。该村四面环山，青山绿水，环境优美，山林资源丰富。全村由溪上、光明、宋家店3个自然村组成，呈由北向南走势。北高南低，平均海拔150米，南北长2.5公里，东西宽5公里，村域总面积6.97平方公里，其中山林面积约为4.82平方公里。全村共650户，1724人，宋姓为宋家店的大姓，占全村总人口的70%，是会稽日铸宋氏的发源地和聚集地。宋家店是浙江省卫生村、浙江省森林村庄、绍兴市环境整治示范村、柯桥区"五星3A"村。

900多年来，宋家店村民一直遵循"忠孝治家，诗书执礼"之道，崇尚"耕读传家"，以"出山"为荣，村里人才辈出，涌现了鲁迅挚友宋紫佩、革命志士宋梦岐、杂文家宋志坚等人。2018年来，村里以日铸文化为核心，重修日铸宋氏宗祠，兴建日铸宋氏文史馆，筹建会稽日铸宋氏研究会等。村文化礼堂被评为柯桥区最美文化礼堂，村里还被绍兴市委、市政府授予市级文明村称号。

一、宋家店弘扬耕读文化的主要做法

（一）文化为魂，打造传统古村落

宋家店村历史悠久，文化底蕴深厚，这是村庄发展的核心要素。在村"两委"

和乡贤志士的共同努力下，地处宋家店村的日铸宋氏宗祠于2018年底修缮竣工，成为海内外众多日铸宋氏子孙的精神家园。紧接着，村里筹建了以宋汉校老先生为首的"日铸宋氏研究会"，挖掘宋家店历史文化，建立日铸宋氏文史馆，用文字和实物解读日铸宋氏文化，帮助乡民和宋氏族人寻根问祖。与此同时，宋汉校老先生等还建立起非遗馆，用实物加文字说明记录了鹿鸣纸手工制作的全过程；组建草台班拍摄非遗纪录片《珠茶记事》，还上了央视中文国际频道的"江河万里行"栏目；举办照明文化展，组织"日铸挑夫"文化活动，自建特色民宿等，全方面展现山区古村特色文化。在此基础上，宋家店村还建起了占地1200平方米的文化广场，展示宋家店村先贤名人事迹。这些都让"耕读传家"的美名世代流传。

宋氏宗祠

非遗馆鹿鸣纸展示

（二）山水为基，发展特色文旅线

当年，日铸宋氏先人爱慕日铸山水而定居宋家店。900多年后的今天，宋家店再次凭借日铸山水，吸引更多外来游客。其中，溪上凭借着小溪、古桥、古树、秋千构筑的极佳画面，一举成为远近闻名的网红打卡点。宋家店村和溪上村及时抓住发展契机，动员村民自发组成运营机构，开发相关旅游项目，并带动周边村民发展餐馆、民宿等，实现可观的经济效益。之后，伴随着溪上声名远播，旅游业还实现了"溢出"效应，带动了光明桥头、大岩皮等点位的发展，通过模式复制，也为周边村民带来了较好的收益。"网红经济"的打造，还吸引了本地网红"波波游绍兴"博主金成波在光明开办"光明溪舍"，并通过网络直播帮助村民销售笋干菜、年糕、新鲜蔬菜等，仅农产品销售就达50余万元，户均增收2万余元。

（三）党建引领，建立强村公司

宋家店村在村"两委"的领导下，以党建为引领，抓住发展良机，成立绍兴耕读宋仕物业服务有限公司，通过收取停车费、物业费等，每年可为村集体增加收入近百万元，村里又利用这笔资金扩建停车场、改善村内道路设施等，既解决了停车难问题，又扩大了税源经济，实现良性循环。宋家店村发挥驻村指导员作用，驻村指导员主动担当美丽乡村代言人，宣传推介宋家店，积极投身到村庄的和谐美丽、民富村强工作中去。此外，宋家店村利用 2022 年争创"五星 3A"村的契机，在镇党委指导下，建起山里人家共富中心、宋仕文化活动中心等，并引进宝业、彩虹庄针纺有限公司，打造美筑民宿、创意产业园区，以现代的视野、国际的平台，探索富有时尚、创意、艺术元素的纺织品新领域，年上缴税收可达 100 余万元。

（四）产业富民，助力乡村振兴

宋家店村在乡村振兴过程中充分运用了新媒体手段。"古韵耕读宋家店""养生平水""小宋说王化"等微信公众号，不定期推送有关宋家店的风土人情、四季风景、美丽乡村建设的文章，及时向公众展示村民的日常生活、农副产品的生产过程，助推宋家店乡村旅游发展。在"网络经济"助推下，宋家店村先后培育了笋煮干菜、宋家店年糕、宋梅兰花等特色产品，其中笋煮干菜作为绍兴特色产品，凭借着优良品质，价格较周边高 50% 以上，每年为村民带来上百万元收入。而宋家店年糕在保持传统口味的基础上，充分发挥小舜江源头水优势，成为绍兴市民争相购买的产品，年销售额近百万元。

（五）乡贤牵头，热心公益事业

宋家店村通过"乡贤 +"模式，打造共建共治共享的发展新格局，助力乡村振兴。家住柯桥区平水镇宋家店村的退伍军人宋建敏自费投资 100 余万元，在宋家店村建起了"军人之家"战友驿站，免费提供给全国的退役军人，作为聚会场地。"军人之家"战友驿站占地面积为 100 多平方米，陈列有众多战友当兵照片、军服等，驿站内还可以聚餐、喝茶、唱歌等，二层可提供住宿。在此基础上，宋建敏和宋家店村又共同打造了宋家店村军人服务站，致力于为村里的退役军人服务。2022 年，宋建敏改造了村内一处 1000 余平方米的闲置房屋，将其打造成综合性的战友驿站和红色教育基地。此外，宋家店村通过乡贤理事会组织，动员宋仁金、宋庆华等乡贤，积极投身宋氏宗祠建设、村内公益服务等，助推宋家店社会事业进步。

二、"宋家店模式"探索的几点思考

（一）党建联动效益高

宋家店村乡村旅游的快速发展以及村集体经济的快速增长，跟镇村两级形成合力分不开。镇里派专员指导村庄建设和经营，村级干部积极推进，是宋家店村发展的智力保障和效用保障。在村干部的强效带动下，宋家店村的规划实施进度快。2022年9月底，完成了"五星3A"村创建规划。2022年11月，核心建设项目均已在实施。据统计，2021年宋家店村旅游接待约21万人次，2022年约25万人次，旅游人数显著增加。截至2022年11月，旅游经济收入已超2021年全年旅游经济收入100万元，直接带动了80多户农户的就业。

（二）文旅融合发展好

宋家店村以规划为先导，立足日铸山水和日铸宋氏文化，在美丽乡村建设规划和3A景区化示范村创建规划中充分展现这一特色优势，通过文旅融合发展，村容村貌得到极大美化，一个具有宋韵的文化旅游村庄形象已基本凸显。

在美丽乡村建设中，宋家店村紧紧围绕溪上这一网红打卡点，运作成为远近闻名的热门旅游点，并形成了"溢出"效应，带领整个村庄的旅游发展。在文化建设上，宋家店村围绕"日铸"文化，丰富日铸宋氏、日铸岭、日铸茶等文化，不断挖掘和传承传统文化精粹，形成故事性极强的文化脉络。

宋家店村村容村貌

（三）探索"宋家店模式"

宋家店村在党建引领下，在网红经济带动下，积极探索出切实可行的"宋家店模式"。在溪上节点打造中，采取"政府引导、百姓主导"的模式，通过"微改造、精提升",以最小投入实现经济效益最大化,打造出网红节点。在旅游经济发展中,宋家店村放手让村民去大胆探索,开辟竹排、餐饮、民宿等业态,并在竹排经营上推行"经济合作社"模式,实现了村民共同受益。此后,这一发展方式还被复制到光明村等地,带动了整个村庄的旅游发展。

在培育好旅游市场的基础上,宋家店村顺势成立强村公司,将公共部分的停车收费、物业收费等纳入,2022 年实现近百万元的收益。在实现收益的同时,还通过管理手段,有效地缓解了长期以来的交通拥堵,并将部分收益用于停车场扩建等,实现了可持续发展,进而形成了一种良性循环的"宋家店模式",这也成为周边众多美丽乡村效仿的模式。

（文字和图片资料由宋家店村村委提供）

整理：应云仙　宋晓

样本 12 驻村接力，薪火相传

兰亭镇（现兰亭街道）谢家坞村由谢坞、娄家坞两个行政村于2003年6月撤并而成。全村地域面积5.48平方公里，距绍兴市中心10公里，绍大线从村口穿过，交通便捷。全村有农田1340亩，其中水田911亩，旱地429亩，山林面积3220亩。村民除了务农和进厂务工外，还从事于纺织、花卉种植、花卉购销、运输、饮食服务等行业。

2003年底，习近平同志在中共浙江省委十一届五次全会上创造性地提出，"从各级机关挑选一批党员干部下农村，基本实现全省每个行政村都派驻一位农村工作指导员，推动党委、政府工作重心下移"。该指示为驻村指导员制度的萌发打下了坚实基础。柯桥区积极响应，决定以兰亭镇为试点、以谢家坞村为先行地，率先探索驻村指导员做法。

自2003年以来，谢家坞村积极探索"以红色研学为灵魂、以科学农业为基地、以艺术乡创为机理、以未来乡村为标杆"的发展路径，以党建引领乡村美，以产业推动乡村富，全力打造乡村共富先行村的样板品牌，先后被评为"全国文明村""省级民主法治村""省级绿色示范村""省级小康新农村建设示范村"。

党中央关于"坚持大抓基层的鲜明导向"的要求和浙江省委关于以"千万工程"统领宜居宜业和美丽乡村的系列部署，赋予了驻村指导员制度全新的定位。面对新形势新任务，驻村指导员制度在扎实推进乡村全面振兴工作中继续焕发蓬勃的生命力。

一、打造驻村指导员制度样板品牌的主要做法

（一）率先试点，以点带面

2003年12月，柯桥区在兰亭镇率先试点选派驻村指导员，实行"双向选择、竞争择优、捆绑考核"，并明确驻村指导员的职责为"四大员"，即党务村务督导员、富民强村服务员、农村纠纷调解员、政策法规宣传员。

2004年2月12日，时任浙江省委书记、省人大常委会主任习近平同志对兰亭镇率先探索实施的驻村指导员制度作出批示。省委十一届五次全会和全省农村工作会议决定，在全省建立农村工作指导员制度。这项工作在全省迅速推开，成为浙江省基层党建的一张金名片。

截至2023年4月，柯桥区已累计派出驻村指导员19批次、5900余人次，牵头落实各类项目2.8万个，为乡村发展争取到资金29.3亿元。

（二）青衿之志，履践致远

谢家坞村先后迎来了六任驻村指导员。任水泉是第一任驻村指导员，他推动谢家坞成立股份经济合作社，提高村集体经济收入；邵关通关注村容村貌提升，在村里制定实施了卫生考核制；章建龙积极化解村民矛盾，推动美丽乡村建设和土地整理"旱改水"；徐秋佳熟悉党建工作，协助建成驻村指导员制度传承馆；王江发挥选调生能说会写的优势，担任起"制度讲解员"和"共富推介员"；张良则把项目带进村，带动村民增收……

六任驻村指导员

驻村指导员队伍建设持续深化，设立了"导师帮带八法"，即精心选配法、拜师礼仪法、言传身教法、重点项目法、晒比亮相法、培训交流法、双向评议法、考核激励法，提升年轻驻村指导员基层工作能力，形成"一任接着一任干"的良好氛围。谢家坞村实行双向竞聘、举行拜师礼、设计驻村百宝袋，实现从"单向派"到"双向选"，把一线需要的干部选派下去；设立"固定服务日"，常态化举行晒比活动，造浓宣传氛围，从优落实待遇、绩效奖励倾斜，从"要我做"到"我要做"，把"三驻"干部的内生动力激发出来；严格落实区委"360"工作体系，开展每周民情分析会，从"被动解决"到"主动服务"，把群众急事难事化解"清零"。

历任谢家坞驻村指导员一棒接着一棒跑，坚持认识更深一层、行动更快一步，弯下腰来抓落实，撸起袖子加油干，围绕推动发展现代农业、提升村容村貌、化解村民矛盾、打造"网红村"、带动村民增收等重点开展工作，做到"一任一个重点，压茬补齐短板"，使谢家坞成为"全国文明村""全国民主法治示范村"。

（三）因地制宜，丰富产业

早期谢家坞村级集体经济基础较为薄弱，土地资源未得到充分开发利用。经过调研后，驻村干部积极推动谢家坞成立股份经济合作社，开展土地流转工作，将村内部分闲置土地租赁给专业果企和花卉大户。引进优质企业，开创了本村以"四季鲜果"产销为主的现代观光农业，同时整合利用闲置劳动力，实现村级集体经济稳步增长。

驻村干部和村"两委"抓住美丽乡村建设和土地整理旱改水项目建设关键时期，对由政策处理等问题引发的矛盾纠纷和村民上访、阻挠项目施工等现象积极响应、妥善处理、化解矛盾，顺利推进该项目落地，净增水田面积约170亩，年均粮食产能增加88434公斤，项目直接受益人170人，人均年收入增加658元，项目释放民生红利，惠民效益不断显现。

驻村指导员与总指导员多次研商总体规划，和村支书一同看项目、对接运营团队，在村内引进了雾耕农业科技、民宿、露营基地等项目，推动谢家坞村集体经济和村民收入明显增长，为实现共同富裕提供谢家坞村样板。谢家坞村村级经营性收入，已从2003年的30余万元增加到2022年的538万元。

利用稻田及闲置荒地开发的帐篷酒店及露营基地

（四）完善硬件，绿色发展

2010 年之后的 6 年间，谢家坞开展了一系列民生工程，统一规划村庄道路，实现村内道路硬化 100%，绿化达 95%，路灯亮化 100%，全面提升村容村貌。同时重视环境卫生整治工作，制定并推广卫生考核制，对全村庭院、门口道路每周检查、每月考核，连续 3 个月考核合格的家庭能够获得村委提供的一桶罐装液化气的奖励。该举措有效激发了村民参与环境整治的积极性，减少对生态环境的破坏，为谢家坞走生态绿色发展道路打下坚实的基础。

二、复制驻村指导员制度的主要启示

（一）打通基层治理"最后一公里"

驻村指导员制度是省委领导农村工作方法的重大转变。抓村促镇、上下互动，下移重心、前移关口，从传统的"静观其变"转变成"总揽在先"；强化政府调控社会发展、社会保障、社会公益、社会稳定等方面的职能。驻村指导员制度的实施，完善了机关运行机制，是基层行政管理体制的一大变革。

（二）建设一支高素质村干部队伍

"笑上前、坐下来、细细说，这样做群众才会觉得是来真正听他们说话的人。"说群众听得懂的话，听得懂群众的话，才是一个能够被村民接纳的驻村指导员。驻村工作要求干部具有"全能型""复合型"的能力和素质，推动干部自觉在农村这所没有围墙的学校里继续自觉主动学习。驻村指导员制度有利于加强村干部队伍建设，改变村级工作机关化、组织行为个人化的问题。

（三）制度创新未有穷期

驻村指导员制度推行至今，已有 20 年历史，这是一段村镇发展的创业史，也是驻村指导员制度自我革新、自我完善的发展史：制度推行初期，绍兴县（现柯桥区）制定出台了《驻村指导员管理办法》；根据兰亭镇发展实际，扩充指导员职责；创新实行驻村指导员"老带新"双联制度，实行"导师帮带八法""三驻三服务"；驻村干部从"单向派"到"双向选"；坚持"迭代升级"，实现派驻类型多元化，将驻村指导工作延伸至社区、企业、楼宇等，衍生出科技特派员、驻企服务员、金融指导员等新类别；派驻方式上从干部"点对点驻村"拓展为"组团式驻村"，创新实施年轻企业家和大学生组团驻村"星火计划"等，形成推动乡村振兴战略的强大合力。柯桥区率先发布了全国首个《驻村指导员工作规范》，进一步明确驻村指导员在选派、职责、职权、管理、考核等方面的工作制度，通过实行竞争选拔、捆绑考核等激励约束机制，促进指导员队伍不断提升能力水平。持续推进制度创新，有效保证了制度的活性，为治理找到有力抓手。

（文字及图片资料由兰亭街道谢家坞村第四任驻村指导员徐秋佳提供）

整理：杜小芳 朱利奇

样本13 乡村人才奏响赋能发展最强音

　　柯桥区积极探索党建统领推进共同富裕的机制和路径，为乡村人才发展提供保障。针对乡村很难吸引留住人才，单个村规模小、资金少、发展层次较低，很难吸引好的运营团队支持等问题，率先构建"花香漓渚·共富先行党建联盟"，并以此为抓手实施乡创人才引育工程，健全先进带后进、先富帮后富机制，深化村村抱团、村企结对、村校合作、村银携手等模式，打通基层组织壁垒，打破固有发展边界。

　　为进一步落实乡村振兴战略总要求，推动乡土、乡贤、乡创人才全面激活乡村创业、创新、创意，为乡村振兴提供有力人才支撑，漓渚镇立足本地资源禀赋和花木产业，在柯桥区建立了首个实体化运作的、建筑面积超2000平方米的新型现代化乡村人才创业园——花香漓渚乡村人才创业园。通过集聚乡村人才，驱动乡村产业、文化、生态、组织的全面振兴，并辐射服务柯桥全区及绍兴周边，为漓渚花木产业发展及全面乡村振兴提供人才支撑，进一步推动乡村人才发挥带领技艺传承、带强产业发展、带动群众致富作用，走出一条具有漓渚特色、彰显价值内涵、推动共同富裕的乡村振兴发展之路。

一、乡村聚才引才的主要做法

（一）头雁领路，倍增"能人"效应

　　"能人"就像头雁，是乡村振兴的领路人，要充分发挥党员先锋模范作用，积极发现、大力培养和使用乡村"能人"。不仅一大批乡村"能人"进入村"两

委"班子，带领村民增收致富，奔向共同富裕的康庄大道，而且"兰二代""兰三代""新农人"群体也涌现出越来越多的"能人"。

全国人大代表、棠棣村党总支书记刘建明是村里发展花木产业的创业先锋，也是全村产业致富的带头人，从20世纪80年代创办园艺公司到带领村民积极培育苗木基地和市场，再到组建花卉专业合作社，探索出"公司+合作社+基地+农户""一村一品"的花木专业村发展模式，刘建明主动带领乡亲邻里一起富。

漓渚镇棠棣村党总支书记刘建明

湖塘街道兴华村党总支书记兼村委会主任沈建强在省委"两进两回"（科技进乡村、资金进乡村，青年回乡村、乡贤回乡村）等相关政策的引导下，作为青年乡贤回到农村担任村党总支书记。他以本村特色农产品为出发点，运用直播等新模式带领百姓增收；借空倒房整治为契机，盘活整村闲置农房，计划引入工作室、创客空间、民宿等新形态；结合村内自然风貌，推动"生态+文旅"发展。

在"头雁"式领头人的引领带动下，乡村"能人"效应倍增，越来越多的乡村振兴带头人才投身于共富浪潮。

（二）农创客助力，品牌效应凸显

大力挖掘引进、扶持培育以农创客为代表的乡村振兴带头人。乡村振兴"领雁计划"人才傅浩创立浙江郡亭兰花有限公司，致力于培育兰花科技苗新种和开发选育国兰高端精品，公司一直备受省市级领导和兰花资深学者赞赏与鼓励，培育品种先后荣获国家级、省级等上百个兰花金奖奖项。

浙江郡亭兰花有限公司总经理傅浩

绍兴农创客科技有限公司的汤帅亮是一名"新农人"，他在父亲的茶厂陷入困境时接手茶园，全面更新茶厂设备、流水线以及技术，大胆创新，打造"平水日铸茶"及系列名优茶品牌，闯出文化赋能路。他牵头成立绍兴市大学生农创客发展联合会、绍兴农创客科技有限公司，帮助农创客群体亮相各大展会，走进全市机关、高校、银行、企事业食堂，累计帮助农创客和农户销售5000余万元的产品，创造就业岗位1000余个，打响了绍兴农创客品牌。

汤帅亮先后荣获2019年度浙江省乡村振兴带头人"金牛奖"提名奖、2019年度绍兴市首批乡村振兴"领雁计划"人才、2020年度浙江省青春助力乡村振兴带头人"青牛奖"、2020年度绍兴市乡村振兴突出贡献奖、2021年度绍兴市首批"名士之乡"特支计划拔尖人才、浙江工匠等荣誉。

（三）筑巢引凤，构建大农业产业链

花香漓渚乡村人才创业园是漓渚镇重点打造的乡村人才创业园区。园区由柯桥区委组织部、区农业农村局、区自然资源分局等单位牵头组织，由漓渚镇人民政府筹建，浙江立尚文化传播有限公司负责整体运营和管理。按照集约化、规模化发展的原则，整合乡村人才资源、推动乡村人才集聚产生引力效应，构建完整创新的"大农业"产业链，打造出集乡村人才办公、人才服务、人才培训、金融服务、企业孵化于一体的综合性人才创业园区。

花香漓渚乡村人才创业园园区内景

（四）政策集成、要素集聚与服务集合，激发人才共振效应

花香漓渚乡村人才创业园对园区运营服务以及入驻人才和项目进行总体规划和科学分类。

一方面在总体规划上，以乡村人才创业为主线，打造"一个中心、两个平台、五项服务"。一个中心是花香漓渚乡村人才创业园服务中心，两个平台是乡村人才创业孵化平台、创业指导平台，五项服务是创业辅导、人才培训、企业融资、成果转化、产业促进。具体包括，结合漓渚花木优势产业提供乡村创业场地、创业政策配套服务、乡村产业开发、乡村产业链整合和乡村人才引进等专业服务，做好科技进乡村、资金进乡村、青年回农村、乡贤回农村，构建"人才＋资本＋技术＋企业"多位一体的创业格局。

另一方面在科学分类上，引进、扶持高端人才和实验室，本土返乡大学生、农创客创业人才和项目，以及电商直播、体育运动等新经济业态，以创业主体需求为导向，激活乡村人才的创新创业动能，以产业链打造人才链，释放叠加效应，推动产业与农业创意人才、乡村休闲产业人才、乡村文化人才等相互促进、良性互动，形成"引进高端人才、组建创新团队、助力产业发展、培育经济增长点"的良性闭环，为全面提升乡村人才综合竞争力和高水平推进乡村振兴提供强大智力支撑。

二、乡村人才创业园建设的主要经验启示

（一）本土创业氛围浓厚，乡贤反哺同频共振

棠棣村全村 95% 以上的土地种上了花卉苗木，95% 以上的劳动力直接或间接从事花卉业，村民 95% 以上的收入来自花卉产业，95% 有劳动能力的人都自主创业，更有越来越多的村民依托本土优势，加入产业发展大军，形成本土人才大本营。柯桥区稽东镇青年应华亮创办农业创意公司，从村民手中流转 500 亩废弃的山林和田地，经专家把脉后，种上了水稻、油菜、水蜜桃、香榧、茶叶等，不仅盘活荒地，还解决了当地农民就业问题。他还利用闲置农房创办农庄民宿、榧香书舍，联合省农科院专家团队，探索高端菌菇种植、采摘体验和研学游项目，拓展现代农业新业态。为提升花木产业效益，拓宽农民致富渠道，由回归乡贤所投资建设的徐氏园艺展示中心项目，将打造成集花木展销、设计咨询、功能体验于一体的综合性场所，每年带来 200 万元的税收，为漓渚镇百姓就业、花木产业发展提供更多机遇。

（二）人才引进初具雏形，"三乡三创"启帆远航

花香漓渚乡村人才创业园的启动、运营成功吸引了高端人才、返乡创业大学生、农创客等入驻。截至 2022 年底，园区已引进省农科院兰花博士专家工作站、张智博士工作站，以及"幽兰农业""银兰泉花木场""熠橙农业""博承新能源""越来文化""一起体育""千兮文化""一峰文化"等 10 个人才项目，包括 5 名博士研究生、4 名乡创人才。

省农科院兰花博士专家工作站主要开展兰花遗传育种、种源培育、兰花种植技术研究和推广，以及兰花病虫害防治技术研究和推广工作。绍兴幽兰农业科技有限公司，是 A 股上市公司杭州市园林绿化股份有限公司与绍兴市首届"乡村人才振兴"全球创新创业大赛获奖项目的合作成果，力争到 2024 年将漓渚镇打造成为我国国兰育、繁、推一体化中心和兰花产业高质量发展示范区，年销售额超过 3000 万元，通过技术进步和销售渠道拓宽带动广大兰农共同富裕。张智博士工作站致力于为漓渚兰花及相关农业产业提供数字化服务、互联网配套及种植产品的检测。

"银兰泉花木场"的创始人是乡"创二代"，在原有"银泉兰苑"的基础上创建出浙江省唯一的惠兰样品园，推动高档精品惠兰品种培育和线上销售，多次参加国家级、省级、市级兰展并获奖。"熠橙农业"的创始人是返乡创业大学生，毕业返乡后

推广水肥一体化灌溉技术、病虫害防治技术、育苗技术，是漓渚镇第一个做设施农业的年轻人，同时进行优质花果种源培育，通过采摘游等推动农旅产业融合发展。

绍兴博承新能源科技有限公司由漓渚镇中义村90后回乡青年创办，是一家以光伏电站为核心产品的高科技企业。公司自成立以来，已在浙江环球、绍兴大湾化纤等公司布局光伏电站30余处，面积达5万余平方米。

绍兴市越来文化科技有限公司把文化创意与互联网数字技术相结合，建立的"越来越好"乡村振兴直播中心已有6间直播室，粉丝活跃度在全绍兴地区居于前列，不定期宣传和推广漓渚兰花和农产品，增加漓渚曝光度，引导漓渚花农和更多的青年回乡创业，构建5G数字化直播与地方特色产业农文旅融合发展布局，打造农业直播基地行业标杆。

此外，创业园还与多所高校合作，成立数字乡村、数媒直播、艺术创作、志愿服务等实践基地，吸引高校学生入村创业。乡土、乡贤、乡创人才全面激活乡村创业、创新、创意的"三乡三创"的良好局面已然形成。

（三）以产业发展促人才发展，"量身打造"厚植人才振兴沃土

在花香漓渚乡村人才创业园的宏伟蓝图中，一个农文旅完美融合、三大产业共同繁荣、人才业态高度集聚的未来乡镇已跃然纸上。漓渚乡村人才需求与发展离不开产业发展特点与需求分析，厘清当地产业发展现状，构建可持续的产业发展模式，才能有的放矢地引进、培育好人才，才能使人才有充分的用武之地。

在党管人才的原则下，充分发挥政府引导功能，为返乡创业者、大学生群体、高校与社会专业人员、本土乡贤和艺人等各路人才提供了"合适土壤"，激发了人才认同感、归属感和获得感，健全了农业农村人才引进、培养、服务和激励机制。如实施乡村振兴人才"金农计划"，该计划主要为农创客们量身打造，面向专业能力突出、有较大影响力或突出贡献的乡村振兴人才，实施一批致富带动能力强的高质量乡村人才项目，实现乡村人才振兴工作集成优化、迭代升级，为漓渚乡村人才振兴提供了优质的政策环境，有力地吸引了"三乡"人才。

（文字和图片参考自"柯桥组工""柯桥发布""绍兴青年"公众号和新华社报道，部分资料由花香漓渚乡村人才创业园诸海锋及漓渚镇唐亮提供）

整理：赵智慧

样本 14　宅基地制度改革，唤醒沉睡的资产

2021 年 9 月，绍兴市被中央农办、农业农村部列入全国新一轮农村宅基地制度改革试点，改革的核心是探索宅基地所有权、资格权、使用权分置实现形式。柯桥区结合省级农村综合改革集成建设项目，在试点中探索农户宅基地资格权的保障机制，同时通过宅基地使用权的流转、抵押、自愿有偿退出、有偿使用，来增加村集体经济收入和农户的财产性收入，为乡村全面振兴和共同富裕提供改革动力。

一、宅基地制度改革的创新做法

柯桥区农村宅基地制度改革以保障和维护农民宅基地权益为出发点和落脚点，以保障宅基地农户资格权和农民房屋财产权、放活宅基地和农民房屋使用权为重点，探索宅基地自愿有偿退出机制、实施宅基地有偿选位机制、深化闲置农房使用权流转制度三个方面。

（一）宅基地自愿有偿退出机制

绍兴市出台指导意见，明确宅基地自愿退出可采用"以宅换钱"（货币补偿）、"以宅换房"（国有土地性质房屋安置）、"以宅换宅"（适用于项目化推进）、"以宅换权"（主要用于跨村建房）等方式给予补偿或安置。柯桥区王坛镇结合空心村、空倒房整治工作，率先在舒村实施有偿退出机制。

一是有序推进试点工作。王坛镇先开展全面摸底调查，为有意向退出宅基地且有合法权证的 23 户"一户多宅"的农户建立了"一户一档"基本信息。之后与农户签订退出协议，合计退出宅基地 26 宗，总面积 970.97 平方米。

二是合理确定补偿标准。结合王坛镇省级农村综合改革集成项目建设，经区

农综领导小组办公室审议同意，退出全部宅基地及地上房屋和永久放弃宅基地申请资格权的，按宅基地面积 1500 元 / ㎡ 的标准执行；对退出部分宅基地及地上房屋，按 1200 元 / ㎡ 的标准执行。

三是综合利用退出地块。柯桥区按照"宜耕则耕、宜绿则绿、能建则建"的要求进行综合利用，实施保护、建设、复垦等模式。集中连片的地块采取宅基地有偿选位或建设村级集体租赁住房，以实现宅基地有效利用及村级集体经济增收双赢。

（二）实施宅基地有偿选位机制

柯桥区村庄经济相对发达，农民建房需求量大，一些农户为建房往往私下交易，程序和手续都不合法，导致宅基地管理存在漏洞。柯桥区坚持村集体主导和民主决策，在基本实现村内"户有所居"的前提下，组织开展公开公平公正的宅基地有偿选位，公开透明利用宅基地，既满足了农户住房需求，又增加了村集体经济收入。通过适度引入市场竞争机制，逐步建立宅基地市场价格体系，同时使农民建房更加规范有序。

一是跨行政区域竞拍。通过跨行政区域流转，彰显了农村宅基地和住房的财产性价值，有利于提高农民收益，使有条件进一步发展的村庄获得更多的土地或者人口的支撑。2021 年 7 月，王坛镇喻宅村实施了全市首例宅基地镇域跨村有偿选位。2022 年 6 月，福全街道峡山村实现了全国首例市域范围内农村宅基地的跨县有效流转，来自越城区张岙村的村民陈顺忠以 35.2 万元的价格竞拍到柯桥区峡山村一宗 80 平方米的农村宅基地。

王坛镇喻宅村宅基地有偿选位竞价会

二是利用闲置土地有偿选位。王坛镇选取喻宅村闲置五年的空地实施宅基地有偿选位，推出5宗宅基地（4宗80平方米、1宗115平方米），报名审核通过8户（其中1户为跨村），合计起拍价60万元，经70轮竞价后最终以109万元成交，溢价率81.7%。

三是统一建设方案规范建房。通过有偿选位获得宅基地后，为解决"少批多建、未批先建、批东建西"等问题，王坛镇委托专业设计机构统一设计两种户型，规范房型、户型、层高等要求，要求农户严格按图纸建房。福全街道则采用统一规划，签订委托代建协议，统一委托代建，农户先行预交一部分费用，最终建造费用以审计价结算。

（三）深化闲置农房使用权流转制度

一是宅基地使用权抵押贷款。探索宅基地使用权抵押制度，赋予农民住房财产权抵押融资功能，破解了农民担保难题，让农民手中原本"沉睡的资产"变成可流动、可增值的资本，也壮大了农村集体经济，一举多得。2021年9月，王坛镇喻宅村村民喻先生用宅基地使用权作抵押，从银行获批了30万元贷款，这也是全市改革试点以来首笔宅基地使用权抵押贷款。

二是线上平台规范流转。考虑到集体和个人闲置农房使用权流转信息不畅通、诚信难保证等问题，王坛镇在全市率先上线了"闲置农房使用权流转平台"微信小程序。规范交易程序，建立主体准入、合同备案和利用监管机制，实现使用权的有效流转和激活利用。挂牌的不仅有村集体的房子，还有个人农房，农房建筑面积从50多平方米到1000平方米不等，起拍价从1200元/年至6万元/年不等。截至2022年底，该交易平台上已有沙地、银沙、孙岙、新建、新联等村的96处闲置农房挂牌，招租成交36处。

三是闲置房屋创新利用。鼓励以村集体经济组织为主，带动农户，通过自营、出租、入股、合作、转让、互换等方式，拓展宅基地的商业、旅游、养老产业等用途。王坛镇沙地村将闲置空倒房改造成一幢三层框架结构酒店式公寓，面向到集镇求学或度假休闲的家庭出租。房屋成功招租，每年带来至少16万元的集体经济收入。平水镇王化村"金秋家园·长塘头"闲置农房及宅基地激活项目计划总投资5000万元，流转激活共约8200平方米的闲置集体房屋，打造"金秋年华"农旅养老养生综合体项目。该项目每年可为村民增加租金、就业、农产品等收入184万元。

"柯桥区王坛镇闲置农房使用权流转平台" 微信小程序

二、闲置农房激活的成效启示

农村宅基地制度改革是柯桥区推进农村共同富裕的有效手段之一。在农村宅基地"三权分置"改革中，从闲置农房激活的广度、深度、强度上做文章，适度放活宅基地和农民房屋使用权，培育农房使用权流转交易市场。

（一）坚持稳慎精准，健全体制机制

绍兴市印发了《推进村庄规划编制和宅基地整合的通知》《农村宅基地整合、退出和利用的指导意见》《关于宅基地农户资格权在全市域范围内跨村实现的实施意见》《农民住房财产权（含宅基地使用权）抵押贷款业务操作指引》等一系列通知意见，让农村宅基地改革试点工作有了制度保障。柯桥区王坛镇结合试点改革工作的特点，深入研究并相继出台了《王坛镇农村宅基地制度改革试点实施方案》《关于农村宅基地"有偿选位"竞价机制的实施意见》《宅基地自愿有偿退出机制》《王坛镇农村闲置房屋使用权流转暂行办法（试行）》等文件，还建立了试点改革工作联席会议机制，定期召开会议，联系区领导多次到会指导，协调解决试点工作推进中的重点问题，召开专题工作推进会，切实加强对试点工作组织领导，全力抓好先行试点工作。

（二）坚持资源转化，激发内生动力

柯桥区宅基地制度改革针对空心村、空农房的现实问题，紧扣乡村振兴有效路径，高效对接社会资本和闲置资源，畅通城乡信息渠道，显著提高了宅基地的有效利用率。在严格做好自愿有偿退出、有偿选位竞拍后续管理的同时，加强村庄规划设计，实现布局更合理、风格更协调、功能更完善，让村民缓解了农户住房矛盾，增加了农民的财产性收益，促进了土地资源的集约利用，激发了乡村内生动力。

（三）坚持资源激活，助力共同富裕

柯桥区通过激活"老龄村""空心村"的闲置农房，结合宅基地"三权分置"改革，将闲置农房流转租赁交易等纳入农村产权交易范围，设立在线推介平台，以数字化手段透明地呈现从信息采集到交易交付等全流程。利用改革成果高质量打好"集成改革＋市场化运营"组合拳，组建强村公司投资再开发村级物业用房等经营发展项目，努力形成"低效资产—可用资金—高效资产—持续收入"的自我"造血""活血"滚动发展循环，进一步唤醒"沉睡的资产"，为助力高质量发展和共同富裕提供可借鉴、可复制、可推广的"柯桥经验"。

（文字和图片资料由柯桥区农业农村局、王坛镇、福全街道提供）

整理：曹志奎

第

二

篇

产业升级与数字赋能

共 同 富 裕

柯 桥 样 本

分论（二）

"国际纺都"柯桥区拥有全球代表性的纺织产业集聚区，是世界级纺织产业集群先行区，有底气争当新时代共同富裕"排头兵"。柯桥区把握数字经济新机遇，抢占新赛道，跑出"加速度"，全力打造数字赋能产业升级新样板。

柯桥区提出率先高质量发展建设共同富裕先行区，打造现代化"国际纺都、杭绍星城"的战略目标，通过围绕柯桥特色的纺织产业，发挥柯桥比邻杭州的优势，将柯桥区发展成为现代化城市，促进柯桥区经济的发展，从而为柯桥区实现共同富裕奠定良好的基础。

数字理念引领高质量发展

发展数字经济，加快数字化建设，是推动高质量发展，实现共同富裕的必然要求，是时代所需、民心所向，而"解放思想、更新观念"则是破题之举。柯桥区围绕提升全民数字意识、培养数字思维，掀起了一场场"头脑风暴"，扎实推动数字经济落地见效。柯桥区数字化改革的理念、思路、方法不断深入人心，各部门各行业争当"数字柯桥"发起者、践行者。

柯桥区政府利用数字技术，在环境治理、公共服务和社会发展等方面构建基于数字技术的智慧政府，提高政府治理能力，实现高质量治理。柯桥区政府抓住数字经济浪潮，充分利用数字技术的交互性和精准性特征，发展"数智型"政府治理模式，努力实现基于数字技术的基层政府治理能力现代化。

数字企业治理是企业数字化的具体应用，是传统企业面临大数据冲击做出的应对和调整。一方面，企业利用数字技术与传统生产要素深度融合，构建数字化生产模式和创新模式，实现转型升级，与市场需求实现无缝对接；另一方面，数字技术生产化，将数字生产要素所带来的红利，通过企业化运营，赋能传统制造业企业，实现数字生产要素企业化。数字产业化治理模式是数字企业化治理的延伸，是指数字技术行业根据市场规律形成企业化和产业化运作，最终形成与制造业对等的数字服务业。数字产业化是数字社会高效运转的基础，数字企业化是数字产业与传统产业融合的微观表现。

数字"智造"赋能产业升级

柯桥区在高质量发展过程中，纵深实施产业基础再造工程，构建以现代纺织为主导，以新材料、生物医药、泛半导体为重点突破的"1+3"支柱产业体系，加快建筑产业现代化，打造经典标志性产业链。柯桥区全域推进印染产业高质量发展，深化"织造印染产业大脑""浙里工程师"等多跨场景应用，全力打造世界级现代纺织产业集群；积极抢抓国家战略性新兴产业发展风口，培育壮大新材料、泛半导体、生物医药等新兴产业，加速现代产业体系建设；此外，柯桥坚持数字赋能和创新驱动，以"产业大脑＋数字工厂"为核心，推动企业数字化智能化改造，发展数字经济产业。

产业是支撑经济发展的根基。2018年以来，柯桥大力实施创新驱动发展战略，加快完善以数字经济为引领、以先进制造业为主体、现代服务业与先进制造业融合发展的现代产业体系，利用印染产业聚集、"腾笼换鸟、凤凰涅槃"攻坚行动以及科创平台、建筑行业、专精特新企业发展，促进传统支柱产业"老树发新芽"，乘着数字经济发展的东风，从"制造"走向"智造"。

"数实融合"开创产业发展新局面

柯桥区始终坚持以高质量发展统揽全局，敢于探索创新，数字产业集聚成势，与实体经济协力推进，数字经济发展抢得了先机、孕育了新机。围绕做好做实"数实融合"这篇文章，不断释放赋能产业转型升级的新动能。柯桥区注重以实际运用需求为导向，加快推进数字化转型。积极推进产业实现"数实融合"，立足主导产业，加速数字赋能，开创了产业数字化"群雁"齐飞的新局面。

柯桥区高水平把握数字化、网络化、智能化方向，充分发挥数字技术新优势，积极改造传统产业，使传统产业在数字技术赋能下实现结构优化升级、焕发新活力，推动"数实融合"成为经济发展和产业转型升级的新引擎。重视以融合发展目标为归宿，提升产业数字化水平。推动"数实融合"，不仅可以促使实体经济在生产、流通、消费、分配等方面完成数字化，还可以衍生出更多新产业、新业态和新模式，形成"数实融合"的新竞争优势，加速产品和服务迭代，不断满足人民对美好生活的需要。

"产城融合"助推高水平共同富裕

作为一个典型的民营经济大区，柯桥区大力推动民营经济与共同富裕的协同发展，稳进提质打造经济强区，迅速站稳脚跟，适应环境的变化，凭借着"两手抓，两手硬"的组合拳，实现逆境增长，进而使其成为共同富裕的强大支撑。

柯桥区的民营企业作为促进地区发展的主力军，在企业发展的过程中，已不再将利润作为企业唯一目标，转而将企业的目标放在环境和社会治理上，强调在生产过程中关注利益相关者的诉求、推动地区产业发展以及实现共同富裕这些更深层次的目标。企业推动当地产业发展实现共同富裕，从本质上来说是一个双赢的行为。在这一过程中，企业看似增加了成本，但随着当地产业以及共同富裕的发展，地区实现快速发展的同时又会反哺企业的发展，因为当地产业的发展可以为企业提供更好的发展环境，在宏观大环境上为企业发展助力；此外，推动共同富裕的发展，不仅可以改善社会福利，还可以提高企业名誉以达到增加股东财富的目的，最终实现企业、社会与环境三者的共赢。

柯桥区通过推进产城深度融合，助推高水平共同富裕。产业发展要以城市为载体，"城"能够通过提高"人"的效用水平来吸引更多更高质量的劳动力迁入，从而提升柯桥区的产业发展水平。城市发展要以产业为基础，"产"能够通过促进"人"的集聚，为"城"的繁荣提供必要前提。

执笔：曹帅

样本15 蓝印时尚小镇，产城人共融发展

蓝印时尚小镇位于柯桥经济技术开发区北部，地处钱塘江、曹娥江交汇之处，具有独特自然风光和区位优势。小镇规划面积约3.39平方公里，其中核心区块面积1.01平方公里。小镇以打造世界一流的绿色纺织印染集聚区为载体，以绿色印染为基础，以时尚文旅为支撑，以产城融合为方向，以科技创新为驱动，致力成为杭州湾湾区经济带上的时尚产业类特色小镇。

蓝印时尚小镇以产兴城，以城聚人，以人兴业，锚定"国际纺都智造中心、融杭湾区科创新城"发展定位，高位谋划城市片区开发，大力推进城市有机更新，吹响打造"产城融合"新样板的发展号角。产城人共融发展，为蓝印小镇融出新活力、融出新空间。

一、蓝印时尚小镇打造科创新城的主要做法

（一）印染产业集聚升级，实现高质量循环发展

柯桥区通过对原先粗放式发展的印染行业进行集聚升级，对原有设备和技术进行更新换代，有效地解决了之前存在的高污染、高能耗、高排放问题，使得印染产业向绿色循环发展转型升级。例如，一方面，通过集聚，全区共淘汰落后印染设备2023台（套）以上，从而使得国际先进设备比重达到60%以上；另一方面，通过对全区印染行业大力开展清洁生产现场管理、ERP-MMS信息化系统应用、节能减排循环利用改造等，鼓励企业引进自动化配料系统、智能化管理系统、"机器换人""无水印染"等高端装备和先进工艺技术，印染产业不仅生产效率、质量得以大大提高，更是实现了绿色印染。

2020 年，以蓝印时尚小镇印染集聚企业为核心的滨海工业园区国家级循环化改造试点全面建设完成并顺利通过国家验收，循环经济产业链关联度达到 85.72%，工业增加值增长 121%，资源产出率提高 113%，四大污染物排放总量下降 62%，成功探索出一条集群发展、共建共享、绿色循环的高质量循环化发展道路。2020 年 5 月，循环化改造的主要做法经验获浙江省有关领导批示后在全省推广，为传统产业转型升级、绿色发展提供柯桥样板。

蓝印小镇现代化的印染车间

（二）打造特色小镇，赋能印染产业绿色升级

蓝印时尚小镇全面建成小镇客厅、印染文化博物馆，每年可接待上万名参观者。同时，小镇依托钱塘江、曹娥江优美的自然生态风光，并结合首个青少年环保教育基地和浙能滨海热电"梦幻电厂"中小学生教育实践基地，全力打造将涌潮观光、水上休闲、印染文化和工业体验游融为一体的 3A 级旅游景区，积极构建省级创建类特色小镇，将蓝印时尚小镇建设成为全国领先、世界一流的印染行业集聚示范区、创新发展引领区、"三生"融合活力区。

通过园区循环化改造，柯桥区固废综合利用能力得到进一步提升，助力推动打造产城融合"无废园区"，进而辐射全区"无废城市"建设试点工作，有效实现了全区工业固废和危险废物的减量化、资源化、无害化。这一高质量循环化发展为小镇印染产业绿色发展极大赋能，也能为其他地区提供示范。2022 年，蓝印时尚小镇成功通过浙江省第二批省级特色小镇考核。高起点规划建设，基本形成以"多姿风情、原味生态、创新前沿、时尚生活"为主题的工业特色小镇，引领绍兴传统纺织印染业向中高端变革跃升，成为全国绿色印染制造基地和传统产业改造提升发展的重要展示窗口。

滨海印染集聚区污水集中处理区

（三）数智经济赋能增效，促进上下游产业链畅通

蓝印时尚小镇，紧扣"绿色高端、世界领先"目标，通过激励和倒逼机制，加速淘汰落后产能，积极推动印染企业智能化、数字化、高新化改造提升，70%的设备达到了国际领先水平。行业领军和标杆企业不断涌现，乐高印染率先引进"无水印染"，兴明染整、永利印染全面实施智能化管理，迎丰科技获评省"两化融合"国家综合性示范项目并于 2021 年 1 月于上交所主板上市，英吉利印染创建首个"印染大脑"，小镇内 25 家印染企业成功跻身国家高新技术企业行列，成为印染行业标兵。

作为全省第一批行业产业大脑建设试点——"织造印染产业大脑"谋划并发布了核心应用场景 16 个、APP 应用 25 个，首批上线数字供应链、"浙里工程师"、智能排产、生产监控、云配方等 5 个应用场景。

除了数智赋能向内要效益外，蓝印时尚小镇还打通上下游产业链，实现织布、染色、销售一条龙的生产与服务，不断拓展市场，增强印染企业市场竞争力。

（四）城市品质融合提升，保障"产学研旅居游"全面构建

截至 2022 年 7 月，五大印染组团在柯桥经济技术开发区蓝印时尚小镇全部投产，印染产能达到浙江总量的 60%、全国总量的 40%，标志着绍兴市印染产业跨区域集聚提升工程圆满收官。

发达的印染产业给小镇带来了丰厚的红利，从而带动近30万绍兴人在这里创业创新，为小镇带来了源源不断的客流量、庞大的刚性消费需求、日益增长的商铺租金回报率和潜在的消费市场，这些在进一步促进印染产业发展的同时，对小镇本身的建设同样也起到重要的推动作用。2022年，滨海万达广场建成，包括大型购物中心和金街商铺，集中式商业综合体共4层，体量约为30000平方米，是万达广场的主体部分；配建的酒店为开元·曼居酒店，共16层，建筑体量约为10000平方米，包含集中式购物中心、影院娱乐和城市酒店等业态，城市生活功能不断完善，城市品质不断提升。

柯桥印染历经集聚迁徙、全链创新、数智领跑、产城融合阶段，一个以智能印染为助力、以印染文化为内涵、以科技创新为驱动、以时尚智慧为目标，集"产、学、研、旅、居、游"于一体的创新工业旅游小镇已经脱颖而出。

二、产城人融合发展的主要成效

（一）印染产业集群效应持续凸显

截至2018年底，柯桥区印染产业集聚升级工程全面完成，57个印染集聚项目总投资186.6亿元，已全部建成投产，2021年实现产值499.3亿元，营业收入422.4亿元，增加值218亿元。2022年7月，绍兴市跨区域印染集聚提升工程圆满收官，越城区32家印染企业整合成五大组团集聚落户蓝印时尚小镇，实现全面投产，实现产值100亿元。产业集聚集群效应持续凸显，蓝印时尚小镇成为全国传统产业改造提升发展的一个重要展示窗口。

（二）全链条式创新增加动能

全链条式创新为"柯桥制造"贴上了领先标签。代表着先进工艺的柔性制造系统、全自动调浆系统、染化料自动输送系统等，代表着绿色环保的生物膜处理中水回用技术、高温废水余热回收利用技术等，代表着前沿产品的超细纤维合成材料、工业特种面料等，彰显着科技含量，引领行业时尚。

面对数字化浪潮，走在产业转型提升路上的蓝印时尚小镇，正朝着"印染大脑""无人工厂"的方向加速前进。干净整洁的工厂、智能先进的设备、数据孪生的可视化系统、节能减排的生产工艺……如今的蓝印时尚小镇不仅涌现出迎丰科技、浙江红绿蓝、乐高印染、兴明染整等大型标杆企业，一些小而美的企业也层出不穷，大众创新、全域提升已成为常态。

（三）产城融合新样板成果显著

作为一个以绿色印染为支柱、以时尚文旅为支撑、以产城融合为方向的特色小镇，蓝印时尚小镇通过印染产业升级，综合发挥特色小镇的整体优势，推动印染产业与小镇建设发展相融合。蓝印时尚小镇全面发力，以绿色、时尚、智慧产业为目标，结合当地海涂文化、钱潮文化和工业特质，打造集休闲观光、工业旅游、文化体验、生活娱乐于一体的特色小镇，成为"中国色彩之镇"。

"杭州湾"边，那一片"蓝"海

（文字和图片参考自"商大创新评论""全球布商研究院""柯桥经开""柯桥印染"公众号及柯桥经济开发区提供的资料）

整理：曹帅

样本 16　攀登现代纺织技术高峰

　　浙江省现代纺织技术创新中心（以下简称"创新中心"）依托绍兴柯桥深厚的纺织行业基础和底蕴，由绍兴市主导、柯桥区和浙江理工大学双牵头，联合纺织及相关领域高校院所、行业协会、龙头企业等，汇聚国内外高层次人才和科技力量，着力突破纺织产业链关键核心技术，促进创新链和产业链融合，共同打造"开放、包容、合作、高效"的高能级公益性现代纺织创新平台。

　　2022 年成立的创新中心是浙江省首批 6 家技术创新中心之一，计划通过 5 到 10 年时间，建设重点面向医卫、交通、国防军工、海洋工程等产业用纺织品的公益性高能级技术创新平台，成为现代纺织领域国内一流、国际领先，具有重大影响力的科技创新策源地和成果转化公共服务平台。

　　创新中心包含纤维材料与制备技术、纺织成型与绿色创制、纺织装备与智能制造等三大研究所和一个公共创新服务平台，围绕纤维材料先进制备技术、高端纺织与生态染整技术、纺织智能制造与先进复合材料等三大方向开展关键技术攻关，并配套检测中心、中验基地、产业加速器、孵化园区、研究人才培养基地、学术交流与技术交易平台等设施，最终建设成为面向现代纺织产业的纺织材料绿色智能加工技术高能级公益性技术创新平台。

一、打造高能级公益性现代纺织创新平台的主要做法

（一）深化科技创新，重塑省域创新体系

现代纺织产业是柯桥区传统优势产业，也是浙江省"415X"先进制造业集群

体系中 4 个世界级先进制造业集群之一，发展纺织业对于带动柯桥区整体经济发展具有重大作用。对此，柯桥区政府突出创新制胜导向，深化实施科技创新和人才强省的首位战略，系统重塑省域创新体系，积极探索新型举国体制浙江路径。2020 年，柯桥区政府会同浙江理工大学正式启动鉴湖实验室建设；2021 年，围绕现代纺织产业应用性研究，区政府与浙江理工大学签订共建浙江省现代纺织技术创新中心（鉴湖实验室）战略合作协议，进一步深化推进了创新中心的建设工作。创新中心定位明晰，以"立足浙江、面向全国、引领全球"，抢占现代纺织产业国内国际双循环的战略制高点为目标，将重点构建纤维材料先进制备技术、高端纺织与生态染整技术、纺织智能制造与先进复合材料、未来纺织技术四大研发体系，致力于打造技术创新成果转化高能级平台，赋能现代纺织全产业链高质量发展。

力争到 2025 年，创新中心在化纤低碳绿色制备、三维织物立体成型、针织纬编全成型装备、少水印染加工、专用纺织化学品等领域取得 5 项标志性成果，并且在诸多相关领域内研发出 20—30 项替代进口的关键技术及产品，带动相关产业产值 500 亿元以上，最终为现代纺织世界级先进制造业集群提供强大科技支撑。

（二）利用平台优势，抢占双循环制高点

创新中心在组织结构上总体分为五个架构，分别是基金管理中心、公共创新服务平台、领衔科学家团队、合作研究院、产业大脑。基金管理中心负责的是创新中心的资产、现金流等财务资源的管理，也就是创新中心的"钱袋子"；公共创新服务平台是科创中心搭建的一个社会化、网络化的多功能平台，是创新中心向外界传递最新进展消息的关键平台；领衔科学家团队是创新中心的核心，这些团队是创新中心进行复合材料、纺织技术等先进技术研究的主要力量，是科创中心能够在纺织材料上不断创新的关键所在；合作研究院是创新中心和诸多大学以及企业合作的产物，研究院能有效结合创新中心、大学、企业三方的优势进行产品创新；产业大脑则是创新中心将创新技术成果转化成产成品的场所，帮助创新中心成果的产品化和市场化，并为其提供利润。

创新中心从源头纤维端开始，成立高端纤维材料与低碳制备等团队，研究纤维材料先进制备技术；在中间印染环节成立团队，专攻生态染整技术；在智能制造领域，成立团队研究纺织智能制造与先进复合材料；在未来纺织领域，成立数字时尚团队，研究未来纺织技术和发展方向……从技术创新、成果转化、人才培养等方面全链条、全方位赋能企业发展。

（三）引育优质人才，实现自我造血功能

柯桥区成立了创新中心建设推进工作专班，浙江理工大学也组建了由两位副校长任双组长的工作专班，并设置相应工作小组，确保创新中心建设工作有序推进。为积极引育优质创新资源，创新中心探索建立人才灵活进出机制，以项目制形式精准引育院士（准院士）创新团队、高端人才创新团队、其他创新团队等不同层次的创新团队；聘请院士和科学家，全力推动三大研究所及公共创新服务平台的成立运行工作；有效整合多家已在柯桥落户的纺织类校地共建研究院，夯实"多基地、网络化"的创新发展格局，最大限度地发挥现代纺织创新资源的集聚效应。

创新中心运营过程中产生的知识产权，其所有权归创新中心所有，但知识产权相应的处分权、实际使用权，则让渡给中心运营企业，由企业负责将成果转化、项目孵化并获得收益，用来反哺创新中心，为企业运营创新提供相应资金支持。创新中心注重引进应用型研究项目团队，鼓励科研成果落地转化，力争在5到10年内能成功培育出1—2家上市公司，并且通过这些项目孵化收益等逐步实现创新中心自我造血功能。

二、公共服务创新平台建设启示

（一）共建实验室助推纺织企业跨越式发展

浙江省现代纺织技术创新中心—浙江迎丰科技股份有限公司共建实验室申报的"染整设计、工艺、装备、系统有机集成与智能化"成功入选2022年浙江省纺织行业新模式新业态十大典型案例，为加快推动行业技术创新发示范引领作用。作为柯桥区印染产业的标杆企业之一，迎丰科技股份有限公司以数字赋能传统产业为契机，联合浙江省现代纺织技术创新中心共建实验室，通过技术创新和业务变革，将AI技术贯穿于加工运营管理全过程，形成了绿色智染新模式，帮助企业不仅将生产效率提高了45%以上，还将染色一次成功率提升至95%。

创新中心与浙江凌迪数字科技有限公司合作共建实验室，聚焦自主仿真引擎的底层技术研发与应用，帮助企业建立数字成衣中心、数字面料中心、数字展厅

以及数字内容服务中心，树立纺织产业与数字技术融合创新的行业典范。

针对印染工艺中的粉状染料生产能耗高、排污量大等行业通病，创新中心牵头主持省"尖兵"项目"节能降碳型生态液体染料关键制备与染整技术及应用示范"，开发出与粉状染料强度相当的高强度液体分散染料和高纯度无盐活性染料原浆，研发新型生态染料与液体染料配套助剂，建成超过万吨级液体染料生产和应用示范线，实现染料生产和应用技术的颠覆性发展。

（二）标准化平台促进区域协同创新

绿标（浙江）供应链管理有限公司与创新中心（鉴湖实验室）于 2022 年 12 月 5 日签订共建"中国绿色标准助剂研究院"合作协议，并正式落户于创新中心所在地，意味着中国绿色标准助剂平台能够更加高效地为中小助剂企业提供科学创新的技术服务支持。双方按照"优势互补、真诚合作、互利互惠、共同发展"的原则，经友好协商建立长期紧密的合作关系，推进创新中心（鉴湖实验室）与助剂企业协同创新，为助剂企业提供按需定制的技术创新服务和整体解决方案。

创新中心成品展示厅

（三）"校企地"党建共同体营造"政产学研用金"新生态

首先，浙江理工大学作为创新中心技术层面的主体共建单位，在创新中心发展建设中起到了关键作用，充分发挥其在学科、科研与人才资源等方面的优势，全力支持创新中心建设；其次，通过打造"党建＋业务"深度融合的多元协同创新机制，形成具有标志性和示范性的"校企地"党建共同体；再次，以创新中心为新起点，推动校地合作更上新台阶，并逐步形成具有浙江特色的"政产学研用金"协同创新生态。创新中心立足浙江，面向全国，引领全球，促进人才链、创新链、产业链深度融合，成为现代纺织技术创新策源地和高能级公益性技术创新平台。

（文字和图片参考自"现代纺织技术创新中心""浙江理工大学"公众号及浙江省现代纺织技术创新中心提供的资料）

整理：曹帅

样本 17 "标准"引领现代装配式建筑

中国是建筑业大国，素有"基建狂魔"之称，浙江宝业集团（股份代码 02355）就是其中的佼佼者。为顺应国家政策和技术发展大势，2013 年从宝业股份公司里面独立出来，在原有宝业建筑基础上，创立的浙江宝业现代建筑工业化制造有限公司（以下简称"宝业现代建筑"），成为一家建筑工业绿色化部品部件制造商，主要经营新型混凝土预制件的开发、研究、生产、销售、安装施工及相关的服务和咨询等业务。公司全套引进德国专业技术和设备，秉承德国的专业品质，为中国市场提供更为完善的系列产品，是国内建筑工业化领域的标杆型企业。

一、发展低碳现代装配式建筑的主要做法

（一）紧跟潮流，在创新中探索前行

作为全国最早一批开展住宅工业化的建筑企业，浙江宝业集团于 1975 年就开始研发工业化建筑部品件，1997 年成为住建部住宅产业化全国试点企业之一，浙江省唯一试点单位，专注于低碳装配式住宅（建筑）的研发和制造。经过多年的努力，凭借与国际集团合作所积累的经验，浙江宝业集团已经具备了工业化建筑生产、配套和供应能力。

自 1997 年之后，浙江宝业集团步入了公司住宅产业化发展的成长期。住宅产业化，指利用工业化方式生产住宅，以住宅为最终产品，就像搭积木一样来搭建房子，旨在提高建设效率，降低建造成本。其全过程产业链包括投资、建设乃至居民进入建筑居住，整个过程实行工业化生产，利用现代科技进步，让住宅产业从劳动密集型、资本密集型的外延式增长渐渐转变为技术密集型的内涵式增长，

从而提高住宅质量，满足人民日益增长的住房刚性需求，以及促进住宅市场的持续健康发展。

在前期摸索与经验积累的基础上，2020 年，浙江宝业集团投资 8.7 亿在浙江省建造了"宝业住宅产业化浙江制造基地"，并在湖北和安徽两地设立分部。这一基地包含了木制品、墙体、玻璃、防火材料、钢板结构、桩体、预制混凝土等多个住宅部件生产的流水线，是一个涵盖住宅设计、部件制造、安装、销售等的一体化产业化基地。

（二）完备体系，在发展中开拓市场

浙江宝业集团具有研发、运维、设计、生产、施工全产业链优势，现拥有浙江、安徽、湖北、上海等地区的国家住宅产业化基地。2010 年来，集团建造的一批又一批建筑工业化产品广泛应用于国内外市场。在地下结构、商业建筑、住宅项目建筑结构体系类型应用方面，涵盖了双面叠合板式剪力墙结构、装配整体式剪力墙结构、装配整体式预应力框架结构和分层装配式支撑钢结构体系，涉及地下及半地下建筑、高端公共建筑、住宅及政府保障性项目。

在地下结构方面，预制叠合板式剪力墙结构在地下室、地下车库、地下综合管廊等地下工程中得到了较多的应用。安徽地区的地下车库广泛运用了该结构。

在商业建筑方面，宝业中心总部项目的地下一层采用了叠合板式混凝土剪力墙结构体系，并采用了 GRC+PC 外围护系统。柯桥中纺 CBD 商业中心项目中的地下交通管廊、负一层外墙采用了叠合剪力墙，商业及公寓楼部分楼板采用叠合楼板，公寓部分楼梯采用了预制楼梯。

宝业集团总部大楼

在住宅项目方面，在安徽、浙江、上海三地，宝业集团不仅开发了大量高层住宅项目，同时也承接政府的保障性住宅项目。如，位于上海的示范项目宝业爱多邦大型居住社区工程，地上部分外墙、梁、楼层板、阳台、空调板、楼梯、线脚均采用预制叠合板的结构形式，地上部分100%全预制，单体预制率达到30%。

（三）智能升级，在改革中实现创新

分层装配式支撑钢结构集成工业化住宅体系，是由浙江宝业集团和日本大和房屋集团联合开发的独有结构体系，由柱子来承载建筑自重及活荷载、雪荷载、垂直荷载等，地震、台风等引起的水平方向的力主要由支撑系统承受。该体系具有建筑质量轻、施工快捷、工业化程度高、节能节地、绿色环保以及良好的抗震、防水和耐久性等特点。其中梁贯通式节点、密柱、梁柱螺栓铰接，水平力主要由柱间支撑承担，模数化设计等成为该结构体系的主要创新点。该体系已被授予国家发明专利并通过国家级技术成果评估。

叠合板式混凝土剪力墙结构体系（以下称叠合剪力墙体系）是由宝业现代建筑自主研发，由主要的叠合式墙板和叠合式楼板或现浇楼板（包括预制楼梯、预制阳台等构件），以及必要的现浇混凝土剪力墙、边缘构件、梁、板等共同形成的剪力墙结构体系，预制率可达68%以上，可建100米（33层）以上的建筑，具有尺寸精准、质量一致、施工快捷、防水良好的特性，适宜大量应用于商场、酒店、办公楼、保障房等项目。公司的叠合剪力墙体系产品，在深化设计、制作、施工方面实现全流程信息化管理，运用BIM（建筑信息模型）设计理念，将设计系统和生产系统无缝对接，全程实现可视化设计、自动化生产。每块板都拥有独立的二维码，只要扫一扫，每块板的排版、下料、生产、质检、运输、安装等所有信息都一目了然，真正实现了标准化设计、工厂化生产、装配化施工、信息化管理、智能化应用的发展路线。

二、打造建筑工业化企业的主要启示

（一）自主研发，标准引领

宝业现代建筑自主研发的产品体系——叠合剪力墙技术体系通过了由浙江省住建厅科技委组织的专家评审。公司拥有独立的设计研发部和试验室，技术人员达18人，其中包括1名教授级高工、3名高级工程师、5名工程师及若干名助理

工程师，并依托于宝业国家级研究院，以宝业建筑设计院（甲级）为技术支撑。宝业现代建筑不断吸引业界的优秀人才加盟，并大力发展自主创新，拥有多项专利，主编浙江省地方标准 5 项、浙江省标准图集 3 项，参与多项国家级、省级、市级课题，成功实施了杭州师范大学仓前校区、丽水莲都区里东安置小区、绍兴新桥风情小区、柯桥西市场项目、诸暨马堰村新农村住宅、绍兴市袍江保障房、浙江工业大学之江学院、上海万华城、上海宝业中心、柯桥 CBD 商业中心及上海青浦爱多邦项目等几十个绿色建筑项目，建筑面积已超 200 万平方米。

（二）智能改造，降本增效

智能化工厂改造为宝业带来了良好的声誉和技术力量，通过采用信息化全流程管理，提升了管理水平，提高了产品质量，缩短了生产周期，降低了生产成本。通过改造智能化工厂，宝业原有叠合剪力墙结构体系产品在应用"可视化设计 + 自动化生产 + 精益化管理"全流程联动控制数字化管理之后，数据录入时间减少了 50% 左右，数据完整性提高到了 95% 以上，生产数据统计工作减少了 80%，书面作业损失降低了 50% 左右，制造周期缩短了 30% 左右，再制品减少了 20% 左右，产品缺陷率降低了 15% 左右，员工的工作效率提高了 20%。

（三）PC 体系，节能精准

浙江宝业集团自主研发的装配整体式混凝土结构体系（PC）包括了叠合剪力墙技术体系、套筒灌浆技术体系两套产品，以及叠合墙板、叠合楼板、实心剪力墙等建筑工业化部品部件。这些产品构件均实现了工厂化、批量化与精细化的全程自动化生产，并且宝业集团可以根据客户的要求，在工厂内将门、窗、水电管线等配套产品植入墙体内，形成一个完整的建筑工业化产品。集团还在现场配备了专业的安装队伍，他们根据安装图纸进行机械安装，能够做到安装快速、精确、一步到位。浙江宝业集团通过 PC 体系工业化建筑体系，有效提高了施工安全性，降低了施工难度，缩短了施工周期。

在国家严格要求建筑业企业进行节能减排，并大力支持"互联网 +"这一运营模式的大背景之下，浙江宝业集团以"鼠标加水泥、建造到制造、制造到智造"为使命，一方面不断加强工艺设备的智能化改造，提升工厂数字化管理水平，另一方面致力于打造低碳、环保的建筑工业化产品，完成企业从传统建筑业向绿色制造业的转型升级，顺应时代发展的趋势，最终成为装配式建筑行业的标杆型企业，引领长三角地区装配式建筑的高质量发展，为中国实现碳达峰、碳中和事业贡献一份力量。

宝业数字化运行工厂

（文字参考自"绍兴建设""精工绿筑""上海市绍兴商会"公众号；部分文字和图片资料由宝业现代建筑提供）

整理：张增祥　曹帅

样本 18 传统酱香重塑工业旅游品牌

酱文化是绍兴最醒目的一种味觉标识，位于千年古镇——安昌的仁昌酱园是绍兴酱文化传承发展的代表之一，始创于公元 1892 年，是一家具有百年历史的老字号企业。其所生产的酱油、米醋等调味品延续了百余年的制作工艺，远销海内外，受到消费者的一致好评。公司占地面积为 18000 平方米，建筑面积为 6000 多平方米，酱缸 500 余只，木榨 10 余具。以传统手工制作方法，配以天然独特小舜江水酿造成的酱油、米醋产品，销往上海、江西、安徽、河南等省及本省各市县。2000 年改制后，企业焕发了新的生机，先后荣获"绍兴市著名商标""绍兴市老字号""绍兴市农业龙头企业""中国放心食品信誉品牌"等荣誉，产品通过了 QS（质量安全）体系认证。

仁昌酱园因传统工艺、传统酿造技艺特色，被评为浙江省非物质文化遗产生产性保护基地。企业坚持使用传统制作工艺，用心制作出好产品，定位为精品化的手工制作传统酱油，专注于将传统技艺传承而非商业化，这是企业发展的根本支撑。

一、仁昌酱园传统产业转型升级的主要做法

（一）守护千年老酱艺之魂，保证晒足 180 天

"伏酱秋油"，晒足 180 天，是绍兴仁昌酱油古法工艺的精髓。酱油生产周期长，工艺烦琐，情况千变万化，做酱油是入门容易精技难，在生产中需要掌握原料、温度、湿度、时间等要素。传统的手工制酱工艺中，晒酱的时节尤为讲究，日头不够猛则晒不出香味，日头太猛则会晒焦，需要不停翻动和捂盖，以保证手

工酿制的酱晒制均匀，从而酿出传统酱制品醇厚的味道。经过数百次的验证，三伏天被证实为是最好的晒酱时节。为了帮助酱醅发酵，晒酱过程中需要制酱师傅每天翻捣450余次酱缸，如此才能保证酱油成品的醇厚。

仁昌酱园的师傅们严格把关，遵守"重麦制酱、短水放坯、天然发酵、夏伏曝晒"的原则，一年为一个生产周期，每年4—6月投料，11月或12月出油，保证晒足180天。所酿酱油的质地醇厚，色泽艳红透亮，酱香浓郁，鲜甜适口，久藏不霉，深受客户欢迎。

（二）甄选原材料，绝不使用添加剂

优质产品的酿制离不开原料的甄选。仁昌酱园精选黄豆、小麦为原料，其中黄豆又精选了蛋白质含量较高的东北大豆。酿制酱油的水也并不是普通的自来水，而是引自浙江上虞的小舜江水。除了对酿制酱油的主料进行考究的选择外，对于辅料的挑选也聘请专业老师傅严格把关，凭借他们多年的经验来为仁昌酱园的产品质量把好第一道关，为消费者提供"酱香浓郁、色泽棕红、体态澄清"的优质酱油。

仁昌酱油不添加任何其他物质，包括防腐剂、增甜剂等，原汁原味。传统工艺制作的酱油风味尤佳，深受消费者喜爱。

（三）老工艺创新发展，重塑产品价值

仁昌酱园顺应时代变化，将传统的制酱工艺与现代先进的科学技术进行创新性的跨界结合，生产出更具有市场活力的仁昌酱园老字号产品。在掌握新技术与老工艺的跨界平衡点上，做到了保留与创新的有机结合：在继承传统工艺的基础上，与时俱进地改进制酱技术、杀菌技术、灌装技术；在保留本土风味的同时，采用了高分子膜过滤法、低温物理法等先进的科学技术，既保证了酱油的原有风味，又达到了国家规定的卫生指标，得到消费者对产品的喜爱及信任。

此外，仁昌酱园还自主研制太阳能集热房来提高产品的质量和产量。集热房由特种玻璃制成，是集采光、集热、保温、控热、贮藏等功能于一体的智能型生产基地。集热房的温度常年控制在28—40℃，在很大程度上减少了季节对酱园的影响。这项智能型技术的应用在保持传统工艺及风味不变的情况下，大大增加了产品的数量，并且由于集热房比较封闭，隔绝了外界的空气烟尘污染和其他害虫的侵入，极大地提高了产品的质量，提升了产品的生产效率。

仁昌酱园

（四）定位高端产品，推动文旅融合

仁昌酱园产品的市场定位是高端产品，在产品销售上以高价格高质量的优质产品为主。为了体现产品的高端性以及排他性，保持老字号的价值，企业减少了经销商的数量，避免了经销商之间的不当竞争，使得仁昌酱园的产品显得稀缺，体现出产品的高端性。

仁昌酱园依托得天独厚的旅游地理优势，跨界创新"前店后厂"的特色模式，大力发展工业旅游，开设酱油博物馆，吸引游客前往参观酱油博物馆、体验酱油制作流程、品尝各类特色仁昌记产品。仁昌酱园坐落于古镇的优势使其每年吸引了 20 万游客参观游览，因此极大地提升了仁昌酱园的知名度，加深了游客对仁昌酱园的印象，反过来促进了仁昌酱园产品的销售。在继续增加力度实施工业旅游政策的同时，仁昌酱园还创新性地进行横向发展，即强化周边的基础服务设施，开发"一条龙"特色化旅游模式，使平面化的工业旅游更为立体、丰富。

二、重塑工业旅游品牌的几点启示

（一）借助非物质文化遗产基地提升产品价值

仁昌酱园祖传的秘制绝活和传承至今的独特工艺，成为绍兴传统饮食文化的瑰宝，被录入中央电视台《舌尖上的中国》纪录片。仁昌酱园也被列为浙江省非物质文化遗产"绍兴酱油传统酿造技艺"传承基地。

绍兴酱文化传承体验基地

仁昌酱园的古法酿制永远不变，在保证酱品原汁原味的情况下，大胆运用现代科学技术，用先进的方法开发传统酱品，扩大产能，增加产量，整体化扩建晒场。对于传统工艺而言，仁昌酱园所创新的先进制酱技术就是一种突破，在满足消费者基本的购买需求之后，还能为消费者带来一种深深的信任感，不仅使消费者在生理上得到了食欲的满足，还使得他们在心理上也产生了一种满足感、优越感，使他们品尝到老字号的独特风味，又使他们感受到先进技术的魅力，同时还能让消费者在仁昌记的产品中品味到家乡的风味、水乡的民间情怀。这一创新性的跨界不仅为消费者创造出了超乎想象的商品价值，同时对于消费者的用户体验、心理感知而言，也是一种无形却实在的"增值"。

（二）加强品牌宣传提升产品美誉度

仁昌酱园作为一个老字号酱油品牌，在品牌宣传与推广的领域，不断地进行跨界创新，在传统推广方式的基础上，同现代新兴的推广方式相结合，向社会传递出优质的品牌形象，扩大仁昌酱园的品牌影响力，提升其知名度和美誉度，间接且有力地促使仁昌酱园的品牌资产不断增值。包装全面创新，让"酱油成为礼品"，将酱油产品升级为旅游产品。仁昌酱园以纯手工酿制换来产品品质和美誉度，尽管只有2000吨左右的年产量，却在江浙沪一带俘获了一批忠实粉丝。

老字号的仁昌利用互联网开拓市场，向社会传递出优质的品牌形象，在消费者心中形成"吃传统酱味就选仁昌记"的消费观念。仁昌酱园在"天猫"上开了旗舰店，销售产品涵盖了食品、调味料等多个品种。在销售渠道上，仁昌酱园坚持"旗舰店＋经销商＋展销会"的销售模式，其中旗舰店作为最能表达仁昌酱园形象的渠道，在坚持销量的基础上，一直牢抓保质销售，维护仁昌记的优质形象。

仁昌酱园产品展厅

（三）与古镇发展同呼吸共命运

"前店后厂"的工业旅游模式在一定程度上提高了游客的停留率，使得游客更加放松地去感受水乡安昌古镇的每一处房屋建筑、每一种美食习俗、每一份水乡情怀。在这样舒适自然的环境下放松地去旅行，游客自然而然地对安昌古镇产生了不错的印象。游客们口口相传，无形之中提升了古镇的旅游形象，形成优秀的口碑，也提升了安昌古镇的影响力。在这种良性循环的条件下，安昌古镇与仁昌酱园相互依存、互相影响，仁昌酱园因安昌古镇而生意兴隆，安昌古镇因仁昌酱园而声名远扬。因此，仁昌记老字号在"工业旅游"中所做出的创新取得了可观的效果，达到了互利共赢的目的。

（文字和图片资料由仁昌酱园提供）

整理：孙春晓　梁挺标

样本 19　数字酒庄，文化破圈

会稽山绍兴酒股份有限公司（以下简称"会稽山"）始创于1743年，前身为"云集酒坊"。280多年来，公司传承千年酿酒技艺精华，以鉴湖源头活水、精白糯米、优质小麦为原料，采用传统工艺，精酿至醇至香的黄酒。会稽山成为绍兴黄酒国家标准的起草单位之一，在中国黄酒行业创造了近三个世纪的"持续生产、持续发展、专注酿酒"三大奇迹，是国内规模最大的黄酒产销基地之一。

黄酒产业是柯桥区的传统产业，正步入转型升级的关键期，在数字化、互联网化、智能化、生态化、消费升级的冲击下，通过转型升级，实现高质量发展。2020年来，柯桥区以人工智能赋能传统产业，建设黄酒智慧酿造等技术平台，提升绍兴黄酒产业链水平，而会稽山是传统黄酒产业转型升级的成功代表。

新时代背景下，会稽山充分发挥好黄酒产业龙头企业领头羊作用，与时俱进，在传承中创新，在创新中发展，在发展中跨越，加强互动交流，加强科技研发，加强营销创新，加强推广传播，加大绍兴黄酒走出去的步伐，让传统的黄酒更经典，让现代的黄酒更时尚，进而推动绍兴黄酒产业实现高质量发展。

一、会稽山传统酒企数字化发展的主要做法

（一）打造企业文化 IP

国潮风起，文化大美，漫长的中华文明历程留下灿若星辰的历史文化遗产，而会稽山黄酒文化根植于中华优秀传统文化，厚积薄发，用创新形式和匠心精神为传统文化赋能，不断释放黄酒文化的活力与魅力，推动黄酒文化更好地融入潜

在消费者的生活，激发其消费欲望，并且保障会稽山黄酒的核心竞争力以及相应的市场份额。

会稽山"兰亭"黄酒以"低度中国酒，高端宴请新选择"品牌定位，围绕"陈年老酒，阅尽世故而其质越厚"设计理念，创造性地将东方人文与黄酒文化相结合，从品名、包装、瓶型以及色彩等多方面创新演绎，体现了传统与现代融合的全新风格，以东方人文入魂品牌，满足了当下消费者对更高品质和更丰富精神内涵的需求，更符合国人对于酒各方面的要求，进而提高了会稽山这一品牌在消费者眼中的分量，成为中国高端黄酒的标杆产品。

会稽山"大师·兰亭"

（二）数字酒庄重塑黄酒市场

1. 数字化让藏酒梦成为现实

作为国内首个黄酒区块链产品，会稽山数字酒庄通过数字化赋能，让每一坛实体黄酒拥有了唯一的"数字身份证"，享有原厂直供、原厂智能仓储、原厂发货、馈赠转让、一键质押、防伪保险、在线提货等多元化服务，成为在线可移动、可追溯、可保真、可交易的时尚便利型数字化产品。

2. 数字化挖掘黄酒新价值

会稽山数字酒庄，是传统文化与现代科技的完美结合，具有划时代的重要意义；而黄酒的"流动"，不仅仅是酒瓶里的琼浆玉液的流动，也是中华文化、美好生活、诚挚情谊的自由传递，更是黄酒的数字化通证化流转流通，成为重塑老酒市场、提升老酒收藏投资价值的一个突破口。

3.数字化开启黄酒新营销

会稽山公司借助产业数字化和工业互联网的发展契机，于2020年11月与蚂蚁链签署战略合作协议，着手建立区块链黄酒产业联盟，搭建以"数字化＋流通＋金融服务"为核心的黄酒数字化流通平台。

（三）智慧酿造打造绿色精酿

随着科技高速发展，会稽山紧跟时代潮流，以智慧赋能传统，实现高品质的多元化、常态化、可控化生产。通过"机器换人"，对黄酒生产工厂进行转型升级；以智慧赋能传统，实现了黄酒酿造技术的革新与突破，为酿造更加绿色、健康、安全的高品质黄酒提供充分的技术保障，成为酒类行业标杆；与此同时，公司不断深化应用研究，加强生产、质量、技术联合攻关，研究新工艺、新技术，开发市场适销的新产品；发酵过程中的多点检测技术以及远程测控技术的成功应用，为产业提供了创新保障。

二、黄酒企业高质量发展的启示

（一）文化破圈传播新风尚

在传统企业转型升级的过程中，可以通过塑造自己独特的文化标签和产品主张，推动传统产品文化破圈。更多地利用鲜明的中国特色和共同的文化记忆，让传统产品的文化自信在历史传承中坚定，文化血脉在交融创新中延续。

会稽山以黄酒文化传播为主线，借助成都春糖会、泸州酒博会、中国黄酒节、中国纺博会、兰亭书法节等大型活动，持续放大会稽山品牌声音；举办会稽山封坛节、城市厨房、高端品鉴会、博物馆体验等专题活动，持续推进沉浸式消费体验场景应用；利用会稽山抖音号、头条号、视频号、朋友圈、公众号、微博、小红书等自媒体，持续开展黄酒文化圈层的主题分享；采用云喝酒、云参展、云直播、云封坛等线上互动方式，为黄酒传播注入时尚、年轻和新潮的文化元素。

（二）数字化引领黄酒新消费

随着消费升级和人们对生活品质要求的逐步提高，消费者对黄酒消费的关注点从产品扩大到了服务，不仅对黄酒的香型和口感有着严格的品鉴标准，还对黄酒保真等品质化服务提出了更高的要求。通过"机器换人"，企业不仅能够节约人工成本，还大幅提高了生产效率；通过大数据建模，智慧赋能，企业对传统酿酒发酵参数的控制更为精准，在产品品质的把控上更加严格；通过数字化的赋能，解决痛点问题，使传统产品更具生命力。在迎合理性消费趋势下，满足了消费者对差异性及高性价比产品的直观需求。基于区块链技术的"数字酒庄"，不仅与实物酒进行——锚定，不可伪造，全程留痕，公开透明，还免去了人们无法识别好酒的忧虑。

（三）高端化夯实黄酒领先地位

在黄酒消费品质升级趋势下，会稽山以产品差异化、高端化、数字化为突破口，打造年轻化、多元化、场景化消费新环境，打破低端化、区域化、老龄化的困局，建立起鲜明的差异化竞争优势，不仅顺应了中国黄酒发展的新趋势，也顺应了黄酒转型升级的新需求，可谓正当时、正当势。会稽山坚持"招优商、促动销、建终端"思路，以市场为导向，把新品做好、做实、做透，实现厂家与商家利益同步，坚持产品横向拓圈，技术纵向升级，坐稳"兰亭"系列黄酒在高端黄酒领域的领先地位，夯实百年会稽山可持续、高质量发展之原动力。

会稽山黄酒小镇

（文字参考自"笛扬新闻""会稽山绍兴酒"公众号，部分文字及图片资料由会稽山酒业提供）

整理：孙春晓　梁挺标　张增祥

样本 20 "腾笼换鸟"引"金凤"

位于柯桥区的壹迦科技产业园以及东盛慧谷是绍兴市招大引强，高水平培育新兴产业的两个重大项目，是"腾笼换鸟"后，柯桥区在园区治理上的两个成功案例。通过建设这两个产业园区，帮助柯桥区培育发展人工智能、新材料、生物医药等新兴产业，推动"三缸"（酱缸、染缸、酒缸）集聚向"三片"（布片、芯片、药片）集群创新转化。其中，以生物医药为代表的新兴产业，是柯桥区加快新旧动能转换、打造"5+3+4"现代产业体系的重要组成部分。柯桥区大力推动新兴产业"建链"工作，通过打造高能级产业集群平台、实施产业链精准招商等举措，"从无到有"构建一批引领经济高质量发展的未来产业链。

一、柯桥区产业园区治理的主要做法

（一）打造"智领创新，众赢创业"的高科技产业园

壹迦科技产业园为柯桥区首批新型产业用地项目，占地 92 亩，由传统纺织印染企业搬迁后拆改、新建而成，总建筑规划面积为 12.7 万平方米，整个园区分四期进行。产业方向重点是大健康产业、新材料、高端智能制造等。一期将现有宿舍楼以及厂房改造翻新成生活配套区、公共服务区、生产车间、实验室等，为入驻企业事先准备和提供了一站式创业配套服务功能区；二期新建了一幢大楼，并将其作为大健康生物医药产业启动区；三期重点为生物医药和健康产业新建相应的产业园区；四期在新建的产业园重点引入新材料、高端装备产业。整个产业园分为三大功能区块：园区公共配套服务区，企业厂房车间区，生活休闲区。三个区块之间功能明确，相互呼应，组成一个完整的产业园区。截至 2022 年，产业园

已引入生命大健康、新材料、智能制造等科技类企业 26 家。

（二）一揽子服务打造新兴产业创新集聚平台

东盛慧谷占地面积为 10 万平方米，是东盛实业集团全资开发、建设和运营的产业园。园区以新一代花园式智慧产业园为建设标准，配备了研发办公楼、药品生产质量管理规范（GMP）车间、生产厂房等，致力于生命健康领域的新材料、医疗器械、生物制药和医疗服务等新兴产业的创新与集聚。产业新园通过为科创企业提供从硬件到软件、从工作到生活、从实验到生产的一揽子服务，为各类新兴产业打造创新集聚平台，赋能柯桥成为长三角科技成果转化承载区、产业创新转型示范区、人才宜居宜业生态区。

壹迦科技产业园以资源共享、协作共赢、特色创新为入驻理念和模式，是一个集创新生产、资源共享、创业服务于一体的多功能的有区域特色的创新创业平台。为了吸引生命大健康、新材料、智能制造等新兴产业项目入驻园区，园区为入驻方提供了完善的软硬件服务。壹迦科技产业园还与浙江省高级人才产业园进行了相关合作，签订了共建共享协议，配套园区定位为新型产业科研中试基地或孵化落地项目的创业基地。

壹迦科技产业园全景图

（三）持续优化园区"专助产业化"的功能

东盛科技创新研究院由慧客空间、专业医疗器械委托制造基地（CDMO）服务平台、GMP 标准车间、艾播电商直播基地等部分组成。慧客空间总建筑面积约为 390 平方米，集路演中心、展示中心、服务中心于一体，可满足企业路演、沙龙、聚会等活动需求，为入驻企业提供全方位一站式服务；医疗器械 CDMO 服务平台建筑面积约为 1600 平方米，可提供研发、检测实验室、办公、灌装车间、有源车间、仓库及医疗器械、报证咨询等各类服务，提高医疗器械创新效率，实现洁净、节能、循环等功能，降低医疗器械创新成本；GMP 标准车间是 1200—3000平方米的大平层，配备大柱距和大荷载的生产条件，符合 GMP 标准生产空间，可以满足医疗器械、生物制药和新材料行业从实验到生产的全流程硬件需求；艾播电商直播基地于 2022 年 4 月正式开始运营，对接抖音、快手等主流直播平台，合作千个红人资源，为企业实现营销赋能，持续优化园区"专助产业化"的功能。

二、产业园区引领经济高质量发展的启示

（一）园区功能优化打造产才共聚新高地

产业园通过项目引来人才、留住人才，科技创新就有了源头活水。产业园结合自身的资源禀赋，制定完善创新型的产业政策体系，吸引优质龙头服务机构入驻，围绕龙头服务机构打造产业生态，配套高品质的服务体系，努力打造有区域影响力、产业集聚效应的人力资源服务集成"新高地"，实现人力资源产业要素的有效集聚和产业链延伸。

高颜值的厂区，点对点的保姆式服务，以及完善的服务配套设施，迅速吸引、集聚高科技企业及其项目。壹迦产业园在对接中科长光（杭州）创业投资管理有限公司投资的"斯凯沃微电子"和"亦明彤"这两个项目时，在软件上，园区为项目落地后从工商登记到银行账户开立等流程都提供了一对一的服务；在硬件上，配备了精装修的公寓和办公室，项目团队可以直接拎包入驻，保证项目尽快推进。

（二）校企合作保证持续创新力

东盛慧谷通过提供公共实验场地、检测报证、咨询评估、行业调研、研发转化和校企对接等服务，以开放基金、创投、产业合作等模式与各大高校企业开展项目合作。在高校合作方面，东盛已经与浙江工业大学共建浙工大东盛科技创新研究院，并且同华南理工大学、中山大学、上海交通大学等高校建立起良好的沟通桥梁，助力医疗器械、生命健康、新材料等领域的项目落地。已有 30 余家生命健康领域的科技企业入驻，包括获评"名士之乡"英才计划的浙江技立新材料股份

有限公司，绍兴海内外高层次人才创新创业大赛优胜奖获得者绍兴百立康医疗科技有限公司，浙江省"火炬杯"创新创业大赛优胜奖获得者绍兴迪飞新材料有限公司，医生创业典范精弘疼痛医生集团等。

诸多项目入驻的同时，也为产业园带来了丰富的创新人才资源。截至 2022 年底，壹迦产业园已经落户国家级人才 3 人，省级人才 2 人，博士 10 人、创新型团队 3 个。尤其是由中国科学院主导的健兰项目，是以中国科学院生物物理研究所作为依托。中国科学院生物物理研究所已跻身世界一流研究所行列，其基础性、综合性、交叉性、国际性的学科体系及长期以来形成的强大优势，铸就了超群的知识创新能力，产生了大批原创性科技成果，具有引领国家自主创新的独特优势。另外，迅实科技、兆丽新材料、盖科生物、美华鼎昌医药等项目，拥有自己的知识专利和创新研究中心与团队，创新能力强劲。

东盛科技创新研究院

（三）"实业 + 平台 + 投资"共筑园企命运共同体

产业园以"实业 + 平台 + 投资"的运营模式，围绕产业链构建创新链，围绕创新链配置资金链，搭建产业化服务平台，构建了包括研发服务、投资孵化、市场推广等的综合企业服务体系。为企业提供场地、工商、税务等政策性服务，同时致力于打造系统、全面、多方位的服务体系，企业在园区只需要一心一意地想着发展，能省去诸多烦恼。东盛慧谷以新一代花园式智慧产业园为建设标准，不断改善发展环境、优化园区功能，并且在配备研发办公楼、标准车间、生产厂房等产业基本功能的基础上，配套了以中央广场为枢纽的服务中心、人才公寓、餐厅和多元化的休闲设施，从而实现生产生活情景相融。

东盛慧谷以"资源共享、发展共行、合作共赢"为理念，通过技术服务平台、营销服务平台、金融服务平台三个特色平台的支撑，为企业提供创新创业要素赋能，共筑园企命运共同体。

（文字和图片资料由壹迦产业园提供，部分文字参考自"柯桥纺织"等公众号）

整理：孙春晓　梁挺标

样本 21 "智造研创"点燃全新绿色动能

从沿水而易的古朴布市，到如今享誉世界的国际纺织之都，柯桥的纺织印染企业是这30余年现代化建设发展之路的亲历者与见证者。

在中国印染行业协会发布的2022中国印染企业30强名单中，多家柯桥企业名列其中。这些企业不仅实现了自身的企业价值，还成为柯桥区全力打造绿色高端、世界领先的现代产业集群的领头羊。其中浙江宝纺印染有限公司（以下简称"宝纺印染"）与万姿科技有限公司（以下简称"万姿科技"）两家企业，通过研发创新、数字赋能、绿色转型等手段走在了行业的前列，为柯桥区的纺织印染企业提供了宝贵经验。

宝纺印染经销海外市场近20年，重视市场开拓、客户积累与品牌建设，是一家集研发、生产和销售于一体的科技型、环保型印染企业。而万姿科技的企业定位则是集面料研发、供应链管理、纺织品贸易、面料企划服务输出及成衣设计开发于一体的综合性面料服务公司。

一、柯桥印染企业"智造研创"的主要做法

（一）坚持研发创新，深耕国际市场

宝纺印染多年来坚持自主经销，专注于非洲市场，对非洲当地人民的文化习俗和生活习惯进行深入考察，积累了丰富的市场经验和客户信任。随着世界各国企业进驻非洲，传统蜡染布在非洲市场竞争愈加激烈，品牌溢价与利润空间逐步缩减，各国的大小印染企业都面临着不小的挑战。宝纺印染响应国家在"十三五"

期间的"一带一路"倡议布局，不断钻研创新蜡染印花的技术工艺，坚持开发差异化产品，颠覆了传统非洲蜡布市场。在产品上，宝纺印染始终坚持创新发展，每年将销售额的4%—5%作为研发费用，致力于产品技改研发、自主品牌建设。陆续淘汰了以松香为原料，高能耗、高污染的生产线，多方测试、比较各种面料的透印效果，持续优化染化料、助剂配方，最终研发出颜色更鲜明、手感更好、透气性更强、性价比更高的化纤替代新品。

宝纺印染生产车间

（二）全新智造升级，绿色生产赋能

为了响应碳达峰、碳中和行动与印染行业"绿色高端，世界领先"的发展要求，宝纺印染累计投资1.2亿元，在能源发电、生产线、蜡染制作工艺与绿色供应链管控等方面进行了数字化智能化的升级。

在能源发电方面，宝纺印染通过光伏发电的节能技术提升能源利用效率，以实现能源清洁，助力碳中和行动。生产线上对原有的蒸化、洗涤、定型等设备进行智能化改造，公司陆续引进了自动调浆系统、自动贴标系统、染化料配送系统，加强自动化智能化升级建设，有效地减少了人工误差，提高了生产效率。通过ERP系统（企业资源计划）和MES系统（生产制造执行系统）的能耗数据采集和数据报表分析，把能源管理、两化融合管理落到实处，完成传统行业自动化、信息化、智能化全面转型升级。在制作工艺方面，公司对传统蜡染制作工艺进行改良，淘汰了高污染、高能耗的原料，最终研发出拥有自主知识产权的蜡染新工艺，扩大了市场，提高了品牌附加值，推动传统印染产业向绿色化、高端化发展。除此之外，宝纺印染还建立了化学品绿色供应链管控体系，对供应商提出了无有害物质、可回收材料使用等环保质量要求，按照 ISO 9001/ISO 14001/ISO 45001 要求陆续完成质量、环境、职业健康安全等管理体系建设。

宝纺印染智慧能源管控中心

（三）坚持差异战略，把握市场脉搏

万姿科技坚持产品的差异化，在从贸易公司向综合性面料服务公司转型之初，便旨在引进优势项目，与众多国际面料公司合作开发适合于中国市场的高端女装面料，将研发差异化产品作为企业长期的路线方向。万姿科技不仅积极与国际知名企业合作，在研发设计与后续的市场反馈研究方面也进行了重点建设。公司建有面料企划、面料研发实验室、成衣设计和面料检测等部门，通过对大量终端品牌的市场调研，结合销售数据和供应链能力分析，进行品牌产品的研发。比起"快省利"式的合作，万姿科技更倾向于与知名服装品牌合作，钻研高端技术，将一种高级材质面料升级并研发出多种紧跟当下趋势的产品，在合作方的选择上也体现出其对差异化竞争路线的坚持。

（四）线上流量赋能，助力良性循环

随着数字时代互联网购物的快速发展，消费者形成了新的消费习惯，万姿科技积极依托互联网开拓线上的营销渠道，在 2019—2021 年，连续 3 年参加了天猫的超级面料项目，通过线上直播讲解等方式，为消费者讲述了"从天然树木到三醋酸 T 恤的进化论"的品牌故事，使大众消费者的关注点从成衣品牌逐渐转移到面料品质上来，实现了流量与销量的双重突破。而企业在参与互联网平台线上活动的同时，也得到了更多值得参考的具体场景式调研素材。在把握住流量所带来

的销量红利的同时，通过大数据的计算，深度挖掘用户需求，强化自身供应链体系，形成了 C2M 的电子业务模式。借助外部流量数据，弥补自身不足，促进公司向着成为更加全面的面料服务企业的目标不断完善进发。

二、打造绿色高端现代产业集群的启示

（一）自主研创塑造国际潮流品牌

随着中非合作交流与"一带一路"建设的进一步深入，宝纺印染的蜡染印花布已出口至非洲的 30 多个国家和地区。公司的设计中心拥有近百人的设计团队，根据市场调研的反馈信息和客户要求创新研发新花型，引领非洲部落风格的潮流，设计自己的品牌流行款式，得到了广大非洲人民的认可和喜爱。宝纺印染从市场需求的满足者摇身一变，成为非洲印花布界流行趋势的引领者。2021 年 1—6 月，在海运费用高、美元汇率低的国际贸易形势下，实现出口 6000 多万美元，同比增长 58%，远超行业平均水平。2021 年全年出口增长，创汇超过 1.2 亿美元。这充分证明了宝纺印染的产品和市场双重竞争力。宝纺印染生产的印花布能够迅速风靡非洲市场，不仅是企业自主研发创新能力和对市场风向把控能力的体现，也是国际市场对高品质、高性价比、多样化产品的主动选择。

（二）绿色智造打造印染企业新高地

截至 2020 年底，宝纺印染 5 年累计在设备、生产线改造升级等固定资产上投入超过 1.8 亿元。其中，自主设计研发的双幅双层水洗设备与自动贴标及检验设备，因省水、省气、省电、减员、减排效果达 50% 以上，以科技攻关前三名的成绩成功立项。而生产线改造的成果也颇为显著，从原来的每天耗水 1 万吨生产 30 万米，优化到耗水 4500 多吨生产 140 万米。单位能耗降低了 50% 左右，总体效益提升了 30%。2020 年，在印染行业受冲击较大的环境下，宝纺印染凭借战略优势、产品优势、管理优势，引导设备、化验、印花、染色 4 个创新小组持续发力，先进帮后进，整体 A 等品率提高了 2%—3%，设备改造、工艺优化、降本增效也取得新突破，从突围转向了突破，又从突破中取得了全面提升。

（三）差异化竞争中树立品牌特色

万姿科技从创立之初便确立了走差异化竞争、建立品牌特色的路线。旗下作为知名品牌系列的 WALTZ 系列与三醋酸素材系列产品便是合作开发差异化产品

的优质代表。2016 年从日本三菱化学株式会社引进高级三醋酸素材，在国内外化学面料专家的专业指导下，实现了全新的 AIRCOSY 三醋酸系列面料的产品迭代，如今成为行业内最具有行业竞争力的核心项目之一。

此外，万姿科技紧扣行业"科技、时尚、绿色"的发展主题，与杜邦合作开发的新型羽绒服的 TR 无胆防绒面料，与美国相关企业合作开发的时装领域运动户外风的防蚊虫面料等等，都备受消费者与众多服装企业的青睐。国内市场上有近 90% 的商场时尚女装品牌与万姿科技有合作，其中不乏大众耳熟能详的知名服装品牌。万姿科技逐渐在差异化竞争的产品合作开发中形成了独特的风格，并且在提高产品销量与品牌知名度的同时，在消费者心中塑造并巩固了其专注高端面料的品牌形象。

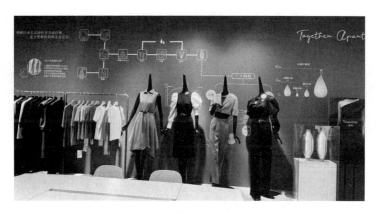

万姿科技产品展示

（文字和图片资料由宝纺印染与万姿科技提供）

整理：郭轶佳 俞快

样本 22 "织造印染产业大脑" 赋能产业体系重塑

柯桥区是全国最先进的纺织产业集群地,但在推动传统产业转型提升的过程中,仍存在一些痛点难点问题。一是企业数字化转型基础薄弱。纺织行业数字化转型起步迟,行业大数据体系化建设滞后,对数据的管理、分析与利用不足。二是上下游协同能力不足。纺织产业链条长、企业多,受制于企业间缺乏信息共享与技术合作的渠道,产业链协同水平难以有效提升。三是产业精准化规划服务难。政企之间存在数据壁垒、数据孤岛,影响产业规划、惠企政策制定的科学性、前瞻性。因此,亟须构建以"织造印染产业大脑"为支撑的企业数字化转型服务平台,赋能产业链治理体系重塑,切实打造产业竞争新优势。

"织造印染产业大脑"是列入浙江省重大改革(重大应用)"一本账 S2"和"产业大脑能力中心"重大应用的重要内容。该应用聚焦推动织造印染行业转型升级,集成产业生态、智造应用、共性技术、公共服务等功能,连接织造印染全产业链、全要素链、全价值链,有力推动织造印染产业集群提质增效,并为政府精准服务与治理提供有力支撑。该应用于 2021 年 12 月上线。

一、"织造印染产业大脑"应用的主要场景

"织造印染产业大脑"应用由区经信局牵头,贯通发展改革、商务、科技、金融等 28 个部门业务系统,归集产业链、跟单效率、用工成本、能耗统计等 133 项数据,重点建设 4 个子场景。

浙江政务服务网"产业大脑"主页

"织造印染产业大脑"入选浙江
首批中小企业数字化改造试点

（一）供应链协同

"需求大厅"模块，供应商、采购商在线发布产品信息、需求信息，经应用智能匹配，采购商可快速筛选符合自己需求的供应商，在线了解供应商的基本信息、资质和评价。

"供应链分析"模块，根据归集的产业数据，直观呈现查询产业链上下游供应商、生产商、分销商分布情况，对订单、交期、客户满意度等指标进行分析，为企业计划、采购、生产、分销、服务等活动提供决策参考。

（二）设备云联

"设备监控"模块，接入企业内部的能源监测网关、设备物联网数据采集网关等监测物联设备，归集水电气表、定型机等工程设备参数，实时监控企业设备运转情况，远程控制现场设备，实现设备固件远程升级、程序更新、远程调试等功能。

"外协订单"模块，设备生产商、设备维修商和设备备件商可在平台建立企业展示主页，织造印染企业可在平台发布自己的设备采购、维修等需求，应用根据智能推荐算法进行订单推荐，帮助织造印染企业高效找到合适的设备生产商、维修商，同时帮助设备生产商、维修商、备件商引流，拓展营销渠道。

（三）智能排产

"工厂建模"模块，采用数字孪生技术，对定型机、数码印花机等印染行业设备时序数据进行特征提取、模型训练，构建行业通用算法模型。监测到设备运行出现异常时，模型能智能分析判断设备的健康状态、可能发生故障的设备模块，线上发送预警信息给企业管理者，减少因停机而导致的产线停产。

"排产看板"模块，实时展示排产情况、各生产流程进度信息和质量分析信息等，智能化分析设备的生产节拍和生产线拥塞站点，对拥塞站点设备的运作周期、排产情况等参数进行智能调整，提升产线和设备的生产效率。

"精准管理"模块，通过人工智能技术，对实际业务和生产场景进行模拟、分析、追踪、比对、测算，实现产品质量、成本等信息全程追溯，为企业科学制订排产计划提供依据。

（四）工程师汇聚

"难题问诊"模块，对接江南大学、浙江理工大学等高校院所和中国印染行业协会、省纺织印染助剂行业协会等平台协会，集聚印染行业工程师资源，为企业提供技术难题在线问诊服务。企业可通过应用在线咨询，获取工程师专家线上答疑、视频问诊等知识技术服务。

"积分考评"模块，根据工程师参与问题解答、远程问诊、揭榜挂帅以及产生技术成果等情况，量化后生成"浙里工程师"业绩分，工程师可根据得分获取报酬，业绩分排名前 10% 的工程师可免考直接参与职称评定。

"政策服务"模块，集成和工程师相关的政策服务，链接"越快兑""人才码"等平台，为工程师提供政策兑现服务。模块还提供政策意见征集通道，方便工程师向政府提出关于产业政策制定的建议。

二、"织造印染产业大脑"上线后的主要成效

"织造印染产业大脑"已上线数字供应链、设备云联、智能排产等应用场景 20 个，接入企业 1800 多家，形成了质量、设备、工艺、贸易、订单等数据近 2.9 亿条，构建了工艺模型、成品码单模型、颜色模型等数据模型 47 个。对接入产业大脑并深度应用的印染企业，能有效提升 30%—50% 的跟单效率，减少 10%—20% 的用工成本，缩短 8%—15% 的制造周期。2022 年 6 月份改版以来成效显著，应用平均月活 20 多万，最高月活超过 130 万人次。

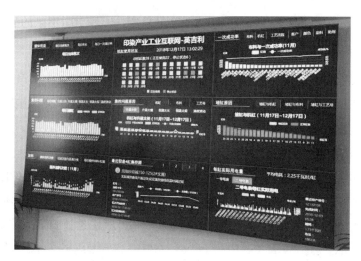

印染产业工业互联网平台

（一）打造工业物联智控模式

通过人、机、物全面互联，实现设计、生产、管理、服务等产业要素的全面匹配，有效解决传统制造业依靠人工预算配置生产要素、人工调度生产进度、企业分散运营等弊端，助力企业进行数字化转型升级。2022年1—8月，该区内年产值1亿到5亿元的印染企业生产成本率较应用上线前平均降低约7%。

"织造印染产业大脑"改变了B端平台或产品传统的界面设计风格，将每家企业用户都拟化为有血有肉有喜好的"人"，带入情感化的设计情绪，不管是平台的界面设计，还是每个应用产品的界面设计，都严格地追求美学设计理念，让用户拥有全新良好的视觉体验。

（二）构建全产业链融通体系

依托数字供应链功能，全面整合织造、印染、贸易等信息流，促进资源优化配置和专业化分工协作，推动关键技术的转移与应用。截至2022年8月底，已集聚产业链内100余家织造印染各环节生产企业和1600余家贸易企业，实现从打样配方、坯布入厂、生产到成品入库、发货的全流程数字化。

通过构建有生命力的数字化产业生态系统，行业龙头企业数字化转型的经验得以固化、推广、复制，企业的技术壁垒可以被工程师、院校等合力攻破……数字生态下的知识共享、技术共享、产能共享、订单共享、员工共享等模式创新，将生产、商业、消费、社交有机融合，重构产业链关系，优化资源配置，将企业的产业积累、产业经验、产业人脉转化成新的果实，充满生生不息的活力。

（三）完善产学研用融合机制

"织造印染产业大脑"引入了专业运营团队，不断站在企业用户的角度去思考，去大胆尝试新的运营方式。比如每一家印染企业在入驻产业大脑时都可以通过调查问卷生成自己的专属企业主页，它既是印染企业的"小官网"，也是企业精准营销、获取商机的金名片。

贯通省级研发机构、校地企合作平台，围绕行业智能制造、绿色生产、精益管理等关键共性问题，协同开展技术研发，有效解决过去印染企业技术研发成本高、获取公共服务难的问题。截至 2022 年 8 月底，应用累计归集入驻工程师 4.7 万余人次、头部专家 69 名（其中院士 4 名），发布高质量成果 73 项、推广共性技术 7 项。

（四）推广应用打造改革样板

"浙里工程师"主要运用数字化改革手段，打造人才、技术、服务等资源要素协同联动、高效配置的产业创新生态体系，着力破解企业"单兵作战"引才难、行业"共性需求"整合难、产业"核心技术"攻克难、人才"发展梗阻"畅通难等问题，让企业、人才、院校突破地域、渠道等诸多限制，实现无缝对接。入驻工程师、行业技术成果、企业提问都按领域进行细分，有效实现了精准对接；根据参与人数，热议话题实时变化置顶，以此积聚力量攻克共同难题；为激励工程师，应用还设计了一套积分系统，工程师可用服务换积分，业绩表现将作为职称评审的重要依据……通过浙里成长、浙里共享、浙里解答、浙里服务、产才谱系等五大应用场景，真正实现人才链与产业链互联互通、同频共振。

"浙里工程师"逐步向全省 30 个细分行业产业大脑推广应用，按照"边建边用、快跑起来"的建设思路，及时总结、归纳梳理、迭代升级，全力破解"人才难寻、项目难推、技术难破、价值难兑"的四难问题，更好赋能绍兴特色产业"长高长壮"，有效贯通产业链、人才链、创新链、生态链，将其打造成为全省可复制、可推广、可借鉴的人才数字化改革样板。

通过加强行业数据仓建设，从政府和企业两端发力，进一步提升织造印染行业数据采集归集、共享交换、分析建模、数据融合等能力，构建数据安全防护体系，推进行业数字化、智能化、标准化建设。广泛普及智能化生产、网络化协同、个性化定制、数字化管理等新模式新业态，形成一批"产业大脑＋未来工厂"融合集成的优秀实践。

（文字和图片资料参考自"柯桥改革"公众号）

整理：徐丽仙

样本23 从"传统染缸"到"未来工厂"

　　浙江迎丰科技股份有限公司（以下简称"迎丰科技"）专业从事纺织品印染加工业务，致力于为客户提供专业化、一体化、个性化的印染综合服务，主要产品包括针织面料印染和梭织面料印染两大系列，涉及锦棉罗马布、人丝、天丝、经编锦纶等高档产品，印染后的纺织面料广泛应用于高端休闲服饰、运动服饰、商务正装等服装领域。2021年1月29日，迎丰科技正式在上交所主板挂牌上市（股票名称为迎丰股份，代码为605055），成为A股近20年来首家以印染服务为主营业务的上市公司。

　　迎丰科技致力于建设一流的新型节能环保型和智慧型印染企业，通过"互联网技术＋智能管理"建设，对染整流程、能耗管理和成本分析进行控制，实现传统纺织企业智能化生产及管理的升级改造。公司以科技创新、绿色环保为宗旨，秉承"数智赋能，绿色创新；持续发展，奉献社会"的精神理念，连续多年获得国家高新技术企业、国家级绿色工厂、中国印染行业三十强企业、浙江省两化深度融合国家综合示范区示范点企业、浙江省绿色企业等荣誉称号。

"迎丰股份"迎风屹立

一、迎丰科技智慧工厂建设的主要做法

（一）消除"信息孤岛"，实现互联互通

在纺织产品市场处于低迷时期，迎丰科技尝试利用数字技术实现转型升级，成为公司突破发展瓶颈的重要战略调整。2019 年，以公司为主体，联合浙江理工大学、浙江工业大学、传化智联、立信染整机械等单位共同开展纺织品印染全流程绿色制造关键技术研发，投资近 2 亿元引入数字化项目。

为了消除"信息孤岛"，公司先后通过 ERP 系统，实现了计划下达、生产过程管控到设备联网的纵向集成，以及企业、客户和供应商的横向集成；通过 MES 系统和现场设备、WMS 系统（仓储管理系统）等连接和交互，实现生产过程的全程管控，让数据可视呈现，精准全息追溯，数据资产化……各个系统有机结合，信息互通，迎丰"智慧化工厂"雏形初具。项目通过融合数字技术、人工智能、5G 应用等新的信息技术，整合数字化设计、智能化生产、绿色生产、数字化管理等多种生产运营模块，从而实现智慧工厂。

（二）引进最新科技，改造生产流程

工厂的数字化改造使得公司从传统制造业中脱颖而出。为了解决传统纺织企业产品生产过程中存在很多污染和高能耗的问题，迎丰科技引进最新科技成果，重新改造生产流程和生产工艺，淘汰传统高污染的生产工艺，转型升级为数字化、智能化的科技型生产企业，建立起面向生产现场的自动化（即 SFC）。

在设备方面，公司累计投资超 20 亿元，引进行业内高端先进设备，通过"机器换人"和"节能减排"，推进企业智能化绿色化发展。为保证产品质量，公司先后投入近 500 万元组建迎丰检测中心，并下设 5 个实验室，为顾客提供超 60 项优良的品质检测服务；为实现数字赋能，大量引进国内外先进的染化料自动输送系统、助剂系统、智能仓储设备等，并利用先进的智能设备进行数据采集，实现了数据互通；为实现绿色低碳，先后投入 5000 余万元购买先进的方塔式高效静电处理装置进行废物处理，油烟、颗粒物去除率分别达到 90% 和 85% 以上，并投资 2 亿元建设两套污水处理设施，废水回用率达到 60% 以上。比如，公司从意大利引进全自动染料称料系统，工人只要将客户的订单输入电脑，该订单的配方料就会自动产生，其中各项染料克重数量会显示出来。自动化的称料机就能把染料调配好，对于面料颜色的把控非常精确。公司还从德国引进了 Sedo 的染色控制系统、

电脑自动测配色系统以及定型机废气排放在线自动监控系统等，使得生产过程最优化。

迎丰科技生产车间

（三）加大研发投入，驱动融合创新

迎丰科技一直遵循国家关于印染行业转型升级的要求，重视智能化研发和投入。在产品研发方面，公司设立了专项研发资金，每年研发费用占主营业务收入的 4% 左右，成功开发了一系列新产品项目，使企业每季度都有 1—2 款引导市场的"爆款"新品。在技术创新方面，迎丰科技先后投资 6000 余万元创建了省级企业技术中心、省级高新技术企业研究开发中心，与东华大学、浙江理工大学等高等院校及产业研究机构开展战略合作，发挥"浙里工程师"等平台作用，为企业输入技术创新新鲜"血液"。公司实施了 60 多项新产品新技术开发项目，取得了 15 项发明专利和 38 项实用新型专利，提高了产品质量及附加值，从而提高了企业的整体市场竞争力。

（四）数字赋能产业链创新链

2021 年 8 月，迎丰科技和柯桥区政府共同出资，总规模 2000 万元的"织造印染产业大脑"建设发展专项资金正式签约落地。"织造印染产业大脑"通过将资源要素数据、产业链数据、创新链数据、供应链数据等全部汇聚起来，运用大数据技术进行及时分析运算，实现产业链和创新链双向融合，赋能柯桥印染产业高质量发展，谋划并发布了核心应用场景 16 个、APP25 个，首批上线数字供应链、"浙里工程师"、智能排产、生产监控、云配方等 5 个应用场景。

2021 年 12 月，"织造印染产业大脑"上线浙江省数字经济综合应用试运行，向纺织全产业链企业开放入驻，为纺织印染产业的跃升发展插上了智慧的"翅膀"。

二、印染企业数字化改造升级的经验启示

（一）数字驱动，要素重组

迎丰科技作为未来工厂试点企业，在推进企业数字化和生产智能化的同时，还通过生产要素重构，加强数字生产要素与传统生产要素的深度融合，实现生产流程再造、资源配置重组、生产方式绿色化、生产组织扁平化等新生产模式和企业形态，打造基于数字赋能、科技引领、创新驱动的新型现代化产业生产组织模式，形成具有全国推广价值的传统企业数字化经验和价值，实现企业数字化转型和智能化升级。从无人染料车间到自动化生产线，再到黑灯仓库，均使企业提质增效，一次成品率高达95%，比老厂区提高3个百分点，每年为企业节省1000余万元。公司成功入选2022年浙江省未来工厂试点、国家智能工厂，正全力打造绿色智慧印染工厂。

（二）数字化改造行业痛点

迎丰科技持续探索和深化"5G+智慧工厂"，用数字化改造来解决传统印染行业痛点问题。通过数字赋能，公司不仅减少了用工、提高了劳动生产率，还大大降低了能耗、运营成本、产品不良率等，极大缩短了产品研发周期，有力增强了企业的核心竞争力。在数字化、智能化应用的助力下，库存降低12%，延期交货减少80%，停工待料减少60%，制造成本降低12%，生产能力提高10%—15%。

（三）精细化管理，高标准高质量

企业数字化改革，对于印染行业的高质量发展会产生倒逼效应。尝到数智转型、绿色低碳发展的甜头后，迎丰科技更加坚定了继续精耕细作的决心和信心。为实现跨越发展，公司实施"精细化管理"，注重以品牌建设为核心的质量、生产、技术、环境、节能系列管理，练好内功；注重知识、技术、人才、资本密集型创新驱动突破；从以产品为中心的生产模式向以品牌经营与资本运作为核心的商业模式突破，继续走高新化、高端化、知识化、品牌化、低碳化的发展之路。

（四）行业引领，协同共生

迎丰科技打破了人们对印染行业高污染、高能耗、高排放的传统印象，凸显

"科技"，试点打造协同共生型"链主工厂"类型。公司采用数字化产品设计思路，利用智能装备，配合仓储物流智能设计，通过绿色、节能生产，形成高效集成化的管理模式，生产出客户认可的高端化产品，并实现网络化高度协同，以及相关服务产品延伸。公司实施"未来工厂"试点，建成国内一流高水平的印染生产智能化工厂，对柯桥乃至全省印染行业智能化高效生产起到示范作用，推动我省印染行业高质量发展以及整体竞争力的提升。以数字化改革为总抓手，推进生产流程再造、资源要素重组、生产方式转型和企业形态变革，打造现代化新型产业组织单元，引领新模式新业态发展，形成标志性成果；准确理解和深入贯彻软件定义、数据驱动、创新引领、开放共享的基本理念，加强关键核心技术攻关和共性解决方案开发，形成易复制可推广的数字化产品和服务，赋能行业企业数字化转型和智能化升级。

（文字和图片资料由迎丰科技提供）

整理：张炜　曹帅

样本 24 专精特新"小巨人"澎湃大能量

    浙江东进新材料有限公司（以下简称"东进公司"）位于浙江省绍兴市柯桥区国家级经济技术开发区，是一家专注于户外运动功能性服装面料研发、生产、销售的国家高新技术企业、国家专精特新重点"小巨人"企业。公司通过 OEKO-TEX Standard100 认证、GRS 环保认证等，是柯桥区首家入选第一批国家专精特新重点"小巨人"企业名单的企业，拥有 30 多项专利技术，入选 2022 年浙江省纺织行业新模式新业态十大典型案例名单。

    东进公司积极扭转思想观念，从政府"引导我们做"变为企业"主动来做"，抢抓机遇，坚定不移走专精特新发展之路。企业生产的防水透湿功能性面料，国内市场占有率排名第一，全球市场占有率排名第三。2022 年实现销售 7.73 亿元，比上年度增长 32%。

东进公司外景

一、东进纺织新材料突围的主要做法

（一）创造整体柔性解决方案

东进公司自 2013 年起就致力于探索新的商业模式，一直围绕打通产业链、强化创新链、提升价值链"三链融通"下功夫，为客户创造一体化柔性解决方案。通过整合与面料紧密相关的各个生产环节，打通垂直产业链条，有效降低成本，提升对产品质量的把控，产品研发更加精准、及时，提升了企业自身整体竞争力。

东进公司建立了完善的纺织面料全产业链，形成原料（化纤）、织造、印染、后整理（复合）一条龙，打造"超级工厂"，做到面料功能化和纤维差别化，投入的生产线入选浙江省"四个百项"重点技术改造示范项目，设计开发试样产品最快可以缩短到 1 周以内，批量生产订单完成时间不超过 3 周。公司产业链供应链生态融合，形成主要环节一体化内循环，快速反应能力凸显。

使用东进公司生产的面料制作的服装

（二）打造绿色智能示范园区

东进公司大胆践行绿色化和数字化的深度融合，全力提升产业链各环节的绿色化、数字化水平，着力打造绿色智能示范园区。公司专门成立了信息部，聘请高技术人才，创建"东进纺织面料工业互联网平台"，通过引进国内外先进的智能纺织生产装备及智能检测检验设施，配套信息化软件，实现对整个工厂生产经营活动的全面有效管理与控制。先从采集各部门、各环节数据着手，再探索把指令和需求转化为 IT 语言，未来数字化供应链体系建成后，将打通"信息孤岛"，实现车间设备与信息化调度、监控、管理系统的一体化和多部门、多系统的数据交互，以及接单、下单、采购、生产、入库、发货、物流等环节数据的动态实时查询展示和有机联动。

东进公司纺织数字化工厂

（三）建立人才培育平台

东进公司以企业为主体、市场为导向，产学研相结合，致力发展成为集科技型、创新型、信息化和知识产权于一体的优秀企业。公司非常重视科技创新、人才引进、信息化平台建设，建有浙江省博士后工作站、浙江省东进功能性面料研究院、浙江省高新技术企业研究开发中心、浙江省企业技术中心、绍兴市就业见习实习示范基地、浙江理工大学/现代纺织技术创新中心（鉴湖实验室）/绍兴文理学院校企合作等一批人才培育平台。

为强化创新链，东进公司拥有近30人的研发团队，每个季度都会推出上百款新品。2022年，东进公司与浙江理工大学教授团队合作成立了教育教学基地，围绕"防水透湿"这一项目，展开深入细分研究，致力于通过产学研合作，转化更多科研成果。

（四）以差异化、功能化求生存

东进公司始终将纤维差异化和面料功能化作为其长期的定位，也是其对外的金名片。东进公司现有氨纶包覆弹力一体化生产线20条，丰田喷气织机200余台，功能性面料生产流水线8条。东进公司坚持以科技创新赋能，推动产业链再造和价值链提升，致力打造原料（化纤）、织造、印染、后整理（复合）全产业链，实现面料功能化和纤维差别化，不断提升核心竞争力，努力实现新的跃升发展。公司始终坚持优化企业管理，深化质量管理，加强技术研发，促进产品质量提高，已通过 OEKO-TEX Standard100 认证、Bluesign 认证（"蓝标"）、GRS 环保认证，以及 ISO 9001 质量管理体系、ISO 14001 环境管理体系、ISO 45001 职业健康安全管理体系、ISO 5001 能源管理体系、知识产权管理体系（GB/T 29490-2013）、两化融合管理体系（GB/T 23001-2017）、售后服务认证（GB/T 27922-2011）等多项体系认证，成为国内外一系列高端户外品牌的指定面料供应商。

二、构建纺织行业新业态的几点启示

（一）功能性面料领域拥有话语权

东进公司以增品种、提品质、创品牌的"三品"战略为重点，随着产业链的完善和创新链的强化，价值链也得以提升。公司已成为众多世界知名户外运动服装品牌的指定面料供应商，在功能性面料领域拥有较高的话语权和知名度。东进公司专做户外运动功能性面料，深耕欧美高端户外市场，是 Patagonia（巴塔哥尼亚）、Under Armour（安德玛）、Jack Wolfskin（狼爪）、Descente（迪桑特）等一系列国际高端户外品牌的指定面料供应商。

东进公司积极参与 2022 年北京冬奥会，其中，中国国家障碍追逐队的队服就是东进公司与芬兰品牌 Icepeak 合作开发的，采用防风防水、透气透湿的功能性面料，其耐水压 / 透气透湿指数能达到 10000/10000，远超普通面料的耐水压 / 透气透湿指数 5000/3000，配上服装的减阻设计和贴身防护的专业设计，亲肤高弹，体感舒适，持久保温，不易磨损，自由无拘，能够保持干爽温暖，彰显冰雪风采。东进公司与冬奥会上亮相的众多户外运动品牌均有深度合作，如中国队的安踏、美国队的拉夫劳伦、意大利队的阿玛尼 EA7、日本队的迪桑特、东欧国家的 4F、奥地利的 Millet 等等。

（二）全产业链绿色制造体系逐步形成

为践行可持续发展，东进公司围绕着绿色材料、节能减排、绿色生产、循环发展的全产业链绿色制造体系逐步形成，积极响应实现碳达峰、碳中和的号召。一方面，公司所需的尼龙和高端锦纶等主要原料，约 20% 采用再生纤维，助剂染料全都通过"蓝标"检测；另一方面，在所有工厂屋顶安装太阳能光伏板，每年利用光伏发电可节省 5% 以上的用电，进一步实现节能降耗、绿色发展。印染企业做到绿色环保，一方面可以彰显社会责任，另一方面又能获得品牌商的青睐。大环境趋势下，环保将是印染企业未来转型升级的重要导向。2020年东进公司就被认定为绍兴市智能制造示范车间，2021年则是绍兴市绿色工厂，同时入选工信部2022年度绿色制造名单、2022年浙江省纺织行业新模式新业态十大典型案例名单。

（三）生产技术创新成果显著

东进公司每年投入研发创新的费用达上千万。公司的浙江省东进功能性面料研究院，引进国际先进仪器设备，现有国内外发明专利25项、实用新型专利26项、注册商标8项，完成省级技术创新项目1项、省级新产品鉴定13个、科技成果转化项目18个。获评2021柯桥优选品牌服务计划"最具创新产品"，同年完成浙江省重点技术创新项目计划——微孔透气型轻薄便携防水透湿面料；2022年度获得中国长丝织造协会科技创新奖、中国纺织工业联合会优秀专利奖、中国纺织工业联合会产品开发贡献奖、中国纺织工业联合会科技成果优秀奖，入选绍兴市自主创新产品与优质产品推荐目录等；连续3年承担柯桥区科技攻关项目，发布"浙江制造"标准等3项标准。

（四）企业整体竞争力得以提升

东进公司一直贯彻执行"敢以品质竞争"的策略，在2021年参与制定《纺织服装、功能性技术要求》团体标准；同年，东进公司生产的防水透湿功能性面料被认定为"浙江制造精品"，已通过OEKO-TEX Standard100认证、Bluesign环保认证、GRS环保认证。

近年来，东进公司积极调整生产经营战略，保证企业自身的产品质量以应对国际国内市场变化影响。对外，主动出击，联系客户了解当前真实情况，协商订单状态，保证现金流；适当开拓与自己产品定位相符合的国内市场，有的放矢。对内，加快原料、织造、印染、后整理全产业链布局，打造"超级工厂"，即重点不在于单个生产环节规模有多大，而是要整合与自己从事的主业紧密相关的生产环节，从而提高产品质量，同时使产品研发也更加精准、及时，最终提升企业自身整体竞争力。

（文字和图片参考自"DRYTEX东进""纺织服装周刊""柯桥纺织""环球纺织"等公众号，部分资料由东进公司提供）

整理：孙春晓 梁挺标

样本25　人工智能（AI）智护花样版权

"创新是引领发展的第一动力，保护知识产权就是保护创新。"柯桥——"国际纺织之都"，纺织业作为本地支柱产业，其产能已达约全国的1/3，全球近1/4的纺织产品在此交易，同时也是纺织花样集中创意设计产业地，每年有10万余个新花型诞生。2008年，柯桥区就成立了中国轻纺城花样版权登记管理保护办公室（简称"轻纺城花样办"），经过多年发展，已建立了行政保护、司法保护、仲裁调解、行业自律"四位一体"的保护体系，筑起市场花样版权保护的"防护墙"。2019年，柯桥区成功入选国家知识产权强县工程试点县（区）名单。截至2022年10月，柯桥全区受理花样版权登记申请9200件、发证7738件，实现纺织创意创新企业服务性营收2.48亿元，带动服务对象形成销售收入219.97亿元。

花样图案是提升纺织品价值的重要因素，对促进轻纺城繁荣发展意义重大。但一直以来，花样版权保护存在不少问题：一是登记确权手续繁杂。由于版权登记材料多、手工比对效率低、人力耗费大，平均确权周期长达30个工作日。二是花样版权纠纷多。由于各省花样版权登记标准不一、信息不通，重复登记、抄袭登记、盗取登记等问题频发。三是司法保护取证难。由于面料花样图案数量多、种类繁，人工比对效率低、精度低，侵权案件面临取证难、鉴定难等问题。因此，利用数字化技术赋能柯桥花样版权保护，既有重要现实意义，又有非常长远的战略意义。

一、AI 助力花样版权保护的主要做法

（一）打破数据壁垒，校政合作谋新篇

2019 年 9 月 27—28 日，在以"尊重原创、创新发展"为主题的中国纺织面料花样版权保护论坛上，花样版权保护新"神器"——中国轻纺城花样版权保护数据中心库和花样图型应用比对系统正式发布。该系统在浙江省版权局的指导下，由柯桥区市场监督管理局和浙江工业大学之江学院联合开发，于 2019 年 9 月上线，具备了"秒级"查询反馈和输出比对报告等功能，并可同时进行数十个以上的花样批量比对。数据库收录全省各地 10 万个花样版权数据。花样图案应用比对系统主要包括花样图案检索、比对等模块，为每个花样建立唯一的"指纹"特征和"身份"识别码（ID 号码），解决了花样重复登记的问题，有效应用于版权查询和溯源，这也预示着中国花样版权保护迈入 ID 时代。

浙江工业大学之江学院郑德均博士于 2019 年在中国纺织面料花样版权保护论坛上发布应用成果

（二）浙粤苏鲁携手联动，共推纺织高质量发展

绍兴柯桥、广东佛山、江苏南通、山东潍坊四地监管部门一直精诚合作，形成了花样版权保护协作联合体。2011 年，浙粤苏鲁四地纺织品市场版权保护协作正式启动；2019 年，由浙江、山东、江苏、广东四省版权管理部门联合发起的《四省纺织品花样版权保护联盟协作机制》在柯桥成功签约。协作机制的建立，对于探索异地行政执法部门之间的有效协作，解决跨区域执法协助中的疑难问题，进一

步提升版权行政执法效能，开拓国内版权保护的领域，更加便捷高效地保护纺织品的版权，具有现实意义。柯桥区作为发起四省联盟的重要力量，不断推进纺织产业高质量发展。2023年，柯桥区委常委带队，区市场监管局、中国轻纺城建管委、浙江工业大学之江学院等单位的领导和代表，前往南通进一步推动花样版权跨省协作保护，从跨省域数据不通到跨省协作，构建纺织品知识产权大保护格局。

（三）以纺织全产业链发展为抓手，打造全链条数字化改革应用

柯桥区市场监管局建成全国首个纺织领域"中国绍兴柯桥（纺织）知识产权快速维权中心"，为经营户提供花型图案、外观设计专利等知识产权的确权、授权、维权"全生命周期"一站式服务，花样版权登记时间从原先的30个工作日缩短到7个工作日内。柯桥区市场监管局还围绕纺织品外观花样图案的版权保护问题，与浙江工业大学之江学院合作建设"纺织品'花样数治'"数字化场景应用，涵盖网上花样登记、区块链备案和存证、AI自助查重、金融服务、司法审判、维权调解等功能，收录浙江省近12年登记的花样版权图片12.56万件，并运用区块链技术，将花样上传、发布、传输等各项操作的时间戳进行不可修改的固定，实现花样版权登记、管理、维权全链条线上服务。截至2022年底，该场景应用共开展纺织品花样AI比对32.3亿次，提供查重服务12.5万次，整体查重率为10.59%。柯桥区市场监管局还升级花样版权保护奖补政策，对当年核准注册的花型按照登记费的100%进行奖补。

（四）高校政府法院齐上阵，行政司法保护谱新篇

2021年4月，《绍兴市柯桥区现代纺织产业知识产权"数字化赋能"战略合作协议书》由柯桥区人民法院、柯桥区市场监督管理局和浙江工业大学之江学院三方联合签署。三方所处区域柯桥区中国轻纺城，是全球规模最大的纺织品集散中心之一。在柯桥区高水平打造新时期"国际纺织之都"的历史进程中，知识产权的培育与保护对市场乃至整个纺织产业的转型升级将愈发重要。三方合作目标在于：通过合作和创新，致力于数字化赋能柯桥区纺织产业知识产权保护，共同优化柯桥法治环境，提升柯桥区纺织产业核心竞争力，为柯桥区现代纺织产业集群发展提供重要支撑。

为了填补图片查重领域的空白，柯桥区人民法院与之江学院合作开发了"版权AI智审"系统。图案设计是否原创、是否二度创作，通过微信小程序"查一

查""比一比""看一看""争一争",马上就能看到结果,方便快捷,高效精准。"版权 AI 智审"系统是司法领域的图案搜索比对应用,是数字技术和审判逻辑的深度融合,实现各类美术作品、工业设计、外观设计、商标、外网数据互联互通共享共治,构建此类纠纷源头预防、前端化解、关口把控的预防性制度,激发市场创造活力,实现知识产权全领域全链条数智化保护。

2022 年柯桥区人民法院和浙江工业大学之江学院联合发布"版权 AI 智审"微信小程序

二、"版权 AI 智审"应用的成效

(一)数字化赋能,AI 智护花样版权

柯桥区建成全国首个"中国纺织面料花样数据中心及 AI 比对系统",建立"一图一 ID"数字"身份证"并进行"户籍式管理",实现秒级查询反馈,成功破解重复登记、盗仿登记难题。同时,依托中国轻纺城纺织产业集聚优势,协同山东、江苏、广东三省版权管理部门,逐步推进 AI 查重从浙江向长三角乃至全国推广。数据库已经收录浙江省自 2010 年以来登记的花样版权图片 12.56 万件。企业申请花样版权时间由原来的 30 个工作日减少为 5—7 个工作日。在维权方面,柯桥区还与其他省份建立花样版权协作机制,形成四省联合保护的格局。

位于柯桥的中国轻纺城市场集群,成交额逾 2000 亿元。作为纺织产业链一个重要环节的纺织品面料花样版权,则是知识产权保护和产业链有序发展的核心。有了花样 AI 比对后,抄袭就不可能这么容易了,那些市面上仿冒售卖的侵权样品，可通过司法行政线下协同简易维权要求其快速下架，让企业感到尊重知识、尊重原创的新气象。

（二）示范推广，社会经济效益明显

浙江省首创的"版权 AI 智审"应用已嵌入全省法院办案办公平台、卷宗管理系统、智慧庭审系统，为花样创新性认定及版权溯源提供了司法行政数字化协作工具。这一应用将进一步扩大到各类工业设计、外观设计、商标等，在"知识产权保护 AI 时代"破除各省版权数据库数据壁垒。柯桥区入选首批省政府督查激励推进知识产权保护工作成效明显的县（市、区），国家核心期刊《中国版权》对"中国纺织面料花样数据中心及 AI 比对系统"相关经验做法做专题介绍。

柯桥区积极利用数字化技术开发了"纺织品'花样数治'""版权 AI 智审"等应用系统，有力助推当地社会高效能治理，为柯桥区市场监管、公安、法院、检察院和相关协会，宁波、台州等地有关部门提供查重服务，累计查重率为 8.16%。省法院、省版权局、省版权服务中心也使用柯桥区研发的相关系统查重。经过多年的努力和积累，实现促进经济高质量发展，改善了营商环境，吸引了创意产业、创意设计人才集聚。全区集聚纺织工业设计人才 1216 人、创意企业 409 家，年均设计花型 4 万幅，累计登记花样 48143 件。2022 年前三季度，实现纺织创意创新企业服务性营收 2.97 亿元，带动相关产业形成销售收入 286.36 亿元，同比分别增长 8.6%、9.1%。

（三）聚焦创新需求，提升治理效能

柯桥区作为国家知识产权强县工程试点区和浙江省首个"中国版权金奖"保护奖获得区，知识产权保护已成为其推动纺织产业和轻纺城市场高质量发展的重要抓手，应聚焦发展所需、群众所盼。柯桥区每年纺织品花型知识产权申请量在 10 万件以上，但登记确权率不足 6%。面对海量的纺织品花型图案，传统比对和传统司法审判周期长，导致企业维权往往"赢了官司、输了市场"。柯桥区利用数字化技术保护企业创新，聚焦创新需求，开辟出一条创新驱动的高质量发展新路径。

提升各级各部门治理效能始终是一场硬仗。花样版权的主管部门是版权部门，准入由市场监管部门负责，执法在文广部门，导致花样版权行政执法效能低下，不能精准、有效打击侵权行为。按照现行法律，由各省（市）负责本辖区登记工作，但各地登记标准、数据自成一家，省域壁垒事实上形成了花样版权数据孤岛，

客观上造成了异地重复登记甚至是抄版登记后批量恶意维权现象，制约区域纺织产业发展。柯桥区开启数字化治理改革，通过数字化手段和数据共享有效防范化解重大风险隐患。"版权 AI 智审"系统打通花样版权的数据采集、数据应用链后，相关采集数据会及时传送至法院，提高相关案件法院的审判效率，为花样版权保护筑起最后一道防线。

在高水平打造新时期"国际纺织之都"过程中，知识产权的培育与保护对于推动"产业 + 市场"的独特优势将愈发重要。柯桥区数字化改革红利的不断显现，将进一步激发柯桥纺织行业企业的创新动力和活力，打造贯穿人才链、创意链、产业链、金融链的纺织产业协同创新生态系统，构建知识产权保护"柯桥模式"，助力纺织时尚创意产业蓬勃发展，以"领跑竞跑"的使命担当推动柯桥纺织高质量发展。

图文：郑德钧

样本 26　数字轻纺城，市场新标杆

　　浙江中国轻纺城集团股份有限公司（以下简称"中国轻纺城"）成立于 1993 年。1997 年，"轻纺城"股票（股票代码：600790）在上交所上市，被誉为"中国专业批发市场第一股"。公司以市场开发租赁和服务管理为主业，下辖 8 个专业市场、2 个物流园区。2020 年来，公司锚定"国际纺都"新定位、新目标，围绕"市场、数字、投资"三大战略，践行"创新、担当、实干、高效"企业文化核心思想，不断挖掘市场增量，积极推动业态重塑，持续优化营商环境，专业市场功能全面提升；推动数字化建设与市场、物流发展同频共振，推动管理更加智慧化、服务更加精准化；加快"服务市场＋壮大产业"一体化推进，用好投资拉动"第一引擎"，推动自身及中国轻纺城实现跨越式发展，为全国同类市场树立新的样板。

　　数字化是未来经济发展的重要驱动力。传统行业不但面临市场波动风险，也会面临技术创新风险。中国轻纺城为了应对市场变化，适应技术革新需求发展，大胆打造数字轻纺城。一方面，利用数字化技术对传统纺织品批发业务进行数字化升级转型，整合各种资源和系统，切实提升专业市场商贸流通效率；另一方面，通过数字化赋能传统纺织行业，引入新技术新要素，重组传统批发市场的资源和要素，探索数字背景下批发业务的创新经营场景应用。该项目定位规划为数聚生态、智领未来，旨在构建具有基础设施智慧化、运营管理精细化、公共服务人性化、经营业态多元化、决策判断数字化等优势的新型数字孪生市场，能够为公司经营层和市场经营户把握市场趋势、发现市场商机、预见潜在问题提供决策依据，也能够提升市场业务流程的效率和精度，实现"管理全线上，服务零跑腿"。

一、轻纺市场数字化应用的主要场景

（一）数字赋能传统行业，打造智慧纺织市场

发展数字轻纺城，是一项万物互联、"决胜千里"的重大项目。所谓的"数字市场"，就是依托大数据、云计算、物联网、移动互联网等技术手段，整合现有零散、碎片化系统，接入营业房、监控、通信、用电、消防、停车、档案管理、转租拍租等相关设施设备及系统平台，构建一个集数据存储、市场服务、日常管理、智能预警、市场监督、经营户信用评级、智能决策功能于一体的数字市场平台，将数据及智慧管理延伸至市场服务。

市场管理者可以通过市场智慧大屏和情报指挥中心，实现对客流车流、市场用电、产品流向、营业房数据、转让转租数据等信息的实时监控，也可以对设备故障及突发安全事件进行及时预警和快速响应。通过数字市场数据中台，还可以整合所有的经营户信息和采购商资源，通过经营户的经营品种预测近段时间产品走向，根据采购商需求预计未来产品的开发方向，并依据经营户的信用评级匹配不同的融资平台，让企业产能在原来的基础上实现质的飞跃，从而让交易更通畅，让管理更高效，让市场更具活力。

中国轻纺城数字市场业务系统

（二）数字物流港助推传统物流向数字物流转型升级

对于中国轻纺城而言，物流是推动纺织行业发展的基础性、战略性产业，物流仓储运行畅通、便捷才能让轻纺城"布布"领先，实现产品"买全球、卖全球"。中国轻纺城仓储物流与纺织产业同频共振，已经形成了以商贸带物流、以物流促商贸的双向联动模式，但现代化物流生态体系一直得不到长足的发展。如何用好

"大数据"和"互联网+"技术创新智慧物流模式,改变轻纺城仓储物流功能单一的现状,成为中国轻纺城物流数字化改革的重点。为此,轻纺城集团在纵向上打通线上线下的信息通道,推动市场交易和货物交割的有序分离,为轻纺城经营户赋能;在横向上整合物流仓储资源,通过全渠道、全链路的订单和库存精细化管理,为经营户提供更加快速、便捷和个性化的仓配一体化服务,并进一步拓展对外通道,实现柯桥面料全球通。

在探索数字化赋能物流的进程中,中国轻纺城投建占地465亩的轻纺数字物流港,致力于打造智慧创新、智能高效、多元聚集、形意相承的现代数字物流产业母港,同时自研建设"利可达"智慧物流平台,旨在通过物流短驳业务的数字化运作,为经营户提供线上下单、揽货、分拣、配送一条龙服务,实现"人在城中走,货在云中游"的目标。同时,公司计划以仓储数字化和物流数字化为抓手,建设以云计算、大数据、物联网为核心的智慧物流数字化平台,赋予物流规整智慧、发现智慧、创新智慧和系统智慧功能,开展物料定位、识别、库存预警等精细化管理,实现云仓、普通仓、冷链库等多种仓库类型和运营模式的协同管理,加强运输、仓储、包装、装卸搬运等各个环节系统感知,从而解决物流仓储布局散乱、成本高、时效差等难点痛点问题,助推传统物流向数字物流转型升级。

中国轻纺城数字物流港

中国轻纺城高效运行市场采购贸易、跨境电商两大开放试点,建成柯桥铁路海关,开通中欧班列"柯桥号"和海铁联运业务,充分考虑跨境电商监管仓、异地货站、市场采购贸易方式等海关前置性功能和轻纺城公共海外仓建设,推动数字物流体系贯穿"产销源头—物流中转—末端配送"全环节。经营户只需要在平台一键下单，后续所有事情都无须操心，不管是国内还是国际的货物，都将实现仓配装自动化、一体化。随着物流、市场、生产数据闭环的形成，所有进入仓储的产品，都受到资产保护，可根据公司发展需要，进行产品质押，享受供应链金融服务，为中小微企业营造更优越、便捷的营商环境。

（三）深化内部体制改革，创新网络经营服务

为了开辟新的利润来源和增长点，促成公司多元经营格局成形，中国轻纺城多措并举、多管齐下，以数字生态叠加利好带动市场全面繁荣，尤其是聚焦深化网络平台改革，重新调整平台运营方向，创新平台运营手段，把面料经营户和采购商作为运营核心，赋能建设线上交易体系，在力促线上线下融合上有新进展。

加强线上线下融合，以发挥"全球纺织网、网上轻纺城"平台信息与网络技术优势，研发上线"金蚕宝宝"门店管理系统、热词库、好面料频道、"孔雀云展"、"小哥找布（嘀嗒找布）"等线上拓市应用，切实打造线上线下相互支撑、协同发展的市场格局；推动市场会展结合，以展促市、以市旺展，以线下为主、线上为辅的形式，用好国内国际两个市场，高质量举办系列展览会、组团展、对接会、发布会、行业论坛等会展活动，使会展活动与专业市场充分联动，推动和引导市场经营者、生产企业加大产品研发投入；创新商业流通模式，通过引进创意设计、直播电商、"小单快反"等先进的经营理念和商业模式，并探索打造元宇宙数字化面料交易平台和设计师共享平台，利用 VR（虚拟现实技术）或 3D（三维）渲染方式对产品进行全方位展示，提供沉浸式采购体验，通过 AI 仿生数字人弥补线上沟通形式互动性不强的缺陷，依托区块链技术实现设计师作品的发行和数字资产交易，突破实物交易单一的现状，为纺织品的 B、C 端交易数字化赋能。

二、轻纺市场数字化改革的成效

（一）构建智慧系统，加强数字管理

数字轻纺城已开发完成 19 个系统 98 个功能模块，涉及营业房管理、物业管理、智能停车、转让转租、智慧用电、智能消控、智能安防、档案管理、诚信管理、智能预警等多个模块，接通管理端的"市管通"APP 和用户端的"网上轻纺城"APP，经营户可以直接使用 APP 线上办理市场业务，而市场管理方也可以快速响应经营户需求，实现"管理智慧化，服务精准化"。

中国轻纺城数据大屏

（二）开发网络平台，整合市场资源

通过数字化进一步助力经营户打好线上拓市"组合拳"，推动线上线下齐发力。截至 2022 年底，"网上轻纺城"全新配套的"金蚕宝宝"门店管理系统上注册经营户达 1.6 万家，上架产品 6.4 万件，提供 SaaS（软件即服务）化部署；热词库完成热词收集整理 40 万个；好面料频道上架面料 3.7 万款；"小哥找布"订单量达 31000 件；通过"孔雀云展"举办系列线上展 26 次。"利可达"智慧物流平台完成研发并启动试运行，以数字化赋能市场短驳物流，完成订单 2 万单。

（三）数字赋能，实现高质量发展

世界级先进制造业集群无一不是数字集群，产业集群与数字集群融合发展是大势所趋，产业集聚构成了产业数字化和数字产业化高效循环的重要基础。数字轻纺城有助于解决中国轻纺城管理落后、信息不畅、效益不高、转型困难的痛点难点，同时因为具备全面、准确、快速和及时的信息收集功能，可有效辐射物流仓储、展会节会、织造印染等行业，以数字化新引擎赋能纺织行业全产业链高质量发展，为新时期轻纺城再次腾飞插上"数字翅膀"，为柯桥打造现代化"国际纺都"不断注入新动能。

（文字和图片资料由中国轻纺城提供）

整理：张炜

样本 27 "律动·浙里"让公共服务平台化

柯桥区司法局在普法和完善司法服务的道路上，利用数字技术建立了"律动·浙里"法制服务数字化平台。除了作为平台项目的初创者，柯桥区司法局还是律师和公众的"媒介"，同时行使政府的司法监管职能。多种身份使得柯桥区司法局在该模式中不仅是制度的供给者，还是普法的引导者，以及司法监管者。这种公共治理模式的本质是利用数字技术将公共治理与市场机制相结合形成的多主体协同治理或共治模式。

"律动·浙里"司法平台共三期，分别是第一期的"一键找法"、第二期的"助企帮民，法律体检"和第三期的"法治素养'码'上行"。

"律动·浙里"是柯桥区司法局为了更好地推广法治建设，将闲置的法律资源进行整合，利用数字平台技术将法律信息推送给需求者的一种平台化公共治理模式。该平台的初创机构是柯桥区司法局，服务对象是社会公众和企业，服务主体是在平台注册的律师。

一、"律动·浙里"多跨场景的主要应用

"律动·浙里"集为政府、部门提供决策建议的治理端，供群众用法、学法的服务端于一体，打造"需求发起—接单服务—派单流转—办理反馈—群众评价"的多跨场景。

（一）坚持效能优先，打造便民法律服务"加速器"

通过创新"滴滴打车式"接单、派单法律服务模式，打造"一键找法"核心功能，建立"专科式"公共法律服务处理机制。群众、企业只需输入联系方式即可发

布服务需求，专业律师 24 小时在线"抢单"，主动联系群众、企业，精准分析梳理后"派单"至相关业务科室、部门等办理。建立"热线＋在线"融合服务模式，在非工作时段、节假日、热线座席空缺等情况下，"12348"法律热线自动转入平台，提供"兜底服务"，实现资源高效配置，有效提升法律服务效率。

（二）坚持数据驱动，打造企业涉法风险"预警器"

推动全区行政执法案件数据有效归集，建立数据归集加载台账，动态调整归集指标数据，感知助企帮民中的涉法需求，及时预警市场主体的涉法风险。通过数据可视化、区域监控动态化、热词分析工具化等功能，掌握高频处罚事项、风险企业等指标数据，与对标区域开展横向对比，同时挖掘存在的痛点、堵点和难点问题，实现全局可视、全面监控、科学决策。截至 2022 年底，已归集 4418 条行政执法案件数据，风险预警 237 件。

（三）坚持应用导向，打造涉法冗余事项"处理器"

通过与基层治理四平台互联互通，将网格员、驻村驻企指导员上报的涉企涉法事件统一"派单"给相应农村法律顾问，通过沟通、分析后，"一个口子"流转至相关部门、镇街，实现涉法信息自动交办、自动跟踪、自动提醒，量化驻企指导员、驻企服务员、网格员、农村法律顾问等政府购买颗粒度。2022 年 8 月，完成了与基层治理四平台数据贯通工作，强化数据共享、业务协同，将事项、办件、运行等多维度数据实时共享，推动平台双向赋能。

（四）坚持体系建设，打造公民法治素养"采集器"

开设"法治下午茶""一月一法"等板块，群众可以通过答题方式学习法律知识，赢取"法治盲盒"，提升学法趣味性。截至 2022 年底，学法总数已达 342291 人次，其中国家公职人员 186718 人次。

依据"谁执法谁普法"原则，建立部门普法晾晒台，敦促普法责任制走深走实。全区 44 个部门、镇街参与普法，累计发布普法信息 3849 条。

贯通公民法治素养观测点系统，通过"一点一码"，实现公共法律服务均衡配置、"码"上可享。同时通过学法用法需求收集、法律服务资源推广使用、普法效果观察反馈、公民法治素养调查和数据收集等功能，进行全程评价展示，持续、动态反映不同区域、行业公民法治素养提升的进展与成果。

二、完善法治服务数字化平台的成效

（一）整合数字资源，完善法治服务

"律动·浙里"为广大群众学法守法提供了信息平台。据统计，该平台每天有两千多人学法。学习和使用的人增多后，系统原有的法律资源存在不足，无法满足广大群众的法律需求。柯桥区司法局与其他公共部门协调（如消防部门），将其他公共知识与该系统进行了整合，扩大了平台的数字资源。为了激励广大群众不断学习法律，该平台采用积分制，学习法律知识可以获得相应积分，到当地部分超市可以用积分进行换购，激发了广大群众的学法热情。

"律动浙里"主界面

通过完善功能配套、融合热线平台、加快数据贯通等举措，"律动·浙里"应用建设取得了明显成效。该应用已列入《全省数字化改革重大应用"一本账 S1"》，获评全市第一批"数字法治"好应用、省司法厅"数字司法"好应用，被列为浙江省县乡法治政府建设继续培育项目，得到《光明日报》、中新网等 10 余家媒体报道。截至 2022 年底，注册用户达 8.2 万，访问人次已达 34.2 万，浏览量超 390.8 万，承接法律服务 30756 件次，其中承接"12348"法律服务 26451 件次，好评率达 99.98%。

（二）利用数智普法，提升公民法治素养

通过学法用法需求收集、法律服务资源推广使用、普法效果观察反馈、公民法治素养调查和数据收集等功能，全面感知公共法律服务的痛点、社会治理的盲点、公民法治素养提升的重点，以"数字驾驶舱"的直观形式，进行全程评价展示，持续、动态反映不同区域、行业公民法治素养提升的进展与成果，提升对营

商环境、社会稳定、涉法风险等平安指数的监测和预警能力。坚持定性评价与定量评价相结合，加强对公民法治素养的过程性和结果性评价，努力达到政治效果、法律效果与社会效果的统一。

一是基于需求扩大构建数字服务。在将数字技术应用于法律推广的过程中，要基于市场需求，然后从优化供给侧结构性改革入手，提供满足多层次市场需求的服务。

二是整合各种法治资源和社会资源。在实施过程中不仅需要利用数字技术将法治资源进行推广和普及，更重要的是尽可能整合社会资源，提高居民法律学习的积极性，建立起良好的法治环境。

三是小范围培育、大范围推广。将数字技术与实体服务相结合后，可以采用小范围试验和培育的模式，成功后再大范围推广。

（资料和图片由柯桥区司法局提供）

整理：张炜

样本 28 "数智蓝网"精准智治环保

环境治理一直都是地方政府的治理难题，利用数字技术收集污染信息实现精准治理是环境治理的重要抓手。传统环境治理模式下，污染信息收集需要工作人员进驻排放地实地调查或接到群众举报后实施排查，由于污染源头呈点状分布，人工排查成本很高，效率较低。利用数字技术，可以快速收集污染排放信息，在不同部门间形成信息共享，建立多部门协同治理机制。

2021 年，柯桥区以数字化改革为契机，以环境治理为抓手，针对生态环境各部门信息不够畅通、各部门之间协同低效、发现问题不足、企业环境服务渠道有限及小微企业园区监管难等问题，全面启动"数智蓝网"大场景建设。该工程包括一期工程和二期工程。"数智蓝网"工程通过建立"数字智控平台"，利用大数据收集全区环境信息，实施实时监控。这样不但可以降低环境治理成本，还能实现信息共享、多元治理和精准治理。例如，柯桥区通过建设"数智蓝网"将雷达遥感、空气微站和道路扬尘监控等统一接入环境监测中心，构建"数智监控平台"。

一、"数智蓝网"大场景建设的主要做法

（一）建立"数智蓝网"环境综合治理系统

按照浙江省全域"无废城市"建设数字化改革"整体智治、高效协同"的设计理念，柯桥区上线运行了"数智蓝网"综合指挥平台，构建了"数智治气""数智无废""数智环保码"及印染行业环绕等子场景，建成了综合态势、印染行业、风险预警、业务应用等柯桥特色模块，打通了固体废物产生、运输和处置三端，实

现全周期、智能化、闭环式管理，打造"无废城市"数字化管理新模式。

该平台融合水、气、土、废、噪、辐射等10余类近100项生态环境子要素，全面掌握柯桥全域生态环境状况，实现"一图知态势、一单达目标、一网识问题、一屏管重点、一码云管服"的目标。

（二）积极探索适合柯桥产业发展的"数智无废"

印染行业是柯桥区的特色产业，为此，平台建设了印染特色模块，梳理区内所有印染企业，综合展示印染行业产废、转运、处置动态，对各镇街各类印染纺织行业固废指标按环比、同比变化等进行分析，利用印染纺织行业重点关联的垃圾产量、责任部门、产运处企业、车辆等元素，在地理信息系统中动态展示。"数智无废"系统包括驾驶舱、工业垃圾、工业危废、小微废、污泥等五大功能模块。

根据对全区印染纺织行业进行数据融合、挖掘、梳理、分析、处理和应用，形成可供研判分析的印染纺织行业的生态环境专题库，建立评估模型，监测印染纺织行业实时污染情况，联动预警；为城市的产业结构调整、处置终端规划、基础建设布局等提供有效的决策依据，最终达到城市整体产业结构的优化与平衡，实现真正的"无废"可持续循环。

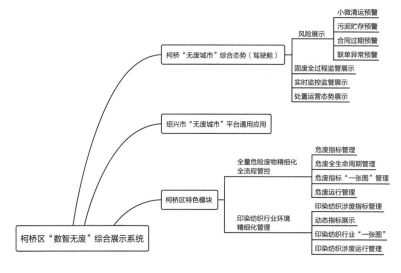

柯桥区"数智无废"综合展示系统

（三）利用数字和遥感技术实行实时监控与信息共享

"数智无废"平台制定了小微清运、污泥贮存、合同过期、联单异常四个预警机制，通过"浙里办"实时告警，及时向产废处置企业发送预警信息，合理安排转运处置能力，同时管理人员可以通过系统对告警进行审核，将"无废"管理过程中的违法、违规问题杜绝于萌芽状态，形成各类事件的闭环管理。

"数智无废"平台将"露天焚烧精密智控平台"与覆盖全区的114个高空瞭望点相连，通过高空瞭望点捕捉露天焚烧数据，实时传递给政府管理人员与基层网格人员，形成露天焚烧治理的"四员一线双管控"的精准管控治理模式。柯桥区利用"数智无废"系统，精准管控小微企业的危险物排放，并与浙江省固废管理平台对接，实现数据共享，实施危险废物数字化管理，探索建立固体废物智能化监管系统，提高政府监管部门的管理效率和防控水平。柯桥区利用"数智环保码"实现对园区内企业污染排放的动态评价和监控，实现政府、园区和企业三位一体的共同管理模式。

（四）利用数字动态监控，对治理对象实施巡查和帮扶制度

"数智环保码"不但能够提高企业的环保意识，加强企业生产的环保硬性约束，还能提高公众参与度，调动全民环境治理的积极性，构建环境友好型社会。

在借助数字技术实施精准治理的基础上，柯桥区政府对问题企业和单位实施帮扶救助制度。柯桥区蓝天办根据专家组和巡查组的巡查结果，对16个镇街形成"污染源画像"，对存在问题的单位发送"提醒函"，帮助镇街开展精准治气。在实施监控和治理的同时，对帮扶对象实施排榜激励，建立"空气质量达标红黑榜"制度，对获评"绿色工地"的企业上"红榜"进行示范表扬，对"黑榜"单位同步跟进督查，向存在重点问题或反复整改不到位的单位下发"督办函"，进行专项督办。

二、精准智治环保的成效启示

（一）环境动态治理效率和治理水平显著提高

通过数字技术对环境实施动态监控，并多部门实施联合治理，柯桥区空气质量明显提升。PM2.5相比2021年改善较为明显，改善率在绍兴市区排名第二；臭氧月浓度从上年度的183微克/米³降为174微克/米³，改善率全市排名第一；AQI优良率为76.7%，同比提高3.4%，改善情况在全市排名第一。从三项关键指

标中可以看出柯桥区空气质量明显提升。

把转运车辆定位数据全部接入"数智蓝网"平台，实时定位掌握车辆状态、所在位置以及历史运行轨迹，通过完善工业固废流转体系，大大降低环境违法风险。利用视频监控、车载卫星定位装置、电子秤计重等物联感知设备和无人机、卫星遥感影像等技术手段，以更强的管控力度、更大的执法强度、更优的服务举措筑牢收运过程链，让工业固废收运全过程晒在"阳光下"。

污泥转运车实时定位，实现了"收运一条链"管理，针对工业垃圾，率先打造了工业垃圾填报平台，填补了原先工业垃圾来源无法跟踪的空白，实现工业垃圾全流程监管，让柯桥的工业固废有了"数字管家"。建立起"全域覆盖、全程可控、全网智能"的固废运输车辆智慧化管理体系，实现"事前预警、事发干预、事中控制、事后倒查"的智能化管控手段，有效推动固废特别是工业固废案件处置的高效协同、一体联动。各类告警信息通过"浙里办"推送至各企业环保负责人，并同步配合短信提醒，及时确认处理相关告警，形成闭环，大大提升了治理效率。

（二）"数智蓝网"系统有利于协同治理

利用数字技术共享数据，实现区域协同治理现代化。利用"数智蓝网"系统，实现全方位、多部门、多点位等集成式治理模式，既提高了治理效果，又降低了治理成本和执法成本。通过"数智蓝网"中的"柯桥露天焚烧精密智控平台"，露天焚烧治理系统实现了"从收到预警到调处反馈"环环相扣的处置闭环和"从村规民约惩戒到行政、刑事处罚"环环相扣的处罚闭环。开通该系统后的一年内，柯桥区露天焚烧告警同比减少1293起，平均扑灭时间缩短12分钟，扑灭闭环率达99.7%，提升0.8个百分点，处罚闭环率达31%，提升28个百分点。焚烧告警数和处置时间均有所下降，扑灭和处罚闭环率均有所提升，说明"数智蓝网"的治理效果较为明显。

依托"数智蓝网"，打造"数字管家"，实现工业固废产生、收集、转移、利用、处置全流程监管，无疑是"如虎添翼"，有利于把问题解决在萌芽状态。

（三）利用数字技术对环境采用系统化、集成化治理

空气治理的"数字化智慧大脑"，集成了辖区内100多家污染源监控涉气企业、20个空气站、24个网格微站、23个道路扬尘微站、126个高空瞭望点等环境监测类数据接入系统。并且将多部门的治理资源进行整合，全部纳入"数智治气"

平台，接入 64 个气象站、88 项环卫数据、140 余个工地扬尘监测等，对大气治理采用多点精准治理，将"数智蓝网"建设成为一个集成式大气治理数智化平台。

截至 2022 年底，"数智无废"平台已接入工业园区、企业近 100 家，联单数量 11000 余条；工业危废企业 793 家，联单 8000 余条；小微产废企业 296 家；印染污泥产生企业 134 家，联单数量 19700 余条，转运车辆 20 辆；形成并闭环各类风险预警信息 180 余条；梳理整合 112 家印染企业固废、废水信息，统计联单数量 24000 余条，合计转运固危废近 64 万吨。

柯桥区利用物联网、云计算、互联网、人工智能等数字技术，建成大数据中心和服务中心，并进一步延伸出服务、管理、运行和决策等四个模块，分别应用于党建服务、政务服务、智慧物业、智能安防、数字生活等领域，将服务、信息、活动和生活等整合到统一平台，形成居民生活和政务服务相融合的数字服务社区。

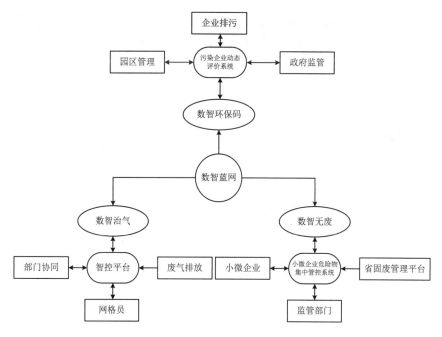

"数智蓝网"的治理路径

（文字参考自"柯桥发布""柯桥数智蓝网"公众号，部分资料由柯桥区环保局提供）

整理：张炜

第
三
篇

文旅融合与精神富裕

共　同　富　裕

柯　桥　样　本

分论（三）

柯桥以全域旅游示范区创建、公共文化服务先行区创建为引领，持续深化文旅系统变革重塑，充分发挥文化旅游工作作用，致力实现城乡物质富裕、精神富裕。柯桥素有"酒乡""桥乡""戏曲之乡""书法之乡""名士之乡"等美誉，拥有国家级旅游度假区1个，世界文化遗产点1个，全国重点文物保护单位9处，省级文物保护单位8处，非物质文化遗产113项，国家4A级旅游景区6个，是"没有围墙的博物馆"。柯桥区先后获得全省首批全域旅游示范区、全省首批5A级景区城、世界休闲城市、全省美丽乡村示范区、全国最美全域旅游典范区、文旅融合创新典范区等荣誉，2022年获评全国市辖区旅游综合实力十强区。

柯桥通过持续推进高标准文明城市创建、高水平文明实践行动、高质量公民道德建设、高起点文化礼堂建设，成功创建全国文明城市，为全区"领跑竞跑"贡献柯桥文明力量，实现创建复评"三连冠"；推出"文明代言人"系列公益广告，展示社会主义核心价值和文明新风，"文明轻骑兵"实践做法获得省委、省政府主要领导肯定，文明之花绽放在城市的每一个角落。

培育文旅融合新地标

柯桥深入推进国家全域旅游示范区创建，发力创建鉴湖国家级旅游度假区、兰亭文化旅游度假区大平台，打造共同富裕样板；精雕细琢柯桥古镇、安昌古镇和湖塘黄酒小镇，以文商旅协同发展形成"有机共生""利益共享"的共同富裕新场景；以"微改造、精提升"为突破口，积极拓展共同富裕的新渠道；构建"1+2+N"现代文旅产业体系，夯实"精神富裕"产业基础。2020年以来，柯桥区每年投入5000万元旅游专项资金，整合财政资金30亿元用于度假区、美丽城镇、景区村等建设，高标准、高水平、高质量推进文旅融合发展，打响"老绍兴·金柯桥"城市品牌，打造长三角旅游目的地，培育文旅融合新高地。

发展特色文旅产业

截至 2022 年底，柯桥已形成旅游资源单体 611 个、优集区 8 个，资源覆盖 8 个主类、25 个亚类和 91 个基本类型。对于这些资源实施梯度开发，构筑以文化产业为统领的"2+3+N"特色产业发展体系，做大时尚创意业和文化旅游业两大战略主导产业，做强文化会展业、传统经典业和体育运动业三大特色优势产业，孵化培育数字文化业、工艺美术业、影视传媒业和城市休闲业等潜力新兴产业，构建一个特色鲜明、综合竞争力强的特色产业体系，促进文化产业高质量发展。柯桥文化产业紧扣"数字化""融合化""一体化"三大关键词，进一步做大经济总量、做优产业结构、做强数字文化，发挥文化产业在提升城市综合竞争能力、抢占城市发展制高点中的支撑作用，夯实"精神富裕"产业基础，助力高水平建设共同富裕示范区。同时，柯桥积极融入"长三角一体化"，把握"融杭接沪联甬"发展新格局，紧抓浙江"重要窗口"建设期，着力打造辐射长三角的知名文旅休闲城市、具有国际影响力的时尚创意中心，成为全省文化产业第一梯队的主力军。

完善公共文化服务体系

柯桥聚焦"精神富有"，坚持以公共文化服务为抓手，软硬件并举，持续提升全民精神富有水平。对全区公共文化服务阵地开展提档升级，"区、镇、村"三级网络已基本成形，区级"四馆一院"，16 个镇街图书分馆、文化分馆已全覆盖，综合文化站均达到一级站以上标准，覆盖率达 100%，特级站数量居全省前列，村级文化礼堂全覆盖。持续发力深化绍兴小百花越剧团内部机制改革，擦亮越剧金名片，柯桥区入选第二批浙江省戏曲之乡。进一步扩大以绍兴莲花落为代表的柯桥曲艺影响，圆满举办第七届中国曲艺高峰论坛。

文化惠民成果全民共享

文明是城市之魂，市民素质是城市文明之根，它是城市形象、精神风貌的综合反映，是城市文明的生动展现。柯桥坚持将"有礼有爱"的精神内涵与践行社会主义核心价值观有机结合，打造"柯桥有礼""柯桥有爱"两大品牌，做到"有礼有爱"品牌深入人心。柯桥通过挖掘村风、社情、民风、民情，最大限度地保留历史文化内涵，实现"新"从"旧"中来，注重乡土味道，保留乡村风貌，留得住青山绿水，记得住乡愁，推进现代文化与传统文化的融合发展。"柯韵"盎然的文旅活动成为公共文化服务助力共同富裕的助推器。全力铸就"中国曲艺之乡"文化金品牌，"百花"推介柯桥美景、传递柯桥声音，"跟着小百花，享游金柯桥"已成为旅游的新趋势，"柯桥好戏"成为又一文旅品牌。柯桥区群众文化活动蓬勃开展，持续推进"文艺五进""幸福水乡才艺秀""百花大舞台"等品牌群众文化活动，创新推出精品文艺演出进景区等，引领纺都文化风尚，大大提升了群众文化消费水平。

党建引领幸福共同体

精神富有既包括精神文化生活的极大丰富，也蕴涵文明素质的显著提高，更涵盖人们精神追求、自身价值、文化权益的切实保障。柯桥坚持党建引领，积极推进共富星村建设。福全街道通过"党建＋乡贤"，建设乡村精神文化共富阵地，切实解决群众反映的热点难点问题；夏履镇着力发展志愿公益事业，不断壮大志愿者团队，营造社会好人氛围；柯岩街道由党建牵头，积极推进先行示范村的建设；马鞍街道以建设高标准礼堂为切入口，让文化建设融入村民生活场景；齐贤街道、安昌街道深入推进"区域党建联盟"，依靠基层党建力量，实现组织融合、资源融合、力量融合，开展环境整治，培育优秀家风，发挥民俗特色，提升城市品位，构建"舒心、省心、暖心、安心、放心"的幸福共同体。

漫步于林荫小道或是青郁湖畔，穿梭于田间地头或是街巷阡陌，流连于楼堂馆宇或是乡野村居，我们都能在不经意间感受到孕育在自然和人文环境中的文明积淀。天蓝水清的自然景致，有礼有爱的城市氛围，传承创新的文化气质，闲话桑麻的人文和谐，和乐融融的幸福家园……正是柯桥的文明图景。

执笔：董勇

样本29 打造有文化底蕴的旅游度假区

柯桥区全面提升度假区发展合力，以全域旅游为路径，以乡村振兴为载体，将文旅产业和乡村振兴相融合，推进城乡一体化发展。

鉴湖旅游度假区位于绍兴"母亲湖"——鉴湖的核心区域，总面积14.35平方公里，拥有深厚的文化积淀、纯净的自然山水和绝佳的区位优势。度假区内有柯岩·鲁镇景区、乔波冰雪世界、东方山水乐园3个国家4A级景区和黄酒小镇、酷玩小镇等2个省级特色小镇；拥有鉴湖高尔夫球场、浙江国际赛车场、绍兴鉴湖直升机场以及长达十多公里的鉴湖游步道、骑行绿道。度假区内多规格旅游住宿一应俱全，有鉴湖大酒店、东方山水金沙酒店等2家五星级酒店和凯悦嘉轩、乔波国际会议中心、凯世精品酒店、开元颐居·鲁家客栈、一湖酒场等多家国际品牌酒店和特色景区民宿，形成了一个以休闲、运动、宜居为主题的大型文化休闲旅游度假胜地。2023年初，鉴湖旅游度假区已经跻身国家级旅游度假区行列。

兰亭度假区覆盖和辐射兰亭街道、漓渚镇、平水镇、王坛镇、稽东镇5个镇街，区域面积546平方公里，不仅历史遗存星罗棋布，且生态资源得天独厚，拥有会稽山、若耶溪、会稽湖等，是浙东唐诗之路上的重要地段。兰亭度假区依托资源优势，坚持挖潜、保护、开发三措并举，高规格完善产业发展规划，将古越文化、阳明文化、书法文化与现代文旅有机融合，培育农文旅、康养、绿色智能制造三大产业，打响"世界级兰亭IP"，为柯桥高质量发展增势赋能。

一、以度假区为引擎驱动文旅高质量发展的主要做法

（一）持续高质量引进文化产业项目

鉴湖旅游度假区内以重大文旅项目为主线的"产业网"脉络逐渐清晰，四季全域旅游格局已经打开，多规格旅游住宿一应俱全，形成以休闲度假、体育运动为特色，融古越文化等观光旅游于一体的旅游产品体系。先后引进绍兴柯桥文化创意产业园、GDS玩乐空间等文化产业项目，加快推进鉴湖里、先锋书店等文旅品牌项目建设，以重大文旅项目引进落地为牵引实施滚动开发，全面推动"文化 + 旅游"融合发展。

在项目招引上，兰亭度假区引进若耶·铜谷小镇、兰亭国学文化研学项目等多个重大文旅项目，累计意向投资约 48 亿元，涵盖文旅康养、绿色智能制造等领域。

（二）全面深入挖掘度假区文旅资源

稽山鉴水、唐诗、黄酒、酷玩是度假区的优势元素，围绕"'醉'美鉴湖、'香'见恨晚、四季酷玩、一'鉴'钟情"主题，度假区投资逾 50 亿元精心打造出"整体是景区、路上是景观、处处是景点"的"美丽鉴湖"旅游环境。通过谋划一批一日游、周边游、亲子游、研学游等"微度假"线路和产品，充分挖掘本地旅游市场；通过举办鉴湖山水酷玩节、鲁镇风情节、湖塘杨梅节、乔波冰雪节、酷玩烟花秀、柯岩杜鹃节等旅游主题活动，提高鉴湖旅游品牌的影响力和知名度。

酷玩烟花秀

兰亭度假区整合各镇街文旅资源，积极谋划多形式节会和推介活动，以节为媒打响兰亭大品牌，向世界讲好兰亭故事，打造世界级IP。在2023年2月举行的第二届中国春兰节上，兰亭度假区与中央广播电视总台联合策划，深入诠释柯桥延续2500多年的兰文化。"香约梅海"文化旅游节、冢斜古村文化旅游节也同步推进。

（三）全面优化内外交通格局

鉴湖旅游度假区通过新建城市主干道，形成了"三纵三横"的交通格局。度假区内设置生态游步道、风景绿道和自行车慢道，串联了鉴湖游客中心、旅游景区、旅游场所等重要节点，全面保证游客安全便捷出行。此外，为老年人、儿童、残障人士等特殊人群专门提供了优质全面的度假服务，满足特殊人群的度假需求。

兰亭度假区"一核心、两新城、美丽乡村风情带"的整体规划布局已经形成，通过高品质优化城区空间格局，高标准塑造城乡风貌，高效能提升城区服务品质，一幅山水城人文景生态共融的现代版"富春山居图"正在绘就。推进兰福大道西段改造、平水四丰路改造、浙江农业商贸职业学院（会稽山校区）新建工程，度假区以城市更新行动为抓手，补齐基础设施短板，进一步提升区块能级和竞争力。

（四）全面提高标准精准招引

鉴湖旅游度假区依托两张国字号金名片，高质量开展项目招商。

一是围绕国家级旅游度假区宣传推介活动，聚焦上海、深圳等热点城市，组织召开高层次小型招商项目推介会，实现精准对接、精准招引；围绕规划国际竞赛优质方案成果，深化鉴湖北岸湖塘老街、埠头拆迁区块、体育运动小镇等重点区块设计方案，以科学规划引领精准定位、精准发力。

二是践行"老绍兴回归工程"，实现以商引商。积极排摸度假区乡贤和现有投资商优势资源，通过以商引商、以企引企等模式洽谈招引一批优质项目，形成"引进一个、带动一批"的乘数效应。

三是在精准对接上找准方向，全面推动"文化＋旅游"融合发展。在核心区域，利用好鉴湖里、先锋书店等已引进的文化项目，继续高质量引进柯桥影视文化创意产业园等文旅产业项目；在非核心区域，充分利用现有企业的技术领先优势，以研发、展示、销售、工业观光与旅游等为突破点，提高"亩产效益"；对一批产能落后、经营困难、破产倒闭的"低小散"小作坊型企业，支持招引项目优先利用闲置资产，实施"腾笼换鸟"，提高落地投产效率。

二、高质量建设旅游度假区的主要成效和启示

（一）城市新名片基本形成

2022 年，鉴湖旅游度假区接待游客 265 万人次，其中过夜游客 130 万人次，实现旅游综合收入 30 亿元。完成建设鉴湖南岸慢行系统三期、鉴湖渔歌带"五星3A"创建和柯岩区块城市景观提升等，完成对杭绍台高速胜利西路出入口至亚运足球训练场 6.7 公里道路沿线的环境提升改造。围绕"稽山鉴水、活力柯桥"，建设了一系列包含柯桥纺织、乌篷船等元素的城市小品、景观平台，提升了度假区东西 2 个主入口、连接柯桥主城区 4 个入口的形象，形成了个性化景观门户。

（二）醉美鉴湖品牌形象日渐丰满

鉴湖旅游度假区树立"统"的意识，不遗余力地挖掘特色文化，构建综合多元业态，形成区域联动效应，推动度假区旅游高质量发展，更好提升柯桥城市能级和核心竞争力，带动区域共同富裕。

立足"唐风宋韵、醉美鉴湖"，总结归纳度假区优势元素，融合鉴湖多元文化因素，打造"稽山鉴水唐诗路、运动酷玩黄酒源"文旅品牌形象。旅游配套实现全覆盖，旅游环境完成全域整合，城乡一体统筹发展，美丽乡村建设有序推进，叶家堰、三佳、香林等景区村的升级改造成效显著，形成了一系列"共富星村"。

度假区里的叶家堰村

（三）大项目驱动，文旅产业活力进发

作为柯桥南部发展主引擎的兰亭度假区全力推进重大项目攻坚行动，以"在建项目有新形象、新建项目有新突破、招商项目有新进展"为目标，多措并举集聚发展新势能。包括桃源康养小镇、旅游集散中心、越文化遗址公园、兰亭中国书画村、兰花博物馆、开元观堂酒店等在内，兰亭度假区有近10个重点文旅项目在快速推进。其中，桃源康养小镇依山傍水环湖而建，是一个纯天然大氧吧，引进全球知名品牌度假酒店安纳塔拉及国际先进医疗健康体检设备，打造康养中心；兰亭中国书画村位于兰亭街道谢家坞村，计划建设文化商业街区、文化艺术酒店、书画会展中心、国内外琴棋书画名家工作室及其他配套建筑；兰亭度假区旅游集散中心项目，进一步完善兰亭度假区旅游公共服务配套功能，提升旅游接待能力。

（四）度假区数字化建设卓有成效

鉴湖旅游度假区建成了全省首个集信号发射、高空监控、信息发布、景观标志于一体的5G景观信号塔。度假区数字驾驶舱、"鉴湖一码通"微信小程序、高德地图"鉴湖度假一键智慧游"等线上功能，为游客服务、旅游品牌推广、产业招商提供数据支撑。"鉴湖一码通"自2022年8月正式运行以来，已提供服务超2亿人次，浏览量超3600万次。

鉴湖游客中心展示区

（文字和图片资料由柯桥区文旅局提供，部分内容参考自"柯桥发布"等公众号）

整理：杨杨帆

样本 30　柯桥古镇——文商旅融合新场景

柯桥古镇是柯桥区第一大镇，也是浙江屈指可数的著名水乡集镇之一，因其经济发达、物产丰富、市场繁荣，素有"金柯桥"之美称，又以其历史悠久、人文荟萃而成为浙江省首批"历史文化名镇"和"浙江旅游乡镇"。自 2014 年底全面推动街区的保护和更新工作以来，经过 7 年多保护开发利用建设，于 2021 年重新开通。柯桥古镇渐已呈现为有文化艺术、有时尚碰撞、更有情怀的活态古镇。截至 2022 年底，接待旅游总人数已突破 200 万人次，先后获评"绍兴市高品质步行街""绍兴市特色文化产业街区"。

柯桥古镇以"柯桥老底片，城市新客厅"为主题，注重古镇空间保护、文化传承与功能激活。在保护古镇记忆、挖掘历史文化特色基础上，一方面延续古运河文化，以"三桥四水"、古纤道为核心，将文化艺术元素低调融入古镇，在突出"江南水乡"灵动性的同时提升古镇品牌辨识度；另一方面依托轻纺城、柯桥城市发展的活力，将传统建筑与现代城市功能相结合，打造古镇独特的文化旅游产品和游览体验线路，为璀璨星城的建设增添亮点。柯桥古镇正以推动"体验更精致、设施更精良、景观更精美、服务更精心、运营更精细"为目标，以一盘棋的统筹思路，在保持"老绍兴"机理、彰显"金柯桥"文化的基础上，注重空间的保护、文化的传承和功能的激活，做到以古促新、修旧如旧，通过新业态赋能、新载体驱动、新集市培育，打造了商户与街景共生、文化与艺术融合、古镇与商户共赢的文旅共富新场景。

一、柯桥古镇保护、开发的主要做法

（一）保护历史建筑守护文脉

柯桥古镇至今已有 2000 多年历史。柯桥的历史，最早可追溯到汉代设在柯山下鉴湖畔的驿馆高迁亭（即柯亭、千秋亭）。东汉名士蔡邕避祸江南时，曾取亭内竹椽为笛，留下了"柯亭之竹"的故事，由此，柯桥又名笛里。与柯桥古镇相关的，既有历史名人，更有台门内外明、清、民国等不同时期许多普普通通的老百姓的生活场景。"王星记""云集老酒"等诸多老字号和别具江南特色的明清建筑，还有台门文化、师爷文化、纺织文化，都让柯桥老街在诸多江南街区中卓尔不群。古镇从建立规划之初就对文化场馆进行了预留，街区内坐拥美术馆、艺术馆、博物馆、老字号工匠工作室及非物质文化遗产馆等文化展示和体验活动场所。这些场馆传承了历史文化、延续了城市文脉、留住了城市记忆。遵循修旧如旧的保护原则，在运河沿线及核心保护区范围内，充分保护柯桥本土建筑原貌，以展现街区的传统水乡风貌。自 2019 年以来，融光桥在得到保护的同时，在"微改"的妙笔之下，做了几次"微型手术"，修整了桥身的藤蔓，把原来穿桥而过的水管都卸了下来，文物复原，古风蔚然。

柯桥古镇夜市

（二）创新构建多元业态集群

以"三桥四水"、融光寺为文化内核，以浙东运河、柯水、寺岔河水系为动线，设置"笛里·休闲区""下市头·民俗文化街区""西官塘·休闲商业区""大寺·古韵台门区""山阴·风情酒吧区""邻里·酒店住宿区""山阴里·非遗古玩区""布谷·创意生态区"八个功能区块，打造文化展示、场景互动、商业体验一体化的开放式特色创意社区。

（三）深度挖掘"宋韵"文化

结合当下年轻客群的喜好，整合点茶、汉服、书法等宋韵文化元素，设计专题的宋韵文化体验活动；针对本地亲子客群，研发"融光研学"体验课程，设置包括花雕酒瓶彩绘、草木染、陶艺、木工在内的十余项亲子研学课程，每周末定期开课，打造"家门口的研学课堂"。

柯桥古镇"宋韵"主题活动

（四）举办特色活动凝聚人气

柯桥古镇先后举办"中秋祭月"暨绍兴曲艺传承演出、"越惠悦生活·金秋购物节"和"一城三古镇"夜生活潮玩节启动仪式、"Always lang×light pink"高定系列发布会等众多文化艺术时尚活动，利用艺术节、艺术体验、时尚秀等载体，让柯桥古镇的"最江南"风情得以充分展现，让更多人了解柯桥、了解古镇、了解艺术，真正实现"一样的古镇，不一样的风情"。"柯桥夜泊"系列主题活动于每周末夜间举行，在融光广场闲逛夜市，在河畔品茗聚会，着汉服乘船夜游，沉浸式体验夜古镇的魅力。

柯桥古镇时尚艺术发布会

（五）点燃周末经济，辐射带动全域

柯桥古镇推出包括文玩、文物、文创等内容的周末古玩集市，并利用各项优惠措施吸引众多摊位长期入驻，为古镇周末点燃夜经济活力。古镇推出"柯桥十二月市"系列活动，以宋代十二月市为母本，以当下年轻客群的审美与消费偏好为市集业态筛选标准，改良常规市集的做法，整合染缸文化、日铸茶文化、文玩花草、街头艺术、文艺餐厅等柯桥及古镇特色的文化元素，全力打造独属柯桥古镇的十二月市。

二、高品质步行街建设的经验启示

（一）以多维创新引领文旅产品突围

古镇类景区极易出现同质化倾向，柯桥古镇探索了以业态创新、文化创新、活动创新等方式深挖本土文化资源，移植年轻化的夜游活动，从而激活景区人气，实现良性发展。2021年9月，柯桥古镇推出以"柯桥夜泊"为主题的系列夜游活动，通过文创夜市、乌篷船夜游、汉服巡游等活动设置，结合古镇仙气飘飘的水雾灯光秀和音乐水秀，让市民和游客沉浸式体验原味水乡生活，活动期间人流达到1.5万人次，实现营收50余万元。

（二）探索新业态，构建商户利益共同体

柯桥区以浙东唐诗之路柯桥沿线会稽山、若耶溪、日铸岭、云门寺、兰亭等历史古迹为重点，积极融入诗路文化，打造可看、可听、可体验的浙东唐诗之路精华地。以夜柯桥、夜鲁镇、夜安昌三大夜间集聚区延长消费产业链，做强夜间

经济。以数字博物馆、数字文化馆等项目推进云上演艺、直播等服务发展，积极寻求与国际国内知名展馆合作，推动文博场馆向景区化、数字化方向改革。柯桥古镇招引新业态，更将游客流量转化变现，以多样化的消费业态形式提升景区经济效益，帮助商户共享景区发展红利，从而进一步激励商户主动参与景区品牌活动，构建利益共同体。

（三）创新构建配套服务体系

通过智慧数字赋能，以智慧消防、智慧安防、智慧管理三个方面为抓手，优化数字运营环境，有效提升古镇的精细化管理水平和服务能力。组织编制柯桥省级历史文化街区核心保护区防火安全保障方案，联合属地消防救援机构，设置微型消防站，做好历史文化街区的消防安全管理，为全省木结构传统建筑群的消防安全管控探索保护路径。与企业签订合作协议，将古镇核心区块打包租赁，合作开发古镇精品酒店项目。柯桥古镇按五个功能区进行保护开发，即"笛里·休闲区"、"三桥四水·文化街区"、"台门·古韵风情街区"、柯桥创意产业街区和综合商业街区，通过系统有机地植入适宜的城市功能，有效激发历史遗存的城市活力，通过文化载体、文化活动以及市井烟火、纺织等业态的紧密融合，更好地传承历史文化、延续城市文脉。

（文字和图片资料由柯桥区文旅局提供，部分内容参考自"柯桥发布"等公众号）

整理：杨杨帆

样本 31 "微改造"纵深推进全域旅游

柯桥是全省"微改造"试点区县之一，以打造长三角"微度假"目的地为目标，坚持小投入、大效益，小切口、大转变，小点位、大带动。柯桥区锚定打造全省高质量发展建设共同富裕示范先行区的目标，坚持推进旅游业"微改造、精提升"专项行动，重点谋划了"三个一批"专题项目，即一批共同富裕项目、一批"亚运"暨"双创"项目、一批文旅消费项目，将"全域旅游、主客共享"向纵深推进。

旅游业"微改造、精提升"，打开了一个解读现代柯桥的新窗口。东方山水乐园水晶城堡呈现光影视觉盛宴，成为又一张酷玩柯桥金名片；齐贤街道光明居依托民宿提升，打造"美宿"版3A级景区村；安昌古镇夜景工程唤醒江南古镇时尚气息。2022年柯桥区入选全国市辖区旅游综合实力十强区，"微改造"总成绩全市第一、全省第三。同年，柯桥区乡村旅游全年接待游客62.8万余人次，实现旅游总收入9.6亿元。柯桥区在"微改造、精提升"行动中进一步推进"因地制宜、彰显个性，示范引领、专题谋划，全域联动、多元保障"的经验做法，打造全省高质量发展建设共同富裕示范区先行地，助力全省文旅产业高质量发展。

一、旅游业"微改造、精提升"的主要做法

（一）择优试点，全域联创

柯桥区出台了旅游业"微改造、精提升"五年行动计划和2021年试点行动方案，成立了工作专班。推出一批具有柯桥辨识度、行业代表性的主体单位，向省、

市两级进行试点申报，并将此项工作与国家全域旅游示范区、鉴湖国家级旅游度假区创建有机联动。2021 年，有 5 家单位列入省级"微改造"试点，17 家单位列入市级试点，44 个项目列为年度区级试点，改造项目涵盖旅游目的地、核心吸引物、旅游接待场所等门类，范围覆盖全区。

（二）因地制宜，特色发展

按照"生态底色、文旅融合、主客共享、全域美丽"的原则，结合文旅产业发展空间规划，将全区划分为南部、中部、北部三大特色区块：南部山区通过"支部 + 农户"的模式将农房改建成民宿，提升食宿品质；中部以高等级景区、高端酒店业为代表，重点创新服务功能、提升服务水平，助力鉴湖旅游度假区打造国家级旅游度假区；北部以安昌古镇等景区为代表，引入酱米文化体验工坊等特色业态，完成古街治理、沿河亮化与产品培育等工程，彰显了古镇文化与时尚。

（三）需求牵引，数字智治

推动旅游数字化"微改造"，提升游客的智能化体验。升级"柯好玩"全域旅游 APP，完成 465 处文旅资源点位数字化归集，实时推送景区车位、场馆空位等各类信息。大渡社区作为全省首批应用场景试点单位，推出了"旅游大脑 + 智慧旅游"应用，建立了"邻里游""看世界"两大应用场景，为居民提供一键智能拼游、旅行一站办理等线上服务，实现了"一地先行、全省共享"。

（四）多措并举，强化保障

出台全域高质量发展政策，设立 1000 万元"微改造"奖补专项资金，鼓励民营主体积极参与。与瑞丰银行签订授信协议，3 年授信 100 亿元支持柯桥区"微改造"，2021 年已达 41.50 亿元，非国有投资项目数、投资额分别占比达 65.73%、71.54%，形成了国有带头、民营为主的良好氛围。成立"微改造"工作专班，联合发改、综合执法等部门，镇（街道）、度假区、民营主体协同作战，并积极发动居民、游客共同参与管理，形成政府牵头引导、市民游客助力的良好局面。如综合执法局，围绕"人性化、智慧化"等要求，完成 40 个城区公共卫生间改造提升；安昌古镇发动居民组建"安昌古镇大妈"志愿者队伍，居民从"旁观者"变成了"参与者"，持续巩固当地的"微改造、精提升"成果。2022 年，共有 632 个"微改造、精提升"项目录入省库，完成投资 14.05 亿元。

改造前　　　　　　　　　　　　　　改造后

柯桥古镇盘古化石馆

改造前　　　　　　　　　　　　　　改造后

乔波冰雪世界西餐厅

二、"微改造"取得的主要成效

（一）双向激励，完善评价体系

采用了正向宣传与"亮晒比"的方式，开展系列宣传，发布相关通报，对国有主体"微改造"纳入岗位目标考核，非国有主体予以奖补激励，通过双向激励，引导各主体单位在工作推进过程中比进度、比质量、比实效；形成了全省首创的区级遴选评优机制，通过"部门＋专家""检查＋评审"方式，面向全区遴选了 123 个年度优秀项目、44 个年度试点项目，首次认定了区级精品民宿 4 家、特色民宿 10 家。

（二）聚焦消费，助推产业提质

通过关注重要节点、改善游览设施、丰富游客体验等举措，实现旅游产业提质增效,充分释放消费活力。例如乔波冰雪世界引进了城市书房、咖啡吧、小火锅等业态,非门票收入占比从15%跃升至35%;酷玩王国景区推出"烟花秀"等多种夜游类项目,2021年8月夜游收入突破2000万元,首次反超白天;鉴湖旅游度假区将5G信号塔改造成为全省首个艺术景观信号塔,成为网红打卡点;鲁镇景区提升"夜鲁镇"集市,成功创建省级夜间文化和旅游消费集聚区。针对游客停车、如厕等乡村旅游配套设施短板,将29个乡村厕所提升改造为A级及以上旅游厕所,大幅提升了游客体验。推进闲置农房激活改造工作,刻石山雅居民宿作为省级闲置农房激活和"微改造"试点单位,带动茶叶、笋干等农副产品年销售近120万元;香林村着力推进乡村旅游产业化,目前已培育特色民宿7家、"香林嫂"农家乐连锁店26家,营收超800万元,成功创建为全国乡村旅游重点村。在A级旅游景区游客大幅下降的情况下,乡村旅游异军突起,成为新潮。

(三)实现全域共美,带动南部共富

柯桥用好"美丽"这个核心资源,串点连线,打通旅游资源,加速柯桥"旅游+"多元产业的融合,打造"链主型"的共富抓手。"微改造、精提升"让旅游建设不再固守"大而全",转而着眼于"小而美",让小节点、小景观成为散落的"珍珠",以点带面、串珠成线绣出全域旅游的美丽蓝图。用较低的成本推动美丽乡村建设从环境到内涵、从形态到实质、从见物到见人的递进跃升。善于做"绣花功夫",通过深处挖掘、小处植入,利用微景观、微创意,进行微改造、精提升,通过全域共美、主客共享,带动柯南山区实现共富。

(四)助推文旅增效,提亮共富底色

柯桥叠加发展势能,将旅游业"微改造、精提升"与乡村振兴、共同富裕、美丽城镇、古城复兴等重点工作有机结合,实现共建能级递增,通过锚定用户痛点需求,以产品化思维匠心改造提升一个个精品业态和网红地标,推动旅游业提质增效。与社会资本共舞,激发文旅融合发展想象力,集智聚力,凝聚共建合力,谋划广阔前景,提亮共富底色。

(文字和图片资料由柯桥区文旅局提供,部分内容参考自"柯桥发布"等公众号)

整理:杨杨帆

样本 32　国际研学基地，多方互利共赢

　　会稽山研学国际营地（以下简称"会稽山营地"）是全国最大的研学营地——上海市青少年校外活动营地（东方绿舟）的绍兴基地。营地位于绍兴会稽山腹地柯桥区稽东镇，杭绍台高速稽东出口处，占地面积为1200亩，包括70余亩营地综合区、100余亩农田、1000余亩水库和山地（含茶园、树林、竹林、溪沟等），其中营地综合区包含2.5万平方米建筑设施，有教室、食堂、宿舍及训练馆等。营地植被覆盖率高，是集青少年研学实践、拓展培训、企业团建以及休闲活动于一体的花园式营地；营地内功能设施齐全，拥有综合体验区、劳动教育区、国防教育区、户外拓展区、水上运动区、科学探索区、生存挑战区等，日接待能力可达3000人；营地能同时容纳1500人食宿，生活与安全保障到位，设有24小时全方位安全监控系统，配备专业医护人员，25公里范围内拥有绍兴市立医院和绍兴第二医院两所医院，并签订《绿色通道医疗合作协议》。

　　营地于2021年6月开营，实施边建设边筹建运营方式，建立了符合营地教育的课程、管理和团队体系。迄今已经为绍兴本地、杭州，乃至上海、江西、江苏的中小学校等单位开展研学实践、学生军训、企业团建、夏令营、周末营等活动，截至2022年底，累计人次达10.02万。

一、营地建设与运营模式

（一）打造研学营地，提高镇村经济收入

会稽山营地向镇村租用两处闲置厂房和原稽江小学校舍（占地面积约70亩、

建筑面积约 25000 平方米）以及周边山地、农田约 1100 亩，积极利用并盘活闲置资源。营地用房包括教学、住宿、餐饮三大类功能用房，以及一定规模的户外场地，如果重新营建，需要较大财力物力的投入。在镇政府的统一调配下，会稽山营地利用闲置厂区和小学，按照国家级研学实践营地的建设标准装修原有的建筑物、场地，并在建筑场地满足条件的前提下配套研学实践、活动等设施设备，为开展丰富多样的研学活动提供了扎实的硬件基础，从而将基地打造成为校外营地教育的打卡地，源源不断地吸引青少年学生参加研学、周末营、夏令营、冬令营，也吸引了一大批企事业单位到营地开展团训、康养等活动。

会稽山营地的研学活动为稽东镇带来了可观的人流量，研学活动的多样性也使流入人群存在着相当的多样性，这为稽东当地的"三农"产业发展和产品外销提供了更多的机遇和路径。

会稽山营地沿街风貌

（二）课程设置与农户合作，为农户带来额外的收入

会稽山营地开展的课程有国防教育和三生教育。坦克、火箭炮、高射炮、歼击机等退役军事装备丰富了国防教育内容；射击训练场、战术训练场、红蓝对抗区、山地拉练区等设施一应俱全；车头战役纪念馆、解放绍兴第一枪遗址等营造的国防教育氛围独一无二。

会稽山营地注重对学员开展三生教育，即生命教育、生活教育、生存教育。专门配备了消防逃生室、心肺复苏室、心脏除颤仪、绳结课堂、交通安全设施等，通过各类体验课程，让学生认识生命、尊重生命、珍爱生命、关心自己和家人。营地劳动教育课程多样，有自主烹饪、内务整理、衣物洗涤等家庭劳动；有水管维修、木艺制作、岗位体验、营币管理等生活劳动；有田间劳作、果蔬采摘、茶叶制作等生产劳动。通过劳动实践，使学生树立正确的劳动观点、劳动态度，养成劳动习惯，培养劳动能力。会稽山营地还依托小舜江北溪，借鉴农夫山泉等优秀研学案例，对学员开展水资源保护与生态环境教育。

三生教育场景

会稽山营地部分课程设置采用与农户合作的方式，如开展农事体验、手艺劳动、农家生活劳动等系列课程。营地与周边农户共同建立学生研学体验课堂，把课程设置到农户家中，建立不同的农家文化体验场所，作为学生户外研学点，在增强学生实践能力的同时，提高农户收入。通过"研学 +"模式，为乡村提高了经济和社会效益，实现"学生满意、村级盈利、群众受益"的目标。

会稽山营地与市人武部、社事办等部门联动，成立营地民兵连，为退役军人提供就业机会，招录退役军人 30 多名，兼职教官 100 多名。与周边村联动，就近招录营地管理人员、后期服务人员、山林水库管理人员等，让村民实现家门口就业。此外还充分利用周边生态人文资源，如全球重要农业文化遗产——绍兴会稽山古香榧群、红豆杉基地、本地非遗课程越茶制作、历史文化名村冢斜村等等进行课程配置，使课程设置具有了一定的地域特征，既丰富了课程设置，又提升了本地生态人文资源的知名度。

二、研学基地建设主要示范效应

为弘扬中华民族传统美德，助力青少年身心健康发展，会稽山营地与区慈善总会联合设立了"慈善接力·会稽山研学"项目，成立会稽山研学慈善活动基地。同时，还被认定为浙江省关心下一代教育基地、绍兴市关心下一代教育基地和柯桥区关心下一代教育基地。

（一）镇企合作，互利共赢

会稽山营地由稽东镇提供空间资源，企业注资营建，知名研学品牌注入营销和管理方式，这种三方合作的模式共同促成了营地的建成和发展。稽东镇是典型的山区镇，全域均为水源保护地，域内开展农村三产的路径受到相当程度的限制，而镇里通过合作共建研学营地，将一部分因水源保护而废弃的产业空间（包括场地和建筑物）和山水生态资源重新加以整合利用。投资运营方则在政府提供场地和一定建筑空间资源的前提下，通过合理规划并建设，减少了相当一部分土建投资，大大降低了营地运营的前期成本。东方绿舟作为知名研学品牌，通过注入先进的管理模式保证了营地的规范化运营，同时也提升了品牌自身在区域范围的知名度。三方合作的互利共赢，为实现区域共富提供了有效的借鉴。

（二）资源整合，挖潜增效

会稽山营地租用两处闲置厂房和原稽江小学校舍并重新规划，建筑物内部功能调整布局并重新装修，原有的工业建筑和学校建筑整改为设施齐全的营地教室、食堂、宿舍及训练馆；对原有建筑立面予以整改，重点打造营地出入口、主要建筑物和营地沿街风貌，以较小的代价打造了一个硬件设施齐全、风貌全新的国际营地。由于地处国道沿线，也成了展示稽东形象的重要窗口。营地周边山水资源丰富，自然景观较佳，营地征用了一定规模的山地、农田作为户外研学场所，并把课程设置到农户家中，建立地域性的农家文化体验场所。对营地来说，户外拓展是研学必需的环节；对农户来说，可依托于营地课程，通过打造自家的经营特色，拓展致富路径。

（三）合作拓展，龙头示范

通过稽东镇政府的大力支持、营地硬件设施的规模化建设、经营团队的精心运营，会稽山营地在杭绍两地已经有了较高的知名度，被认定为浙江省中小学生研学实践教育基地、浙江省车辆模型项目运动基地、绍兴市中小学生研学实践教育营地、绍兴市国防教育示范单位、绍兴市基层特色科普馆、绍兴市青少年中心综合实践活动基地、柯桥区中小学生研学实践教育营地、柯桥区社会科学普及基地、柯桥区慈善活动基地、柯桥区青少年爱国主义电影教育基地、柯桥区青少年宫实践育人共同体等。

　　会稽山营地的建设为绍兴东南部山区产业的转型发展、生态发展、可持续发展打造了极强的示范效应。稽东周边如平水、王坛等在营地的龙头示范效应下，相继建立了一定规模的研学和休闲基地，以谋乡村振兴与共富之路。

（文字和图片资料由会稽山营地外联中心主任喻钢坚提供）

整理：庄程宇

样本 33　莲花落"二次创业"，擦亮绍兴金名片

绍兴莲花落，是绍兴最具有代表性的地方曲艺，以绍兴方言表演，在上虞、余姚、慈溪、萧山、杭州一带流传，为浙江四大曲种之一，2006 年 5 月列入第一批国家级非物质文化遗产名录，是柯桥地域文化的一张金名片。

柯桥区坚持"弘扬价值、守正出新"的曲种保护目标，保护与发展并重。全区现有莲花落国家级代表性传承人 2 名，省级 1 名，市、区级 5 名，并建立项目传承基地 3 家，学校非遗社团 1 个，农村少儿曲艺传习所 1 个，专业、民办演出团体 42 个。共有 15 位绍兴莲花落演员先后获得了中国曲艺最高奖牡丹奖、中国群众文艺政府最高奖群星奖。绍兴莲花落也成为第一个由中国曲协派往境外进行文艺交流的地方曲种。一大批曲目先后参加全国非遗曲艺周、中国浙江（绍兴）全国曲艺小书展演、长三角曲艺精品展演、浙江"根与魂"港澳非遗展示周、香港绍兴曲艺专场等活动，获得广泛赞誉。

一、传承与创新绍兴莲花落的主要举措

（一）创新保护传承机制，搭建地方曲艺发展平台

柯桥区成立绍兴莲花落艺术团、绍兴莲花落创作室、绍兴莲花落研究所三个机构，具体实施莲花落"二次创业"工作，逐步构建了"政府主导、市场引导、三驾马车、两种体制"的公益性和经营性相结合的运作模式。在"三驾马车"的基础上，柯桥成立了浙江省绍兴莲花落协会，最大限度地整合了全省绍兴莲花落的人才资源，让绍兴莲花落的传承和发展有了领军人物和团队力量。区财政每年保证提供 30 万元的项目资金，用于人才培养、曲目创作、传播展示等。区政府每两年

主办中国曲艺高峰（柯桥）论坛，广泛开展曲艺保护传承和创新发展的探讨，不断扩大绍兴莲花落的社会影响。

（二）重抓人才培养培育，建设绍兴莲花落传承体系

一是加强专业演员的培养。小百花艺校开办全日制国遗绍兴地方曲艺传承班，招收20名青年学生学习以绍兴莲花落为主的五大地方曲种，培养新生代曲艺表演人才。此外，以传承班学员为主成立绍兴小百花实验曲艺团，成为绍兴莲花落传承的新生力量。二是实施"莲花落进校园"工程，组织莲花落演员赴本区中小学巡回辅导。积极组织开展"小牡丹"莲花落培训，由区文化馆组织曲艺志愿者免费授课。出台《关于推进"地方戏曲进校园"活动的实施意见》，全面启动地方曲艺教育进校园，一批又一批的少儿莲花落苗子走上舞台、走出校园、走向奖台。少儿莲花落《一分钱》获得第五届全国少儿曲艺大赛二等奖，少儿莲花落《一颗米》获得第六届全国少儿曲艺大赛一等奖。三是开展业余作者培训工程。由绍兴莲花落创作室牵头，对特约撰稿人、业余作者进行培训，开设各类专业培训班。结集出版了《绍兴莲花落新作选》，相关作品随"文艺下乡"等文化惠民活动为基层广大群众所熟知。同时，创作室探索与大众传媒联姻，推出了多部莲花落电视剧。

（三）打造传承推广载体，让社会共享保护成果

柯桥区推出绍兴莲花落周末免费剧场活动，每周六晚上开展莲花落专场公益演出。节目有长篇和短篇，演员有专业演员和业余演员，形式有单档和多档。绍兴莲花落免费周末剧场已经成为一个非遗品牌活动，产生了诸多良好的效应，锻炼了莲花落表演队伍，培育了莲花落观众，推动了莲花落创作。

浙江好腔调曲艺活动演出现场

柯桥区着眼修复曲艺演出文化空间，满足群众文化生活需求，建立了绍兴莲花落专业演出场所"莲花书场"，成为绍兴市首个曲艺演出专业场所。加强与传播媒介合作，扩大曲艺受众群体。如在广播电视台开设专门栏目《莲花剧场》，该栏目自开播以来，收视率一直处于领先地位，成为广播电视台的"人气栏目"。加强绍兴莲花落传承研究，先后出版浙江省国遗代表作丛书《绍兴莲花落》《绍兴莲花落一百年》《古越莲花——胡兆海绍兴莲花落作品选》《倪齐全曲艺文集》等书。

二、柯桥非遗项目保护的主要启示

（一）赛事助力，莲花落影响力持续扩大

柯桥区成功举行了一系列有影响力的大型曲艺展演和交流活动。柯桥区政府与中国文联、中国曲艺家协会联合主办第五届中国曲艺牡丹奖全国曲艺大赛。中国曲艺家协会、浙江省文化厅在绍兴举办"绍兴莲花落诞辰百年纪念大会"。绍兴市承办了第七届中国曲艺节。绍兴莲花落艺术团赴新西兰、澳大利亚进行文化交流活动，绍兴莲花落成为首个由中国曲协派往国外进行文化交流的地方曲种。这些活动充分展示了绍兴莲花落的艺术魅力，提升了柯桥的影响力和知名度，使广大观众更加关注和支持曲艺发展，为区域社会经济发展增强了文化气息。

长篇莲花落大赛

（二）创新引领，文化传承更有人气

通过"绍兴莲花落二次创业"，柯桥区打造了一大批经典曲目和精品节目，如

《追新郎》《一瀑水》等，这些作品在贴近生活、贴近群众的同时推陈出新，深挖绍兴地域文化内涵，弘扬优秀传统文化，大大提升了艺术价值。在传承基础上，柯桥区积极开展莲花落艺术探索。在音乐创作和唱腔设计上，探索引入各种现代音乐元素，根据莲花落的特色，创新曲式、曲风、和声、配器，进一步丰富音乐色彩，强化作品的表现力和感染力；在表现形式上，针对新时期观众新的审美要求，积极借鉴和吸收其他曲种和艺术门类的表演形式、艺术营养，丰富自身的表演艺术，提高表演能力；在节目内容上，加大现实题材创作力度，深入挖掘现实题材，瞄准人民群众关注的热点，真实反映时代风貌和时代人物，增强观众共鸣感。

（三）精品剧目，打响莲花落品牌

柯桥区通过莲花书场演出、"五进"演出和周末剧场演出等活动，组织编写莲花落校本教材，推进"戏曲进校园"活动，以多种方式、多个渠道推动非遗和地方文化融合创新、传承普及。在区委、区政府"名家名品"工程的推进下，绍兴莲花落涌现出了一大批名家名品，在国家级群星奖、牡丹奖评选中频频获奖：莲花落《一只红木箱》《午夜电话》分获全国第十四届、十五届群星奖，莲花落《征母》《绝办法》《追新郎》等在历届中国曲艺牡丹奖评选中获奖，莲花落《局长摆宴》获首届全国曲艺之乡曲艺大赛金奖。绍兴莲花落还走出国门，先后赴澳大利亚、新西兰、德国、法国参加文化交流活动，新编绍兴莲花落《十八相送》荣获巴黎中国曲艺节唯一金奖，极大地扩展了绍兴莲花落的影响，打响了绍兴曲艺品牌，使柯桥真正成为名扬海内外的"曲艺之乡"。

（四）展演多样化融入百姓生活

随着文化设施建设的梯次化推进，资源和力量得到进一步的科学整合，使绍兴莲花落实现了展演平台多样化，除了莲花书场、周末书场、曲艺"五进"外，农村文化礼堂也日渐成为绍兴莲花落演出的主阵地。传播手段也呈现出多样化特征，形成了以传统书场演出为主，广播、电视、自媒体协力推广的多元格局，传统文化被不断激活，传承活动全方位活跃，极大地丰富了人民群众的文化生活。

（五）莲花落传承后继有人

柯桥区注重加强专业演出团体建设，创新曲目创作内容与形式，培养了一批优秀演员和创作人才，推出一批富有新时代精神内涵的优秀作品；扶持业余演出团体、民办演出团体和莲迷会社等活动，采取政府采购补贴等形式，鼓励社团壮大发展；积极开展民间人才培训，帮助提高演员水平。柯桥区还开展曲种发展史料、影像、老艺人口述史等的收集、整理和传统曲目的抢救工作，同时加强理论研究，通过系统化、规范化、梯次化教学，培养了不同类型、不同层次的莲花落后继人才。

绍兴地方曲艺传承班

（文字和图片资料由柯桥区文旅局提供，部分内容参考自"柯桥发布"等公众号）

整理：杨杨帆

样本 34　乡镇综合文化服务全天候不打烊

乡镇综合文化站在统筹城乡文化发展、构建公共文化服务体系、促进乡村居民精神富有、帮助实现城乡协调的共同富裕方面具有重要地位。2017年以来，尤其是在党的十九大报告中提出到21世纪中叶"全体人民共同富裕基本实现"的要求以来，柯桥区根据前期定级工作中所掌握的情况，积极改进完善乡镇综合文化站建设工作，进一步发挥其在基层公共文化服务工作中的龙头作用。柯桥区的公共文化服务指数保持在全省前十位。2021年，柯桥区被列入浙江省首批公共文化服务现代化先行区创建名单。

乡镇综合文化站是政府举办的提供公共文化服务、指导基层文化工作和协助管理农村文化市场的公益性事业单位，是集书报刊阅读、宣传教育、文艺娱乐、科普培训、信息服务、体育健身等各类文化活动于一体，服务于当地农村群众的综合性公共文化机构。柯桥区紧紧围绕"文化礼堂、精神家园"的定位，先后投入近3亿元，高标准建成300个农村文化礼堂和社区文化家园，行政村覆盖率达到100%。通过打造"相约礼堂""周末剧场"等品牌活动，把丰富多彩的文化活动送进礼堂，更让村民成为舞台上的主角。同时，"数智文化礼堂"悉数落地，确保文化服务全天候不打烊。

一、乡镇综合文化站建设的主要做法

（一）铺展文化阵地，优化文化供给

柯桥区在高标准建成300个农村文化礼堂和社区文化家园的基础上，建立有效的运行管理长效机制。区委、区政府扎实推进省级"浙文惠享"民生实事项目，

共建设完成城市书房 43 家，高标准建设 122 个不同主题的“15 分钟品质文化生活圈”；打造文化驿站和“新型阅读空间”等公共文化空间；打造“满意图书馆”等有鲜明标识度的公共文化场馆；建成“榧香书舍”等网红乡村图书馆，积极推动文化阵地共建共享。此外，柯桥区依托百花大舞台、莲花剧场等，开展全民艺术知识、艺术欣赏、艺术技能等方面普及。如：百花大舞台每月都会呈现音乐会、脱口秀等高质量引进剧目；莲花剧场每周末免费举行地方戏曲曲艺演出。

（二）明确建设标准，巩固基层阵地

柯桥区在支持镇（街）综合文化站根据各地实际因地制宜开展建设的同时，明确要求各地文化站严格按照区政府 2015 年下发的《2015—2020 年柯桥区基本公共文化服务标准》要求，推行标准化建设。即各镇（街）文化站必须单独设置，综合文化站建筑面积不低于 1500 平方米，现有基础较好的镇（街）要求建筑面积不低于 2500 平方米，其中设备配置、活动开展、人员配备、综合管理等须达到《乡镇（街道）文化站建设标准》。充分利用各类新开发的文化站管理平台，及时采集文化站公共服务数据，认真开展大数据研究和分析，及时提出相应的解决策略。采取聘请第三方社会调查公司暗访、组织公共文化专家明察等方式，对文化站进行有针对性的指导和调研，提升文化站的服务质量。

（三）强化人员力量，提高队伍素质

文化站工作人员编制待遇方面，在镇街机构编制改革后，柯桥区进一步明确镇街要设有文化专职工作人员，在确保满足各镇（街）日常文化工作开展需要的基础上，为各镇（街）综合文化站站长落实了中层职务待遇。文化队伍建设方面，重点加强了对基层文化站工作人员的业务培训。从 2017 年开始，每年通过开展“群众文化带头人”培训工作，对基层文化站人员进行集中培训；同时推行文化馆业务干部基层联片制度，每个区文化馆的业务干部联系若干片区，对片区内镇（街）文化站的业务工作随时进行指导，帮助文化站人员在工作实践中逐渐成长。此外，柯桥区还大力发展志愿者队伍，发动全社会都来关注、投入文化工作，全区已有文化志愿者 3850 余人，常年开展工作。

（四）积极开拓创新，赢得群众满意

各镇（街）文化站、村（社）文化活动中心（文化礼堂）积极适应群众需求，不断规范服务、改进工作，推进文化和旅游融合发展。其中以安昌街道文化站与漓渚镇棠棣村、兰亭街道谢家坞村、柯岩街道叶家堰村、稽东镇冢斜村等4处文化礼堂为代表，积极探索新时代公共文化场馆服务功能拓展之路，更好地为人民群众提供高品质的公共文化服务和便捷化的旅游公共服务，被浙江省文旅厅确定为首批公共文化场馆服务功能拓展先行先试工作试点单位。

智慧礼堂，乡村风景

二、推进公共文化服务现代化的成效和启示

（一）基层文化设施更加完备

承担基层公共文化服务重任的乡镇综合文化站，同样汇集了宣传、养老、教育等多种职能，提升文化站服务效能，必须做好整合这篇文章。把公共服务项目的提供主体扩大化，编制形式多样、内容丰富的公共文化服务菜单，供人民群众选择使用。全区各镇（街）文化站均建有"两厅三室"、有室外活动场地，设有图书馆、文化馆镇（街）分馆，并配备有开展基层文化活动所必需的设施设备，年度人均文化活动经费达到10元以上，站舍建筑面积均达到1500平方米以上，其中有14个镇（街）综合文化站的建筑面积达到2500平方米的标准。

（二）群众文化活动日益丰富

各综合文化站均结合地方实际，开展了文艺晚会、镇（街）文化周等大型文化活动，农村文化礼堂各类活动蓬勃开展，送图书、送演出进文化礼堂工作常抓不懈；镇（街）之间年均开展"文化走亲"5次以上，村与村之间开展"文化走亲"5次以上，镇（街）跨区域开展"文化走亲"活动3次以上。为进一步推动基层文化繁荣，柯桥区以区级群众文化活动"幸福水乡才艺秀"为抓手，组织各镇（街）开展基层才艺秀海选，带动了基层文化活动、文艺创作的繁荣与文艺团队的活跃。截至2022年底，全区共有"三团三社"乡村文艺团队101支，一大批基层文艺苗子脱颖而出。"柯桥好戏"标志性IP日渐成熟，戏进礼堂、文艺"五进"等文化活动不断开展，创编折子戏、莲花落等文艺节目推陈出新。自2012年就启动了"幸福水乡才艺秀"活动，2022年又开展"喜迎二十大、同走共富路"系列文化活动，实现文化惠民覆盖率达100%。

文化站场，今非昔比

（三）文化遗产保护别具特色

非物质文化遗产保护方面，按照活态传承的原则，充分开展了对非遗项目、非遗传承人的传承保护工作，以安昌腊月风情节、舜王庙会为代表的特色传统节日文化活动影响力逐年扩大，特别是舜王庙会被列入了第五批国家级非物质文化遗产代表性项目名录。文物保护方面，各镇（街）与区级文物保护机构、文物保护行政管理部门的联系得到强化，建立了系统化的基层文物保护管理队伍，并形成了较为完备的文保协管员制度。

（四）文化市场管理持续巩固

一方面，柯桥区推行了文化市场属地管理制度，按条块结合、以块为主的原则，明确了镇（街）文化站对辖区内文化市场的管理职责与具体工作任务，加强了信息通报，强化了日常监管，收到较好成效；推行了"五老"（老干部、老战士、老专家、老教师、老模范）义务监督员制度，发动社会力量，管好文化市场。另一方面，柯桥区注重强化工作考核，形成正确工作导向，结合工作实际，研究制定科学的、量化的、操作性强的考核办法，建立以效能为导向的评价激励机制。柯桥区坚持以服务效能为重点，明确文化站重点服务指标和服务标准，研究制定群众公共文化服务满意度指标，健全基层公共文化服务绩效评估机制，建立群众评价和反馈机制，增强公共文化服务评价的客观性和科学性。

（五）基本公共文化服务不断优化

柯桥区最早于2019年开始智慧礼堂的建设，并不断丰富线上文艺展演栏目，2021年4月，全省农村文化礼堂2.0版建设工作现场会在柯桥区召开。柯桥区率先落地"文E家"公共文化服务应用场景，建设一批智慧图书馆、"掌上"书房、数字农家书屋等，与喜马拉雅公司合作开设"有声图书馆"。各镇（街）"两厅三室"向群众免费开放，开放内容予以公示，周开放时间不少于48小时，公共电子阅览室与文化信息资源共享工程为群众提供了优质的数字文化服务，综合文化站内各类文化活动设施能够满足群众的基本文化需求，通过不断改进服务细节，使镇（街）综合文化站真正成为群众的精神家园。

综合文化，幸福水乡

（文字和图片资料由柯桥区文旅局提供，部分内容参考自"柯桥发布"等公众号）

整理：杨杨帆

样本35 有礼有爱：城市独特标识

在"浙江有礼"品牌打造中，柯桥区以打造"有礼有爱"之城为总目标，深化"柯桥有礼"和"柯桥有爱"两大主品牌系列，通过对好人群像、"身边最美"的宣传推广，实施"文明城市"常态化创建、倡导"文明有礼"新生活方式，努力实现全域文明、全体文明、全面文明。柯桥区依托于悠久的历史文化底蕴，解码城市文明基因，打造区域文明标识，提升社会文明风尚，推动"有礼有爱之城"品牌与文明城市创建工作的融合推进、相得益彰，让"有礼有爱"成为柯桥城市的独特标识，为柯桥区"领跑竞跑"提供重要支撑和强大动力。

柯桥"有礼有爱"宣传画

一、深化"柯桥有礼"和"柯桥有爱"两大品牌建设的主要做法

（一）以问题为导向，实施专项整治行动

柯桥区为切实提高城市品质，提高城市管理水平，推动全国文明城市创建，在整治市场方面采取了诸多行动。柯桥区综合执法局以文明城市创建标准及各级督查问题清单为导向，以"全时段、全区域、全方位"为原则，迅速行动，查漏补缺，及时销号。在市场方面，柯桥区做到落实延时管理、紧盯重点点位、巡查监管全覆盖等要求。在交通方面，柯桥区结合国卫复审、"文明轻骑兵"、"双减"工作等专项行动，对辖区范围内非机动车无序停放、占道经营、无证游商、乱堆乱放、乱拉乱挂等问题进行了全面排查整治。在环境治理方面，柯桥区精准发力，强力推进，完善配套设施，提升城市品质。开展垃圾分类，形成了"户分、村收、镇分拣、区处理"的农村生活垃圾分类收运模式，有力提升柯桥区城市品质与城市管理水平，助推全国文明城市创建。

（二）以宣传为抓手，倡导文明先行

为巩固全国文明城市创建成果，提高精神文明建设的整体水平，柯桥区采取了一系列举措。

第一，推动公益广告"上新"。柯桥区加快公益宣传创新步伐，聚焦柯桥元素，定制"柯桥有礼""柯桥有爱"两大系列公益广告，提档升级城区范围内"老破小"公益广告，推进城区公共自行车站点、公交候车亭及主要道路路灯杆公益广告更新全覆盖，实现公益宣传上网上端、上路上墙，让文明入眼入脑入心。

第二，开展"礼让斑马线"活动。柯桥区交警大队采取多项措施深化文明礼让行动，让"礼让斑马线"成为柯桥区的一张文明名片，让文明行车成为柯桥区最美风景。"礼让斑马线"已成为柯桥这座城市的文明常态之一。

第三，投身志愿服务，践行文明之风。鼓励青年志愿者积极投身于柯桥区的文明城市建设之中，为助力全国文明城市创建工作，展现柯桥青年的担当和作为。各镇街团组织发动青年志愿者战高温、斗酷暑，投身文明城市创建工作。

第四，不断深化移风易俗工作。柯桥区通过深化体制改革对移风易俗工作再部署、再深化、再提升；完善村规民约，制定管理规范，开展"身边好人""最美家庭"等群众性评选活动；发挥阵地作用，用好新时代文明实践站所、文化礼堂、道德讲堂、家宴中心等平台，发挥理论宣讲、卫生健康服务、科技科普服务和法

律服务等文明实践作用；展示好家风，亮出"文明户"，推进家风家训传承展示；积极推动建立农村文化礼堂、家宴中心酒席管理制度；加强专项整治，加强舆论监督，加大对噪声扰民、殡葬管理行为等检查督查，加强对婚丧嫁娶中各类低俗文化活动的查处。

第五，开展"迎亚运·共文明"主题作品征集活动，开展"柯桥有礼，文明有我"主题作品征集大赛，助力文明城市创建，营造浓厚文明氛围。

（三）以数字化为手段，提高城市治理效能

数字赋能经济，智慧联通未来。首先，柯桥区落实全省数字化改革重点任务，加快完善一体化智能化公共数据平台建设，促进重大应用场景、数字资源共建共享。2022 年 6 月 23 日，柯桥区正式成立大数据发展联盟（柯数联盟）。柯数联盟以大数据技术链和产业链为纽带，通过资源共享、协同行动和集成发展的方式，构建"政产学研用融"联动机制，聚合全区大数据优势资源，推动大数据知识传播、技术创新、示范应用和产业发展，引领和服务全区大数据发展，为建设数字柯桥贡献力量。其次，柯桥区围绕"城市治理能力现代化"主轴，加快"未来社区"等城市基础单元建设，把城市治理的数智"因子"融入文明创建之中。数字时代，柯桥区抢抓数字化改革机遇，聚焦外卖快递新就业群体，寓管理于服务，以服务带动文明，通过多部门协同，做好骑手的全生命周期管理服务，着力打造"文明轻骑兵"应用场景。建立完善"一人一档一码一标识"信息库，加强从业人员文明骑行监管，切实做到治理效能和文明水平同步提升，助推全国文明城市创建，践行"柯桥有礼"，让"文明轻骑兵"成为柯桥城市文明的流动使者，在数字经济背景下对新社会群体管理服务进行一次生动探索。

"文明轻骑兵"擂台赛

二、"有礼有爱"独特城市标识建设成效

（一）市民素质提高，城市软实力提升

柯桥区坚持实施一体规划、分步实施战略，把打造"有礼有爱"之城行动和全国文明城市创建、新时代文明实践工作纳入总体布局，顶层设计、统筹考虑、合理规划、整体推进，将工作细化为年度目标和重点清单，围绕关键区域、关键要素、关键环节、关键工作，分类推进、重点突破、逐步实施，做到可操作、可量化、可评估。柯桥区通过系列践行社会主义核心价值观主题活动，不断提升市民文明素质，涌现出了一大批见义勇为、乐于助人的"柯桥好人"。他们之中有献血近 2 万毫升的"献血达人"裘静渊、组建"流动人口之家"的潘玲荣、勇救落水妇女的新柯桥人樊章平、勇闯火海救人灭火的瞿铭、十六年如一日照顾智障邻居的丽珍奶奶等。群众的获得感、幸福感、安全感持续增强。

（二）人居环境美化，城市品质提升

柯桥区提倡垃圾分类，开展沿河整治、全城大冲洗，加大对流动商贩、马路市场的管理等一系列措施，改善了人居环境，提高了人居幸福感。2017 年、2018 年，柯桥区连续两年荣获浙江省农村生活垃圾分类处理工作优胜县（市、区）；2019 年被省"千村示范、万村整治"工作协调小组办公室列为浙江省 39 个农村生活垃圾分类处理工作成效明显县（市、区）；2020 年再次荣获浙江省农村生活垃圾分类处理工作优胜县（市、区）。截至 2022 年底，柯桥区 214 个行政村已全部实施生活垃圾分类工作，农村生活垃圾分类覆盖率达 100%，农村生活垃圾回收利用率为 51.9%，资源化利用率为 90.1%、无害化处理率为 100%。柯桥区农村已建成运行 2 个再生资源分拣中心和 100 个再生资源回收网点，再生资源回收体系已实现柯桥区 16 个镇（街道）全覆盖。

（三）城市管理精细化、智慧化程度提升

自 2021 年以来，柯桥区以"城市管理应该像绣花一样精细"为目标，以数字化改革为牵引，推动城市精细化、智慧化管理，不断提升城市品质。柯桥区坚持管理标准化、规范化，使城市管理精细化程度明显提升。例如，明确城市管理问题的立结案标准，建立了结案标准库；始终信奉"全生命周期管理"理念，使市城管平台立案派遣各类城市管理问题结案率多年保持在 98% 以上。同时，柯桥区在智能化管理上也有很大的提升。例如，监控智能识别，积极推进视频监控建设，

建立全市统一视频管理平台。通过平台的互联互通，实现了城市管理的可视化和集约化。

（四）价值引领强化，全民参与度提升

柯桥区坚持以人民为中心，培育和践行社会主义核心价值观，把保障人民群众的根本利益作为第一宗旨，把群众的需求作为第一导向，把群众的满意作为第一标准，充分调动人民群众参与打造"有礼有爱"之城的积极性、主动性和创造性；打造"柯桥有礼""柯桥有爱"两大品牌，通过放大品牌效应，全面增强城市发展内生动力。加大身边好人好事宣传力度，着力挖掘一批群众身边可亲、可敬、可信、可学的先进人物，发挥先进典型的示范带动作用，推进公民思想道德建设，使人民群众在潜移默化、润物无声中得到感染和升华。

（文字和图片参考自"柯桥发布""笛扬新闻"等公众号，部分资料由柯桥区文明办提供）

整理：李恒光

样本36 守护红色根脉，共绘美丽齐贤

早在1926年，中共绍兴独立支部就已成立，齐贤村也因此成为中国共产党在浙江最早播火传薪的革命热土之一，齐贤村因此被称为绍兴的"红色根脉"。齐贤龙山星火党团队红色基地曾经是中共绍兴第一个独立支部的所在地，是早期绍兴党组织建立的秘密联络站，也是绍兴第一颗革命火种的诞生地。

齐贤街道齐贤村坚持党建引领，深挖红色资源，积极推进美丽乡村建设，以复建中共绍兴独立支部纪念馆为依托，在全域形成一条红色基因带。齐贤龙山星火党团队红色基地周边已形成红领巾广场、团建广场、青年之家、城市书房、法治公园、百年党史路等配套红色教育景点。

齐贤街道同时把强化党建引领作为提升社区治理效能的根本路径，科技赋能党建工作，采取数字智能化党建模式，将治理要素"人、地、事、物、情、组织"等数据进行空间化展示，大力推动资源整合、部门联动、网格升级、数据运用、机制创新，打造"党建引领、全景看、全程控、全网动、全面评"的"一领四全"模式，以科技支撑切实提升社区治理效能。

一、齐贤街道党建提升社区治理效能的主要做法

（一）串联红色新景，打造主题游线路

齐贤村以党建为引领推动美丽乡村建设，以"五星3A"创建为契机，以复建中共绍兴独立支部纪念馆为依托，致力于打造红色基因带，形成了以纪念馆为核心的"龙山星火"景点和以湖滨游步道为主线植入党建元素的"百年风华"景点等

主题景观，开辟了多条红色教育主题活动线路。齐贤街道齐贤村改建了一条"百年党史红色游步道"，为齐贤村致力打造的红色基因带再添新景，着力打造红色党建研学游基地，提升齐贤柯北新亮点。景点位于齐贤村东部"小海湖"旁，环境优美，设计以"红色"为主题，结合休闲、娱乐功能，让村民在家门口就能感受积极向上向善的红色风情。

结合当下备受年轻人推崇的沉浸式戏剧，推出原创红色"剧本杀"《机业黎明》。该项目立足于中共绍兴独立支部的真实历史，以当年党组织领导开展纺织行业、锡箔行业工人大罢工为背景，讲述了共产党员、进步青年等先进群体与资本家、国民党"清党"干事等斗智斗勇的故事。人物围绕是否参加大罢工、怎样组织大罢工，以及进步思潮的传播进行大讨论，并按剧情完成了各项任务。不仅让大家切身体会到了那段历史背后的革命热情，更在学习红色文化中汲取了前行力量。原创红色"剧本杀"的试水成功，说明可以进一步深挖齐贤红色资源，创作更多新的剧本，讲好红色故事，守好红色根脉。

齐贤美丽乡村村貌

（二）夯实党建引领，科技赋能社区乡村治理

齐贤街道在基层组织深入开展"不忘初心、牢记使命"主题教育，深化完善驻村联村网格化管理机制，督促各支部认真组织开展"三会一课"、"支部主题党日"活动和学习教育，做好"学习强国"APP推广运用，全街道60周岁以下党员"学习强国"APP安装率达91.5%。

齐贤街道加强机关干部队伍建设，重抓督查工作机制有效落实，继续弘扬

"靠作风吃饭、凭实绩说话"优良传统,以抓干部队伍建设,促进工作整体提升。除已纳入街道考核的8个基层站所外,齐贤街道还坚持做好其他站所管理考核扩面工作,实行街道统一管理,更好地调动工作积极性,提高基层治理效率,加快便民服务中心建设,实现便民服务窗口统一办公,进一步方便群众,助推"最多跑一次"改革。

齐贤街道重抓基层党组织书记队伍建设,完成重点村村干部队伍现状摸排,继续分批考察并视情调整村干部,进一步提升基层组织战斗力,为村级组织换届选举做好人才储备。在此基础上,系统推进"县乡一体、条抓块统"工作,由街道党工委副书记担任执法队队长,对执法队伍进行统一管理、统一指挥、统一调度,让执法权限和力量向镇街集中,真正实现一支队伍管所有,有效避免多头管理、重复执法。

齐贤街道坚持"平战一体、处置一体、防控一体",高标准打造升级版社会治理和公共服务大楼,系统运用大数据、云计算、物联网等新一代信息技术,建设"齐贤街道基层治理云平台",涵盖了党建引领、综治工作、监管执法、公共服务、应急管理、网格考评、竞跑三比等模块,搭建起党建引领社区治理数字智能化的总体框架。

齐贤街道深入推进区域党建联盟,根据地域及行业特点,划分三大党建联盟,依托"区域党建联盟",夯实基层党建力量,实现组织融合、资源融合、力量融合,深入打造"高新产业+美丽乡村"北片联盟、"基层站所+集镇村居"中片联盟和"商贸产业+城市社区"南片联盟。

(三)片区化管理,牵牢基层组织"红色纽带"

齐贤街道返乡人才党总支有党员200余名,包括大中专毕业生党员、转业退伍军人党员,以及"两新"组织党员与工作单位解除劳动关系且暂时没有可接收单位的党员等。由于数量相对较多,存在管理难问题,为更好地发挥这些党员的力量,齐贤街道创新提出返乡人才总支片区化管理,即街道根据区域以及行业特点,在建立区域党建联盟的基础上,按照片区划分,将这些返乡人才分成三个小组。街道从每个党员填写的意愿清单、工作性质等方面综合考虑,选取一部分党员作为小组长候选人,负责上传下达工作;同时进行积分制考核,群众基础差、能力差,或者不积极主动的将被替换,通过搭建平台、组织活动为街道挖掘、培养更多的优秀人才和后备干部，牵牢基层组织"红色纽带"。

坚持"大党建引领大发展"理念，以基层"五星"系列创建为总抓手，突出北、中、南三大发展定位，发挥区域党建联盟的"红色纽带"作用，着力破解各领域"党建隔阂"，实现"村居＋企业＋站所"的全面共建共治共享，有效提升各基层党组织的组织力、凝聚力和向心力，推动基层党建全域提升。

大学生在齐贤参加暑期社会实践活动

二、党建统领基层智治的主要启示

（一）丰富红色内涵，提升红色旅游知名度

齐贤街道已形成了一条红色基因带，涵盖了以纪念馆为核心的"龙山星火"和以"百年党史路"为核心的"百年风华"；以3A级景区村为基础打响了红色旅游品牌，把红色资源利用好、把红色传统发扬好、把红色基因传承好，在"红色先行、治理先行、共富先行"上做深做透文章；坚持红色资源保护利用，结合周边文旅资源，发挥基地在教育、服务、关爱青少年方面的桥梁纽带作用，创新教育载体，引领更多青少年在这里深刻领悟百年大党的重大成就和历史经验，更好传承和弘扬红色精神，为乡村振兴凝聚更大发展合力。

（二）建成生态美丽村庄，提高村民生活品质

在党建引领下，齐贤村的各项工作都走在了前头。作为全区7个"3A级景区化建设示范村"创建村之一，开展了一系列绿色生态美丽村庄建设：利用西海湖沿河杂地，投资310万元新建游步道，投资175万元进行相关的配套景观绿化

改造；在徐家灶大溇周边空地种上花海，使之成为新晋"摄影基地"及"网红打卡地"。齐贤村通过助推美丽乡村更好地转变为美丽经济，既增加村民收入，又解决一些村民的就业问题，实现集体经济与村民的共同富裕。

（三）构建党建共富联盟，科技智慧赋能共同富裕

柯桥区全域构建党建共富联盟，充分挖掘有效资源，将街道、党群服务中心、社区、村等联合起来形成共同体，资源最大整合，通过科技赋能社区乡村治理，形成党建新格局，提高党建工作效率，凝聚人心，充分发挥党员先锋模范作用，实现共富先行。齐贤街道开展基层社会数字智能化治理，应急联动、数字城管等系统互通衔接、数据共享、业务协同，打通街道—站所—村居—网格信息传输枢纽节点，为"一图全面感知、一网综合治理"智慧化治理模式打下了坚实的基础。

齐贤水街城市书房

（文字参考自"柯桥发布"等相关公众号，图片来自中国网）

整理：任文杰

样本 37　渊明文化 IP，焕发新活力

　　光明居位于绍兴市柯桥区齐贤街道东北部，毗邻萧山区益农镇，是绍兴融杭接沪的最前沿，村域面积约 1.1 平方公里，下辖 5 个自然村、8 个居民小组，全居 592 户，户籍人口 1726 人，外来人口 1000 余人，集体固定资产 8000 多万元，有渊明故里的美称，曾先后获得省 3A 级景区村庄、绍兴市首批"3A 示范村"、"浙里最美四十年·浙江十大美丽乡村"等荣誉称号。

　　光明居文化礼堂总占地 2500 平方米，于 2014 年修建，2019 年提档升级装修，是一所集教学、礼仪、娱乐于一体的综合性文化礼堂。光明居依托美丽乡村建设，围绕打造"光大渊明"文化旅游特色品牌，将文化礼堂建设与乡村旅游发展有机结合，实现了文化繁荣、旅游发展的双赢，仅 2021 年就举办各类活动演出 218 场次，共接待游客 30000 余人次，实现经济效益 300 多万元，探索出一条农村文化礼堂发展的新途径。光明居文化礼堂是浙江省文化和旅游厅率先开展公共文化场馆服务功能拓展试点单位，入选了浙江省公共文化场馆服务功能拓展先行先试典型案例集。光明居文化礼堂曾获得浙江省五星级文化礼堂、绍兴市四星级文化礼堂、柯桥区五星级文化礼堂、柯桥最美文化礼堂和浙江省级农家书屋等荣誉。

一、公共文化场馆功能拓展的主要做法

（一）统筹规划，文化资源共建共享

　　光明居在规划"光大渊明"的文旅品牌方案时，把文化礼堂作为重要资源融会其中，和渊明景区同步规划、同步建设、同步发展。

一是场地共建共享。光明居文化礼堂通过与中国美院、浙旅集团、上海园林绿化建设有限公司等文化设计调研团队合作，建设了以仿古戏台、陶公居、五柳堂书院等为主的古建核心区，既能良好地发挥文化礼堂的功能，又能使其以陶渊明田园诗话的意境成为旅游胜地。文化礼堂的核心光明剧场分内外两个舞台，外场为渊明故居广场仿古戏台，可举办各项大型文艺演出活动，是文化礼堂光明剧场艺友和居民们集中展示才艺的舞台，也是游客体验当地风情的必经之所；内场则为居委会的三楼文化礼堂，配有专业的演出灯光和音响，是居民每个周末参与和欣赏文艺节目的场所，也是游客欣赏表演的地方。

光明剧场演出

二是资源共育共推。光明居拥有民宿、餐饮、农事基地和五百亩荷塘、陶公居等系列基础设施，还有田间采摘、池塘垂钓、陶艺、国学教育、红色党建、亲子互动萌宠乐园等体验基地，以及营火研学营地、行军营和购乐街等项目，吸引着众多摄影爱好者和参观团队，形成了红、橙、绿、蓝、紫五条参观路线，即悠闲主题的紫色线、清廉主题的蓝色线、美丽乡村田园风的绿色线、亲子主题的橙色线和精品党建主题的红色线。这些资源同时推动了文化与旅游事业的发展，培育了"光大渊明"特色文旅品牌，也吸引了越来越多的人参与其中。

三是节庆共谋共办。节会活动是发展文旅事业的重要载体。光明居依托文化礼堂开展各类民俗活动和节会庆典，陆续举办了柯桥区首届农民丰收节、渊明诗歌节、采莲节、七夕节、成人节等节日活动，既丰富了当地居民的文化生活，又带来了大量的客流，实现了文化与旅游发展在资源上的共建共享。

（二）关键在人，团队培育选好中坚力量

要实现资源的有效利用和绩效的高效提升，一支优秀的工作团队是关键因素。光明居根据自身特点，在发展中不断配强工作团队。

一是配强核心团队。光明居文化礼堂由"绍兴名嘴"朱华良担任文化管理员，居总支委员陈晓萍和热心懂业务的公益人王虎苗担任指导，组成了文化礼堂和乡村旅游专业"铁三角"，成为光明居文旅事业前进的高效引擎。

二是选好中坚力量。为打造文旅特色品牌，光明居"铁三角"通过多年的努力，组建了一支由60多人组成的具有强大战斗力的文旅团队。居委会的青年党团员、光明及周边村居文艺旅游爱好者、浙江渊明文化旅游发展有限公司的员工加入了这支队伍，成为光明居文旅事业的中坚力量。队伍成员定期召开碰头会，举行"头脑风暴"，研究讨论发展方向，设计安排活动内容，开展研学培训教育等。

三是广用社会资源。来自社会各界的支持也是光明居文旅事业的重要依托。比如，历年来光明居委会与绍兴市中等专业学校联合举办"暑期新青年下乡暨青春助力乡村旅游"社会实践活动，既给了在校学生一个很好的锻炼机会，也有效地补充了暑期旅游高峰所需的人力资源。截至2022年底，光明居与近100个社会团队、新闻媒体、高校、机关单位、文旅机构建立了长期合作关系。

（三）做精做强，活动推广相辅相成

坚持精强至上，努力打造优质的品牌活动，是光明居文化礼堂一枝独秀的秘籍所在。

一是剧场活动创品牌。光明居发挥文化礼堂地处萧绍边界的优势，以光明剧场为主阵地，品牌文艺活动与品牌旅游推广两手抓。文化礼堂区级品牌活动"萧绍戏迷嘉年华"就此应运而生，陆续推出了萧绍名家风采展、"我看你有戏"戏迷PK赛、萧绍越剧名票折子戏、萧山戏迷专场演出、本土戏迷专场、萧绍"文艺走亲"和"羊山木艺杯"萧绍光明之星风采展等活动，吸引了大量客流。

二是研学活动显特色。光明居以文化礼堂中的陶公居、社戏台（特色戏剧）和清莲池（廉政文化园）、江南水韵、陶艺等各个体验馆、荷塘人家田园综合体（花海、蔬菜乐园、农事体验区）、亲子互动乐园等教育实践场所为研学基地，根据研学游课程需要，设有面向中小学生的研学活动课堂、活动场所等，举办国学礼仪教育、传统彩陶制作、追寻渊明遗迹等研学活动，吸引了大量中小学生与学

生家长前来参观学习。

三是休闲活动聚人气。光明居将休闲活动融入生活，使游客得以亲历乡土风情，探访田园生活，从挖藕、挖荸荠、挖番薯到拔萝卜、拔甘蔗、拔青菜，从采莲蓬、采菱角到掰玉米、起花生，从烧大灶到亲子烤肉，感受美丽乡村建设的不凡之路。其中，"人间烟火锅灶始"的烧大灶活动和原汁原味体会"大自然绿色"的亲子果实采摘活动多年来广受好评，为光明居旅游事业提供了发展动力。

光明居建筑小品

二、"光大渊明"品牌先行先试的主要成效

（一）焕发了"渊明文化"旺盛生命力

光明居文化礼堂丰富多彩的活动得到了萧绍两地上级有关部门的关注与支持。浙江电视台、绍兴电视台公共频道、柯桥区电视台、《绍兴日报》《柯桥日报》和萧绍两地的市区级媒体多次刊登专版报道。依托文化礼堂这一基地开展的红色旅游、社会实践等活动，也使得礼堂被授予"少先队校外教育实践基地""未成年人思想道德建设实践基地"等荣誉称号，被中央电视台、新华网等多家媒体相继报道。光明居文化礼堂荣誉不断，陆续获评浙江省五星级文化礼堂、绍兴市四星级文化礼堂、柯桥区五星级文化礼堂、柯桥区最美文化礼堂和浙江省级农家书屋，成为"光大渊明"文旅品牌中最浓墨重彩的一笔，焕发出旺盛的生命力。

（二）增强了"渊明文化"内涵吸引力

结合品牌特色，光明居文化礼堂举办了首届"热爱生活·诗赞田园"渊明诗歌节，还成立了"光大渊明·醉美田园"传承古文化体验营团队，开展"渊明文化"系列活动。在五柳堂书院着汉服、行汉礼，听陶渊明故事、参观陶渊明雕像，学习汉代礼仪，诵读国学经典，体验陶艺、泥塑、扎染等传统手作工艺项目，系列活动以多种多样的方式向大家传递"渊明文化"，推动文化振兴，带动产业兴旺。光明居以文化礼堂为核心打造的文化旅游项目填补了省内"渊明文化"的空白，丰富了"渊明文化"的内涵。

（三）提升了"渊明文化"品牌影响力

一是网红景点吸引游客。光明居作为省 3A 级景区村庄，在文旅事业方面以立足实践教育、对接家庭教育、延伸社会教育为使命，将"立志""爱国"等作为价值观，以党团建设、农事体验、员工培训、冬夏令营、研学旅游等形式，服务省内外及意大利、英国、西班牙等国家的游客。而光明居文化礼堂包括其内含的仿古戏台、陶公居、五柳堂书院则是这些中外游客的必到之处，每年都有无数游客驻足流连，拍照留念，了解渊明文化。

二是智慧礼堂传播风采。光明居文化礼堂积极拥抱新媒体建成智慧礼堂，通过网络平台将文化礼堂开展的各项文艺活动推向更广泛的群体，使更广泛的人群了解到光明居的优美风景与人文底蕴，积累了大量的潜在旅客。

光明居光明讲堂

（四）激发了"渊明文化"业态新活力

光明居通过渊明文化 IP 的打造，将文化资源做大做实，以渊明文化引申出廉政教育、研学体验、古典戏剧等文旅消费产品，既发挥了文化浸润人心的功效，弘扬了优秀传统文化，也吸引了许多文旅企业前来投资，持续不断为乡村文化共富造血。吸引投资推动深入发展，光明居的文旅事业以高标准的站位、高质量的服务，获得了省内外甚至国外客人的好评，由此吸引了许多文旅企业前来投资。光明居先后与浙江立尚文化传播有限公司、浙江省旅游集团有限责任公司等进行深度合作，共同发展光明居文旅事业，共同弘扬"渊明文化"，吸引投资额数千万。光明居突破了传统乡村文化礼堂的形态和功能边界，成为乡村居民享受现代化优质文化服务、体验高雅艺术和参与城市文娱业态的新场所，成为村民们的精神共富新家园。光明居将继续以文化礼堂为核心，深入开发文化旅游资源和文化创意产业，使"渊明文化"享誉浙江、闻名全国，直至名扬海外。

（文字和图片资料由柯桥区文旅局提供，部分内容参考自"柯桥发布"等公众号）

整理：杨杨帆

样本 38 构建云上家园，推进文化智融

农村文化礼堂和新时代文明实践中心是党的基层工作的重要阵地，柯桥区立足新阶段、瞄准新定位，担负新使命、回应新期待，破解新难题、树立新理念，打造新高地、确立新标杆，努力打造成为展示"重要窗口"的标志性成果。

柯桥区的农村文化礼堂建设工作自 2013 年起步，先后投入近 3 亿元，高标准建成 300 个农村文化礼堂和社区文化家园，全力打造农民精神家园，搭建助推乡村振兴的重要平台。其中，2019 年建设农村文化礼堂 36 家，投入经费 460.12 万元；2020 年建设农村文化礼堂 19 家，投入经费 228.04 万元；2021 年完成"智慧礼堂"系统全覆盖，投入经费 1056.84 万元。全区现拥有四星级文化礼堂 91 个、五星级文化礼堂 27 个。

为有效推动农村文化礼堂与新时代文明实践中心建设融合发展，柯桥区提出并逐步搭建起"两文融合"三级架构体系。在区级层面，将文化礼堂总堂与文明实践区级中心融合，打造"文智大脑"管理平台，实现数据归集、后台分析、资源整合、协调指挥的功能定位；在镇级层面，将文化礼堂分堂与文明实践所融合，借助"智慧礼堂"系统实现区域管理融合；在村级层面，将文化礼堂与文明实践站融合，实现人员、队伍、活动融合。

一、"两文融合"三级架构体系建设的主要做法

（一）建智慧平台，集成资源实现"云共享"

柯桥区牢牢把握"数字+"，整合政府、科技、网络、媒体等资源，搭建集服

务、娱乐、管理等于一体的"乡村智慧大脑"，有效打通智慧文化服务的"起始一公里"。

一是集纳部门服务资源。坚持共建共享，在开通线上宣讲、云上文化服务的基础上，引入多部门资源、社会化参与、民众化共享、多主体联动的集成机制，实现了人社、卫健、科技、民政等17个部门提供的8类30小项的千余条涉及民生服务、政务服务、志愿服务等内容供给，有效推动政府公共服务资源向农村、向门口、向指尖延伸和转移。

二是集成网络技术手段。引入智能触控、语音识别、网络直播、有声读物等10余种最新技术元素，让人民群众的文化生活更智慧、更便捷、更丰富，有效增强了文化获得感。如与科大讯飞合作定制绍兴方言语音搜索模块；与喜马拉雅公司合作开设扫码即可免费听书的"有声图书馆"，扫码阅读已达20万次。每年投入40万元向腾讯、爱奇艺、华数等国内一线供应商购买影视、教育、科技等近600部数字资源，获得使用和更新授权，实现"总部平台一次付费、全区礼堂免费共享"。

三是集聚新兴媒体平台。利用抖音、快手、微视频、公众号等媒体平台，推出"小柯开讲"线上宣讲、"后浪眼中的柯桥"微视频大赛、年宵花会抖音大赛、"'象'我挑战"云上象棋赛等活动，吸引青年参与；将"笛扬新闻"APP、《柯桥日报·数字报》、"柯桥发布"等媒体纳入"智慧礼堂"平台，利用网络直播平台，将周末剧场、文艺晚会、各类赛事进行线上互动直播，实现"一处活动、多处共享"。

居民观看"小柯开讲"线上宣讲

（二）用数字算法，打通文化供给"云链条"

柯桥区依托数智云平台在线申报、科学分析、精准供给的闭环式活动运行体系，成功打通了文化服务的"最后一公里"，使活动供给更接地气、更对脾气、更有人气。

一是推行在线化管理。柯桥区通过"智慧礼堂"平台，实现礼堂活动即时填报、实时测评、随时掌握，打破时空限制，实现全地域、全天候管理。建立"宣讲响亮指数""活动活跃指数""镇街文明指数"等评价机制，按月对全区各礼堂、各镇街活动开展情况进行排名，以动态数据直观反映活动质量和水准，全区活跃指数、响亮指数显著提升，成为星级评定的重要依据和提升内容质量的重要抓手。

二是采用数据化分析。柯桥区利用后台技术对 300 个礼堂近万场活动的数据进行撷取、管理和分析，通过"智慧大脑"平台实时呈现反馈各个礼堂的活跃度、各类群体的参与度、各项活动的欢迎度；同时在"智慧礼堂"平台开通"云留言"板块，通过在线留言了解群众诉求、倾听百姓呼声，为文化内容精准、有效供给提供直观可靠的决策依据。

三是加强精准化供给。根据数据分析，对活动内容供给进行适时调整，及时增补群众爱听、爱看、爱参与的名家经典戏曲、健康养生讲座、时尚生活培训等活动，开展"五朵'梅花'送精品越剧进礼堂"、名医在线答疑、名师线上授课等活动，广受欢迎。

"智慧礼堂"应用场景

（三）强数智赋能，增添乡村振兴"云动力"

柯桥区把文化礼堂作为"四治融合"的重要载体，积极探索数字赋能乡村振兴、基层柔性治理的新路子。

一是云上推介助农富。柯桥区策划举办"智慧礼堂"杯乡村振兴农民主播大赛，以直播形式助农、助工、助游、助商，吸引大量观众，举办竹笋、酱油、日铸茶等土特产"云上直播带货"活动，为农户带来了实实在在的收益，为农业升级发展注入了新的动力。

二是码上实践塑最美。柯桥区依托"趣缘、业缘、地缘"网聚志愿者，组建志愿实践团队，开展志愿实践活动。利用微信扫描实现"码上实践"，营造"随手公益、人人志愿"的全域化志愿服务环境，挖掘培育以"最萌鞠躬礼""最美救护群像"为代表的好人群像，打造"有礼有爱之城"。

三是网聚人气促民和。柯桥区数智平台的搭建和智能供给的实现，更加精准、便捷、有效地丰富了群众的精神文化生活，和谐了邻里关系，拉近了干群距离，有效净化了乡村社会风气，文化礼堂已成为农民群众愿意来、主动来、留得住的"乡村文化客厅"和"基层矛调中心"。

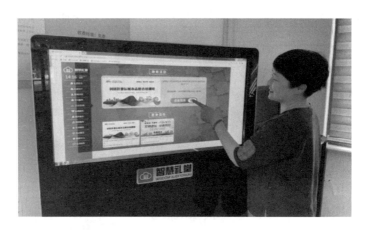

用"智慧礼堂"收看直播

二、柯桥区"智慧礼堂"建设未来设想

柯桥区"智慧礼堂"建设是数字化改革纵向深入文化惠民、文化富民工作的有效尝试，以此为依托的"两文融合"三级架构体系，进一步丰富了农村文化礼堂和社区文化家园的内核，同时有效促进了新时代文明实践工作扎根基层，满足了群

众精神文化需求，构建起网上网下一体化的基层思想政治建设主阵地。

柯桥区将深入探索农村文化礼堂与新时代文明实践中心的共建共享、同频共振，整体纳入智慧社区、未来社区建设系统，在进一步优化平台建设、规范平台管理、充实服务内容、拓展服务领域的基础上，推进建设"掌上礼堂"，打造以礼堂风采、云上讲堂、云端秀场、在线管理等为主要内容的"指尖智慧文化大脑"，推动"智慧礼堂"服务内容资源由所在地向线上拓展、由 PC 端向手机端转移，使老百姓获得礼堂服务的渠道更加多元、方式更加便捷。

（文字资料由柯桥区文明办提供，图片来自新华网）

整理：徐丽仙

样本 39 "潮"涌文化礼堂，智"领"精神家园

马鞍街道位于绍兴市柯桥区东北部，东北与钱塘江支流曹娥江相邻，南至越城区斗门街道，西至齐贤街道、杭州市萧山区益农镇，区域面积 110 平方公里，下辖 5 个社区和 11 个行政村，拥有常住人口 3.96 万人，外来流动人口 25 万余人。

马鞍街道以文化礼堂建设为载体，对标公共文化服务体系标准化 2.0，提升公共文化阵地建设水平，探索公共文化设施景区化建设模式。已建成 13 个高标准的文化礼堂，实现行政村文化礼堂、"智慧礼堂"双覆盖。2020 年 10 月，被浙江省委宣传部评定为农村文化礼堂建设示范镇街。

一、马鞍街道高标准建设文化礼堂的主要做法

（一）深层次挖掘"潮领"文化新内涵

马鞍街道在文化礼堂建设方面，注重村情、民意的收集，注重利用辖区资源禀赋，广泛收集村史村情、乡风民俗、崇德尚贤、美好家园等资料，合理布局展示，彰显地域特色。

亭山桥村是马鞍街道文化助力共富先行样板村，村内的老山海小学遗址是亭山桥村的文脉所在，这里曾一度沦为破旧厂房，山海小学搬迁新址后，随着亭山桥村美丽乡村建设以及文化治村、文化立村、文化强村的探索，其中一部分摇身一变，成为村里的城市书屋和游客服务中心。

马鞍街道的宝善桥村村史馆内分别设有"桥文化"历史展馆和"善孝文化"展馆，巧妙地将历史沿革脉络与古今孝道文化传承结合起来。礼堂定期组织人员到村史馆参观学习，接受善孝文化的洗礼。

马鞍街道宝善桥村文化礼堂

（二）高标准建设"潮领"文化大礼堂

滨海大河（马鞍段）流经村庄，犹如母亲河般滋润着大地，随着沿河游步道的建成，马鞍街道相关村庄的品位得到了大幅度提升，老百姓健身有了好去处。街道内的礼堂建设选址优先考虑人口相对集中、交通便利的地理位置，建设之初，马鞍街道将高标准建设文化礼堂纳入街道"八个一"惠民工程项目，在每个礼堂配置一个电子大屏、一个村级城市书屋、一个村史馆、一个有声读物墙……街道13个文化礼堂中获评省五星级礼堂4个、市四星级礼堂6个，占比远高于省内外同类镇街。

街道参照项目化管理的要求，把文化礼堂建设提升纳入街道重点工作年度岗位目标责任考核。根据"管理有制度、活动有计划、台账有记录、展陈有更新、设施有维护、安全有保障"的"六有"要求，街道对文化礼堂从长效管理、队伍建设、内容建设、特色展示、群众评价等五个方面进行考核，并配套特色工作加分和一票否决事项考核。在此基础上，制定出台《马鞍街道农村文化礼堂管理员考核奖励办法（试行）》，进一步提高文化礼堂管理员的干事创业积极性和主动性。对年度考核优秀、良好、合格的管理员，在原有奖励基础上再分别奖励10000元、6000元、3000元。

（三）分梯度打造文化礼堂人才队伍

马鞍街道围绕"文化礼堂、精神家园"的目标定位，建立完善了一支有才艺、有热情、有责任心的专职文化礼堂管理员队伍，鼓励优秀礼堂管理员通过互助传授方式分享知识技能、工作方法、实践经验等，形成了从相关干部、礼堂管理员到志愿者等系列的"礼堂人才队伍"。同时，街道通过整合街道、村居、企业等资源，分类开展政策宣讲、活动策划、文明礼仪、地域文化、非遗传承等培训，推进一专多能的复合型、全能型人才培养模式，打造培育出 70 多支有能力、有活力、有魅力的文艺志愿团队，以更好地服务广大群众。

（四）全方位融合礼堂精神文化

马鞍街道因村定位抓活动策划，按照"大门常开、内容常新、活动常态"的要求，立足本地特色文化资源和群众实际需求，积极发挥文化礼堂管理员、业余文艺骨干、业余文艺团队的作用，经常性开展主题教育、集中宣讲、文艺演出、体育比赛等活动，通过"文化五进""文化走亲"等形式丰富文化产品供给。

浙江开放大学柯桥学院走进马鞍文化礼堂

结合农村文化礼堂"特色展示"活动，精心策划举办了"传承围涂精神、唱响潮领马鞍"、"国学文化进礼堂"、绍兴市全民 K 歌大赛、绍兴市第二届声乐大赛决赛、绍兴市微型党课大赛决赛、"潮领马鞍·悦书会"书香礼堂全民阅读等大型活动。此外，就医义诊、乡村振兴农民主播大赛、"小柯开讲"、健康讲座等也经常受邀在文化礼堂举行。

二、新型乡村文化礼堂建设的主要成效和启示

（一）居民幸福指数显著提升

马鞍街道境内的滨海大河（马鞍段）流经村庄，养育了一代又一代宝善桥人。

河岸两侧建起的游步道和景观廊亭，周围建起的农村文化礼堂，成了村民茶余饭后休闲健身的好地方，显著提高了村民们的幸福指数。仅 2019 年一年，街道在文化礼堂就组织开展了"周末剧场"活动 400 余场，参与文体团队达 150 余个，吸引群众数万人次，让村民在家门口享受了一场场文化的饕餮盛宴。

心连心艺术团走进马鞍街道文化礼堂

（二）村、企、校多方联动的实践特色品牌逐步形成

马鞍街道因地制宜、创新载体、深入探索，积极打造"潮领马鞍·一村一特色、一企一亮点"的马鞍品牌，提炼可复制、可借鉴、可推广的马鞍做法。以马鞍老集镇为例，围绕"善孝"主题，致力打造村、企、校（宝善桥村、中设建工集团、马鞍中心小学）三方联动的新时代文明实践特色品牌。马鞍街道作为 2021 年全省农村文化礼堂 2.0 版建设暨新时代文明实践中心建设现场会的主线参观点，获得了各级领导的高度肯定。

（三）"效能指数""响亮指数"位居全区榜首

马鞍街道建立和完善了"镇级精品项目＋村级自选动作"的模式，按照"周周有活动、人人可参与"的要求，通过"品牌赛事""周末剧场""文化走亲"等多种载体向村居输送多元化项目，涌现出了一批热衷主持、唱歌、跳舞、演奏的民间文艺精英，也涌现了中设建工集团等一批富有爱心的企业，形成了一股文化孝道融入企业文化、乡村文化精神融入企业理念的新风尚。家和万事兴，家庭关系更和睦了，企业的凝聚力和战斗力也更强了。2022年，马鞍街道的文化礼堂"效能指数""响亮指数"均居全区第一。

（四）乡土味道与生态宜居有机融合

马鞍街道通过挖掘村风、社情、民风、民情历史文化内涵，实现"新"从"旧"中来、现代文化与传统文化的有机融合，打造现代与传统相呼应的新型文化礼堂，使得文化礼堂建设充分体现农村特点，注重乡土韵味，保留乡村风貌，留得住青山绿水，记得住乡愁，真正成为有内涵、见实效的乡村文化建设实践。

（文字参考自"绍兴发布""柯桥发布"等公众号，图片来自"柯桥区文联心连心艺术团""柯桥发布""浙江社区教育"等公众号）

整理：刘召靖

样本 40　激活城乡精神文明治理新动能

　　柯桥区推进新时代文明实践中心建设工作，完善区、镇、村三级联动体系，提档升级区级中心，打造"文智大脑"指挥管理系统。建立文明实践测评体系标准，通过"文明实践"指数专项测评，针对阵地建设、活动开展、特色培育情况开展定向指导。以志愿服务实现文明实践，启动"双十双百"计划和特色志愿服务项目大赛。积极打造"志愿柯桥"品牌，完善线上管理平台，建立起了点单、派单、跟单、评单的完整运行机制。

一、激活精神文明治理新动能的主要做法

（一）打好乡贤文明"组合拳"

　　用好乡贤资源，助力产业发展。福全街道在"三爱福全"的倡导下，积极融合传统文化与地域文化，发挥乡贤智慧，赋能基层治理。设立了乡贤基金，用于乡贤长廊、老年养老中心等民生实事工程建设，定向捐赠价值 80 余万元的救护车，用于当地卫生事业发展；会聚乡贤人才，润泽共富沃土，打好"乡情牌"，感召乡贤荣归故里，报效桑梓。福全街道党员林树春自 2014 年起，投入 150 万元创办合作社，发展食用菌产业，壮大集体经济。夏履镇设立全国首家"双院士"级基层乡贤名医工作室，李兰娟院士等 20 余名乡贤名医定期到夏履镇开展义诊服务，通过"传帮带"模式让当地医疗技术水平整体提升，助力家乡建设，共同缔造富裕生活。

（二）布局好人文化"先手棋"

　　夏履镇选树好人好事典型，大力宣传义工服务站站长沈柏峰、"派出所老官"辅警韩银霞等先进事迹，通过积极放大先贤的示范效应，滋养血脉，使得地区好人好事呈现井喷之势，汇聚为推动思想文化道德建设的强大力量。

福全街道在挖掘精炼好人文化价值内涵的基础上，打造线上线下平台，推进"互联网＋好人文化"的建设，开设"好人公示"系列和专栏，定期宣传典型人物、义行善举，同时线下在秋瑾公园内构建"好人阵地"，通过建设福全先贤美德精神宣传长廊，传播正能量，引领新时代好人风尚。

（三）用好志愿服务"连环招"

福全街道积极组建志愿者队伍，开展志愿服务，弘扬志愿文化。福全街道共有注册志愿者7000余人，2022年以来共组织志愿活动500余场次，在一季度的"有礼有爱"文明实践指数测评中，名列全区第一。志愿文化通过志愿服务与志愿活动的形式，向群众宣传推广，形成了新型的乡村文化传播结构，以志愿服务实践助推乡风文明建设与乡村治理转型。

福全街道公益阅读志愿服务

夏履镇经过多年的探索与实践，已然形成独具特色的志愿文化，邻帮邻、义工战"疫"、救援抗台、助学结对等志愿服务项目，让党员带头、居民参与、全域互动的志愿服务氛围不断浓厚。2021年，夏履镇为积极响应柯桥区关于推进新时代文明实践中心建设工作的号召，成立了夏履镇新时代文明实践所、站（点），组建志愿者服务队伍，用实际行动引领夏履新风尚。新时代文明实践中心成为推动地区社会健康发展不可或缺的重要力量和一张靓丽名片。

（四）谱"艺术乡建"篇章，绘"村里美忆"图景

作为经济强镇（街）的钱清街道大力推进"艺术乡建"，书写新时代共富篇章，不但让百姓们享受到更多的"文化大餐"，也让文化艺术发展的土壤更加肥沃，在各个村（社）里生长出灿烂的文艺之花。

钱清村"三队"同时成立

2022 年以来，枢里村以美育村建为载体，深入推进"艺术乡建"，用画笔描绘乡村共富底色。2023 年，与中国美院共建社会美育实践基地。由中国美术学院翁震宇教授带队，艺术管理与教育学院博士、硕士研究生组成的中国美院枢里村社会美育实践小分队，在村里开展"美好乡见·艺动枢里"暑期实践和采风活动。小分队通过实地调研，对本土地域的自然风貌、人文历史、道德风尚、风俗习惯、特产资源、艺术特色、价值观念、精神传承等进行了资料收集与整理分析，从枢里人文传统美、枢里村民生活美、枢里山水田园美三个维度出发，开展探寻"枢里六美"、回归"村里美忆"、编悬"织物之愿"和艺动"枢里未来"的实践，用互动的美育行动激发村民的美好能量和创造潜力，提升村民对地方的认同感和归属感，共创美好枢里。

二、引领百姓精神富裕的几点思考

（一）建立文明创建长效管理机制

自 2021 年起，按照调整后的国家、省级测评体系标准调整，每年有 1 次以上国考和 1 次省测，部分点位标准要求也进一步提高，柯桥区文明办积极做好全国文明城市复评迎检的牵头协调工作，通过定期开展"文明程度指数"测评和集镇环境卫生检查，将文明创建从突击任务变成常态工作，督促属地和部门建立行之有效的长效管理机制。

（二）深化新时代文明实践中心建设

柯桥区积极探索一条具有柯桥辨识度的文明实践新路径，在中心、所、站三级体系建设基础上拓展特色实践基地和实践点，实施数智赋能工程，按照全省

"一张网"理念，突出移动优先和场景应用。柯桥区实施新时代文明实践品牌引领工程，打造一批具有柯桥辨识度和较强牵引力的实践品牌，强化系统观念和整体意识，切实推动文明实践成果向各领域转化、全方位落实，不断提升文明实践的知晓率和参与率。

（三）强化数智赋能志愿服务工作

柯桥区统筹文明实践点位与农村文化礼堂、文化家园的志愿服务资源，通过"两文融合"模式，实现区、镇、村三级阵地互融，实现一镇一品牌、一村一特色。柯桥区推广建立了有人员、有项目、有管理的志愿服务站点，构建了点多面广、功能完备的"15分钟志愿服务圈"，营造了"随手做志愿，人人争做志愿者"的良好风尚。柯桥区积极孵化特色志愿团队，坚持做大做强志愿服务特色项目大赛，深耕"文明轻骑兵""纺城义警"等重点项目，搭建数字化场景，为文明传递奠定良好基础。

（四）加强公民思想道德建设

柯桥区坚持立德树人、以文化人，建设社会主义精神文明，培育和践行社会主义核心价值观，发挥社会主义核心价值观凝心聚力的作用。按照"浙江有礼"品牌建设任务，进一步完善充实"柯桥有礼""柯桥有爱"两大品牌，传播正能量，引领新风尚，持续提高"好人礼遇"影响力，开展各类公民道德实践活动，在全社会广泛培育人民群众价值共识，推动全社会形成共同价值追求的良好氛围。

（五）倡导文明健康新生活方式

柯桥区教育广大群众养成讲文明、讲卫生、讲科学的文明健康新生活方式，强化尊重自然、保护动物的生态文明意识，倡导群众积极参与垃圾分类，开展健康文体活动。在城市社区和农村，柯桥区积极倡导乡风文明，深化移风易俗"7+X"行动（即下发一份倡议书，签订一份承诺书，成立一个理事会，召开一个专题会，树立一批好典型，建立一支志愿队，开展一次主题活动，再提炼一项以上的典型做法或特色亮点），倡导使用公筷公勺、厉行节约，推动形成新消费理念。

（文字参考自"柯桥发布"等公众号，部分资料由柯桥区文明办提供，图片来自福全街道、钱清街道相关公众号）

整理：陶佳苹　李玉儒

第

四

篇

宜居乐业与善治追寻

共　同　富　裕

柯　桥　样　本

分论（四）

　　柯桥区，是中国县域经济发展的一颗明珠，连续多年入选中国经济十强县（区）。柯桥区以"领跑全市、竞跑全省"的奋斗姿态，将"十四五"规划推进与共同富裕示范区先行地建设有机结合起来，找准推动共同富裕的着力点和突破口，围绕"高质量发展、高水平均衡、高品质生活、高效能治理"先行先试，加快打造一批具有柯桥辨识度的建设成果，打造共同富裕的"柯桥样本"。

　　柯桥区在夯实经济增长基本盘基础上，构建起"一组一办一团一中心六专班"组织体系，锚定党建共富、扩中提低、民生补短、平安共富、三次分配、未来乡村等共富赛道，积极试点探索、示范争先，为切好蛋糕创造条件。首批8个共富星村创建村全部满星达标；在全省率先打造党建统领"区级引领、镇街主抓、村级主体"三级强村公司共富矩阵，梳理总结出投资收益型、资产盘活型等9种有效模式，共组建了三级强村公司50家，实现全区16个镇（街道）全覆盖；传承驻村指导员制度、助力强村富民改革两项省级试点中涌现出的经验做法分别被列入全省第一批、第二批共富最佳实践。

　　柯桥区立足共富星村省级试点创建，切实提升农民收入水平，缩小城乡收入差距。2022年，全区农民人均收入首次突破5万元大关，农村常住居民人均可支配收入达到51605元，同比增长7.4%，柯桥区成为浙江省农民收入第一区，远高于2022年全省37565元的平均水平。

　　共同富裕路上一个也不能少。柯桥区紧盯缩小城乡差距、区域差距、收入差距三大难点，全方位推进共同富裕示范先行区建设，取得了强村、富民、增收等一系列共同富裕标志性成果。柯桥区始终坚持以人民为中心的发展思想，每年2/3以上的公共预算支出用于民生，对区内因病、因贫、因残、因孤寡返贫的群体，均有兜底政策。柯桥区在全国义务教育优质均衡发展区和学前教育普及普惠示范区省级评估中排名第一，慈善发展指数列浙江全省区县市第三，"健康浙江"考核连续3年优秀，连续17年成功创建浙江省级平安区，在浙江省2022年共富示范区建设工作考评结果中蝉联考核优秀。

高水平均衡，加速城乡共融

缩小城乡差距，共享公共服务，是柯桥区打造共同富裕示范区先行地的关键一环。柯桥区在新型城镇化和乡村振兴双轮驱动下，积极探索城乡一体化发展，城乡居民收入水平稳居全省前列，农村基础设施和公共服务水平稳步提升。柯桥区聚焦全域一体、扩中提低、优质共享，在更高水平上补短板、强弱项，形成城乡融合的高质量发展新格局。

共同富裕，不只是口袋里有钱，还要让城乡居民共享经济社会发展成果。柯桥区推动乡村振兴先行，实施成片规划、成片拆迁、成片开发、成片建设，高质量打造美丽城镇、美丽乡村，加快提升农村基础设施和公共服务水平，实现城乡"同规同网、同标同质"。

在医疗、教育、养老等公共服务均衡上，柯桥区积极推进善育柯桥、学在柯桥、健康柯桥、颐养柯桥等建设。全面落实三孩生育政策，完善配套政策体系，加快婴幼儿照护服务体系建设，普惠提质发展学前教育；优化医共体改革，深化"三医联动""六医统筹"，实施"健康大脑＋智慧医疗"，完善重大疫情防控与公共卫生应急管理体系；深化养老服务改革，提升镇村两级居家养老服务功能，推进社工站建设，创新发展养老新业态、新模式等。

高品质生活，提升幸福内涵

未来社区成为柯桥提升共富生活水平的发力点。柯桥区以入选省未来社区试点的大渡社区为试点，积极推进未来社区数字化场景的应用和落地，打造"大渡未来社区"多跨场景应用，并加快福全金三角、齐贤羊山等未来社区规划建设，力争通过推广复制，到2025年实现未来社区区域全覆盖。

文化，是铸就共同富裕的精神家园。柯桥区将新时代文明实践中心打造成家门口的文化阵地，深化"智慧礼堂"建设，打造"文明轻骑兵"等多跨场景应用，高质量建设数字图书馆、数字文化馆、数字博物馆、数字美术馆，全方位提升文化软实力。

打造人与自然和谐共生的生态环境，对提高生活质量至关重要。柯桥区深入践行"绿水青山就是金山银山"的理念，全力推进碳达峰、碳中和行动，持续打好蓝天、碧水、净土、清废、治塑巩固提升持久战，深入推进全域无废城市建设。

共同富裕的美好生活远不止这些。人民对美好生活的向往日益升级，对生活的需求已不再停留在"有没有""够不够"，而是提升到"好不好""精不精"。柯桥区坚持以人民为中心，在推动与杭同城化、做强现代化基本单元、推动精神文明建设、提升生态颜值和环境品质等方面多点发力，不断提升城市能级，提高生活品质，群众幸福指数持续攀升。

高效能治理，筑牢安民根基

在描绘共同富裕新图景的过程中，基层治理是一块起着重要作用的"压舱石"。新时期的工作清单中，柯桥区将完整、准确、全面贯彻新发展理念，统筹发展和安全、富民与安民的辩证关系，加强应对社会风险的机制和能力建设，确保城市更安全、社会更安定、群众更安心。

数字化改革，便是提升基层治理现代化水平的有效手段。柯桥区锚定社会治理中的重点、痛点以及企业、群众关注的高频热门事项，以数字化改革赋能基层、促进发展，着力谋划打造实用、管用、好用的多跨协同应用场景。按照"一个平台指挥、一支队伍执法、一张清单赋权"的要求，形成"1+8"的综合执法队伍，同时，梳理高频简易综合执法事项，构建了"一体管理、一同检查、一站办案、一支队伍"的综合执法模式。

为了让监管执法由"多而粗"向"少而准"转变，通过数字赋能，双向贯通浙江省"大综合一体化"执法监管数字应用与基层智治系统，全面升级区行政执法指挥中心驾驶舱，使其成为可视化指挥、留痕化管理、协同化调度、智慧化研判的"最强大脑"。以问题为导向，突出精准监管，聚焦"监管一件事"深度融合，通过"小切口"撬动善治之城建设"大场景"。

执笔：徐喆

样本41 县域医共体建设的"柯桥特色"

柯桥区被列为浙江省首批11个医共体建设试点县域单位之一，由绍兴市中心医院、绍兴第二医院、柯桥区中医医院等3家区级医院牵头，分别与16个乡镇（街道）卫生医疗机构组建三个医共体。2021年以来，柯桥区牢牢把握先发优势，以建立健全政策体系和医共体运行机制为重点，全面深化医共体建设，逐步形成了具有"柯桥特色"的整合型医疗卫生服务体系。

柯桥区借助互联网，完善了医共体共享中心平台，成立了影像诊断、心电诊断、慢性病管理等12个共享中心，提高了资源利用率，实现了患者在基层卫生院做常规检查检验，区级医院专家进行诊断，检查检验结果在三大医共体间互认共享。同时，柯桥区整合优化医共体内的床位、号源，牵头医院6%的床位、3%的专家号优先向医共体单位开放，实现区级医院医疗资源、服务下沉。柯桥区统一1000余种药品目录，全区基层卫生院与区级医院慢性病用药一致。此外，绍兴市中心医院、绍兴第二医院、柯桥区中医医院三大医共体牵头医院分别组建了健康体检专家团队，为老百姓定制详细的体检报告，并走村（社）入户现场解读体检报告。

一、全面深化"医共体"改革的主要做法

（一）破立并举，建立医疗管理新机制

落实医共体经营自主权，实施医共体内唯一法定代表人的治理架构，打通医共体内管理和服务链条。通过两年的努力，柯桥区三家医共体单位已基本实现区、镇、村三级机构"一家人"，人员使用"一盘棋"，财务管理"一本账"的改革目

标。医共体单位优化资源配置，统一着装，统一标识标牌，构建医疗卫生服务新体系。不仅在分院是"三统一"，卫生室所有人员也实行统一招聘、统一培训、统一调动。柯桥区建立和完善了新的体制机制，统一人事管理后，牵头医院和基层单位就是总院和分院关系，分院领导班子成员每个月都要去医共体总院参加院务会，交流工作。人事薪酬制度改革，有效激发了医务人员的工作积极性。医共体实行财务管理"一本账"，各分院国家基本公共卫生服务项目补助经费和财政补助资金，实现统一拨付。柯桥区设立了医共体药品统一采购账户，医共体内的所有设备、药品、耗材全部实行统一招标、统一采购、统一支付。

在全市公立医院满意度测评中，柯桥区三家医共体总院分列第二、第四、第六位，得到了辖区群众的广泛赞誉和医务人员的拥护支持。

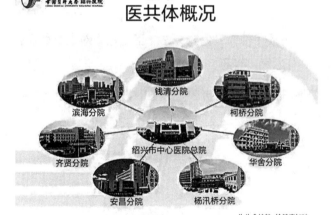

绍兴市中心医院医共体成员

（二）优质医疗资源下沉

医共体使病人不用跑远路，在家门口就可以看有名气的医生。每周二，柯桥区中医医院非遗项目"祝氏草科"传人祝瑞德都会在柯岩分院坐诊。像祝瑞德这样来自医共体总院的名中医工作室的坐诊医生有 5 位。为发挥中医药优势，建设好中医院医共体，柯桥区中医医院作为医共体总院，把下沉中医药服务作为重点，就"三六九"伤科、绍派伤寒傅氏疗法和祝氏草科三个中医非遗项目，在三家分院分别设立了中医非遗专科门诊。同时，针灸科、推拿科、骨伤科、中医脾胃病和中医妇科等中医专科同步"沉下去",有效缓解了基层单位的中医药技术薄弱问题,大大提升了基层分院的中医药服务能力。县域医共体建设,目的就是要把各类优质医疗资源下沉到基层,让基层医疗水平高起来。截至 2022 年底,柯桥区三家医共体的 62 个专家(专科)门诊下沉到各医共体分院,进一步夯实了基层基础。

(三)切实提升基层诊疗水平

过去,基层医院影像诊断水平参差不齐,有的不能诊断,有的担心漏诊,对于一些疑难病症总是没把握。但医共体建立共享中心后,分院医生会把各影像资料传送到总院让其帮忙审核,而且医共体医院的医生之间还有交流群、影像群,问题能马上迎刃而解。以柯桥区中医医院为例,仅医共体分院的影像报告,每天需要传送审核的就有 20 多个病人的。柯桥区医共体建成了区域影像、心电会诊、临床检验和病理、消毒供应等共享中心,在实现基层检查、上级诊断、就近治疗、让群众在家门口享受专家服务的同时,实现了区内检查检验结果互认。无论是在基层医共体分院,还是在村级卫生服务站、卫生室,对老百姓而言,在基层看病最大的保障就是:有专家、有药、有检查。

柯桥区中医医院医共体影像中心

为着力打造基层服务能力标杆,柯桥区三家医共体累计设立全专联合门诊 62 个,分院开设综合病床 900 张,实现了分院护理门诊、儿科门诊、中医药综合服务区等全覆盖,5 家较大规模的分院按照二级乙等综合医院标准提升服务能力。据统计,在 2022 年高速增长的基础上,2023 年 1—6 月,柯桥区基层医疗机构门诊接诊量为 204.6 万人次,同比增长 5.27%。2022 年县域内就诊率为 90.8%,基层就诊率为 67.17%。

二、整合型医疗卫生服务体系建设的主要启示

（一）为生命护航，给健康加油

推动医共体建设工作，是深化医保基金监管制度改革的题中之义，是深化医疗机构高质量发展的必然要求，是解决医保基金使用管理中短板问题的客观需要，是以人民为中心的发展思想的具体体现。加强医联体建设和发展，建设好"百姓家门口的医院"，强化基层医疗卫生机构居民健康守门人能力，方便了群众就近就医。同时，促进了医疗与预防、保健相衔接，使慢性病预防、治疗、管理相结合，使医疗卫生与养老服务相结合，可以推动卫生与健康事业发展从"以治病为中心"向"以健康为中心"转变，逐步实现为人民群众提供全方位、全周期健康服务的目标。

柯桥区医共体医保行业自律创建工作现场推进会

（二）高效引领医疗服务体系的发展趋势

通过建设和发展医共体，充分发挥区域内三级公立医院的牵头引领作用，引导不同级别、不同类别医疗机构建立目标明确、权责清晰的分工协作关系，促进优质医疗资源下沉，可以逐步解决现有医疗服务体系布局不完善、优质医疗资源不足和配置不合理等问题，推动形成分级诊疗制度，引导群众基层首诊、就近就医，有利于优质医疗资源的上下贯通。不断推进县级医院综合能力建设，加强社区卫生服务机构、乡镇卫生院和村卫生室等基础设施建设，在使基层医疗卫生机构的"硬件"水平显著提升的同时，以医共体建设为突破口，还可以逐步破除财政投入、医保支付、人事管理等方面存在的壁垒，吸引二级以上公立医院的技术骨干和管理人才资源下沉基层，补齐基层医疗卫生机构"软件"的短板。

（三）扎实推进全区面上医疗行业自身建设工作

柯桥区通过机构重塑，全面构建"不能为"的自律管理体系；通过规则重构，全面构建"不敢为"的自律约束机制。医疗行为大数据监管平台于2021年11月上线试用，融入了13类813条医保基金使用规则，通过建立三色实时预警功能，从源头拦截医保违规行为的发生。对于违反红色刚性规则的，平台会直接拦截；对于触及黄色柔性规则的，平台会予以提醒；涉及绿色监控规则的，系统也会留痕。这一规则极大程度地规范了医疗行为，保证了廉洁自律。医生在平台规则框架内进行操作，不但有效消除了病人的疑虑，也在一定程度上让医生规避了廉政风险。基于这些数据信息，平台还可自动产生多维度自律评分，为医共体内加强医疗行为规范管理提供数据支撑。

（四）完善医共体共享中心平台，实现医疗资源共享

医共体在优先保障基层医疗卫生服务需要的前提下，重组整合和优化配置所有床位、设备、号源等资源，实行规章制度、技术规范、质量管理、信息系统、采购配送、用药范围、后勤服务"七统一"。区域医疗卫生信息大平台的建立，大大提升了柯桥区的智慧医疗水平。柯桥区实现了全区诊疗信息互联互通和医共体间电子健康档案、电子病历的连续记录与数据共享，通过信息化手段开展网上预约诊疗、双向转诊、家庭医生签约、健康管理等服务，能实时掌握医共体内门诊挂号、入院出院、床位使用、手术检查安排等情况，对医疗行为实行全程监管。柯桥区建立了人力资源管理中心，实现了人事统一管理。按医共体内各医疗机构现有的人员编制数，确定医共体编制总量；在编制总量范围内，医共体可进行统筹。在保持原有身份不变的前提下，根据医疗机构发展和业务管理需要，统筹调配医共体内卫技人员，实行纵向流动和横向交流的用人机制，优化了人力资源配置。

（文字和图片资料参考自"笛扬新闻""绍兴卫健""绍兴市中心医院"等公众号）

整理：徐喆

样本 42 "双减"，让教育回归本质初心

实施"双减"政策是一项系统工程，要纠正存在已久的教育观念，必须持续用力、久久为功。实施"双减"的有效路径是强化学校的主阵地作用，提升课堂质量与课后服务水平，用行动和事实来说服、引导家长，使其相信孩子在课堂上就能学好，不必将大量精力财力耗费在课外补习上。同时，继续做好教育资源的供给侧结构性改革，在让优质教育资源流动起来、更加均衡的同时，要进一步丰富成长成才的途径，让更多孩子在自己喜欢的领域发光。

在"双减"背景下，孩子的成长已不止于课堂。创新活动方式、重塑教育新样态，成为做好教育"加减法"的新命题。STEAM 教育（集科学、技术、工程、艺术、数学多领域融合的综合教育）、项目化学习成为助推"双减"落地的热词。柯桥区自被率先确定为全省中小学 STEAM 教育项目试点区以来，聚焦项目化学习，推进精细育人，引导孩子们养成积极向上的品格、持续学习的能力、探索未知的兴趣，激发教育发展动力。

截至 2022 年底，柯桥区有义务教育阶段学校 69 所、学生 8.01 万名、教师 4620 名。自 2021 年 8 月 26 日浙江省"双减"工作部署会以来，柯桥区第一时间抓好政策落地，在开学当天即实现课后服务义务教育阶段学校、有需求学生"两个全覆盖"。两年多来，柯桥区"教师用心、学生开心、家长放心"课后服务模式被央视综合频道、中文国际频道和《浙江教育报》头版头条专题报道，华舍小学做法入选浙江省"双减"年度十佳样本，区实验中学、区实验小学、柯岩中心小学、华舍中学等 5 所学校的做法入选浙江省"双减"典型案例。2021 年以来，全区学生课后服务参与率保持在 97% 以上。

中央电视台报道柯桥"双减"教育改革

一、做好教育"加减法"的主要做法

（一）强化组织协同，夯实政策保障

2021年8月，柯桥区成立了"双减"工作领导小组，制订了26个部门、16个镇（街道）的任务清单，由6个部门、11名工作人员组成的工作专班实体化运作，集中办公。区政府及时出台专门实施意见，确定了11条工作举措和4项保障措施，建立了课后服务公益普惠与成本分担机制，确定了参与教师、管理人员的补贴标准，为"双减"有序推进打下了坚实基础。

（二）聚焦核心素养，丰富课程资源

柯桥区构建了每天不少于两小时、以"基本服务＋素质拓展"为核心的课后服务模式。各学校制订了"一校一案"服务方案，因地制宜建设学校体育、艺术、科技创新、劳动实践、国防教育等"课程群"和学校地域文化活动基地，新设1200多门优质课程，每年组织超过1000场的中小学生阳光运动会，实施中小学课后服务2.0提质行动，每年投入1000万元对274个示范社团、精品项目进行重点培育，每一所学校都拥有高水准的戏曲社、合唱团、弦乐队。教育系统全力办好"鉴湖之春"初中课堂教学观摩研讨暨T30中国教学论坛等教学研讨活动，更好促进学生全面发展。柯桥区建立了34家社会机构和43名专业人员"白名单"，弥补校内资源不足，提高课后服务质量。柯桥区充分发挥"教共体"全覆盖的优势，扎实开展"空中课堂""浙里问学"活动，实现城乡学生共上一堂课，扩大了优质教育资源覆盖面。

柯桥区实验中学"我爱异想天开"课程

（三）落实归口管理，严格日常监管

柯桥区对文化艺术、科技创新、婴幼儿托育、学生托管、体育等5类培训机构落实文广旅游、科技、卫健、市场监管、体育部门归口管理，并于2022年6月前率先完成128家学科类培训机构"清零"。截至2022年底，全区194家培训机构全部纳入"绍信培"监管平台，强化从业人员资质、培训教材教案审查，组织115名网格员开展常态化地毯式检查。

为更好地检验"双减"背景下课后服务的效果，柯桥区制定了"五个一"评价内容，即文化知晓评价、实践能力评价、创新能力评价、审美素养评价、感恩教育评价，评价的方式包括学生自评、互评，教师评价，家长评价。通过评价，教育系统可以进一步了解学生对课外课程的知晓程度，以及其实践能力、创新能力、审美能力、感恩意识等。

（四）聚合多方力量，优化育人环境

柯桥区及时调整优化22所学校学生通勤公交时间线路，开展面向城区17所中小学的"暖心顺风车、结伴上下学"活动，改造升级学校周边道路设施。启动全区青少年"生命成长"工程，推动政府、学校、家庭、卫生、社会五方联动，常态化组织小学四年级、初中一年级、高中一年级约2.5万名学生进行国防教育和军训活动，助力青少年身心健康。柯桥区持续办好"父范学堂"家长教育课程，引导家长树立正确育儿观、成才观，减少教育焦虑，形成减负共识。

华舍小学"绸乡丝源"课程

（五）落实关爱机制，促进教师身心健康

"双减"实施后，中小学教师在校工作时间拉长，处理班级和学生的事务明显增多，工作责任和管理任务更重，容易出现身心疲劳现象。柯桥区落实了关爱教师举措，对教师补贴作出了明确规定，每学期都能足额发放到位。切实落实教师健康体检、疗休养等制度。广泛开展教师登山、慢跑等工会活动，组建教师合唱团，不断丰富业余生活，提高教师幸福指数。全面精准做好教师参与课后服务表现的考核评价，并将其作为职称评聘、岗位晋级、职务晋升和绩效工资分配的重要依据。杜绝不合规的各类校外活动进校园的行为，减少教师非教学任务，减轻教师特别是班主任的工作负担。科学安排"双教师"家庭的老师参与课后服务时间，消除教师后顾之忧，使其更好投入服务工作。

二、落实"双减"政策的主要成效

（一）"双减"政策的持续落地落细

"双减"政策持续落地落细，柯桥区一手抓教育核心质量，一手抓教育核心素养，会学习、懂艺术、练体能成为柯桥学生的显著标志。柯桥区学生在省第十七届运动会、2022 年绍兴市青少年锦标赛上获得金牌数位居全市第一；高质量做好省教育厅指定承办的 2022 年浙江省中小学生艺术节现场展演活动，柯桥区 24 个艺术表演节目、27 个艺术作品获一等奖，居全省第一；柯桥学生中 2022 年北大清华录取人数为 15 人，特控线上线人数为 1310 人，上线率高出全省平均上线率 9.21 个百分点；2022 年全国职教"三大国赛"柯桥学生获得金牌数均为全国第一。

（二）教育整体发展水平的跃升

教育核心质量和教育核心素养的提升，带动了教育整体发展水平的跃升。实施"双减"两年多来，柯桥区成为全省首个同时通过全国义务教育优质均衡发展区、全国学前教育普及普惠区省级督导评估的县（市、区），2021 年教育现代化发展水平监测成绩位居全省第一，全市领先、全省一流的"学在柯桥"教育品牌更加响亮。

（三）家长普遍满意度名列前茅

柯桥区学生家长对"双减"落地情况普遍表示肯定和支持，"教师用心、学生开心、家长放心"的教育生态更加优化，有力推动了办好人民满意的教育。在柯桥区"家长评学校"活动中，学生家长对学校课后服务满意率保持在 98% 左右；柯桥区在全省县域基础教育生态监测指数排名中列全省 A 等、全市第一；在 2022 年全省教育工作满意度测评中，柯桥得分为 8.95 分，高出全省平均分 0.41 分，位居全市第一。

（四）良好育人生态持续改善

柯桥区落实"双减"各项要求，确保学生每天校内、校外各 1 个小时的体育活动时间。以中小学生作业、睡眠、手机、体质、读物等"五项管理"为抓手，扎实开展"减作业、增睡眠，减补习、增运动，减刷题、增实践"的减负行动，切实解决学生课业负担过重问题，促进学生全面发展、健康成长，打造良好教育生态。

（文字和图片资料参考自"柯桥教体"公众号）

整理：徐喆

样本 43 "平安共富"应用，助力除险保安

平安是共富的题中之义，也是共富的支撑之基。为破解基层治理、平安建设中普遍存在的防控关口不够前、协同效能不够高、治理网格不够实、责任落地不够准等问题，柯桥区围绕坚持和发展"枫桥经验"以构建共建共治共享的社会治理格局这一核心目标，聚焦"小事不出村、矛盾不上交、服务不缺位"这一基本要求，着眼矛盾化解风险防控这一实践需要，立足村社这一基本单元，创新推出"平安共富"应用场景，构建"一屏三端四功能+N场景"的"134+N"应用架构，将"平安共富"作为"基层治理四平台"平安法治系统在村社一级的实体化延伸，推动矛盾在村社化解、风险在村社防控、工作在村社落实，提升基层治理智能化、精细化水平，为共富柯桥增添"平安密码"，助力除险保安，实现从基层自治向整体智治跃迁。

一、"平安共富"应用场景主要内容

（一）着眼小切口，体现大牵引

柯桥区着眼于基层治理、平安建设中的小切口，致力于解决"四个不够"问题：一是防控关口不够前。村社网格的神经末梢作用没有完全发挥，问题抓早抓小不够。二是协同效能不够高。镇村两级治理系统、工作模式不同，村自治、镇协同的工作机制没有形成。三是治理网格不够实。网格力量专业化、专职化程度不够，实体化组织缺失，与村社组织网融合度不高。四是责任落地不够准。村社事件处置职责边界模糊，村社与部门下沉力量尚未实现精准对接，主次关系不清。

"枫桥经验·平安共富"应用建设，紧扣跑道，依托"基层治理四平台"，以

"网格"为底座，构建"一屏三端四功能 +N 场景"的"134+N"应用架构。"一屏"即"平安共富"大屏，"三端"即 PC 端、浙政钉端和微信小程序端，"四功能"即"风险智判""掌上协同""平安督导""一键响应"。柯桥区向上对应"数字法治"中的"平安建设基础"跑道，并成功揭榜省委政法委"2022 年度数字赋能社会治理现代化场景应用项目"，纳入全省重大改革（重大应用）"一本账 S2"；向下贯通"基础治理四平台"的"平安法治"跑道，基于"基层智治综合信息系统"开发，为"大综合一体化"、跨部门跨层级协同、风险隐患排查提供支撑。

工作人员通过"平安共富" APP 查看督导检查情况

（二）基层治理平安流程再造

一是"风险智判"提升风险感知力。柯桥区通过 AI 分析技术，从人、事、地、物、情五类风险要素出发，自动从海量数据中筛选出热门词汇进行统计分析，形成热度排名，聚焦热点、把握社会运行态势；根据热门词汇，灵活配置"焦点"，匹配关联事件，并按预设规则生成预警，以供指挥中心迅速采取行动，防止事态进一步发酵。通过"热词"自动分析、"焦点"关注建模、隐患智能预警、风险分级防控，实现风险隐患早发现、早预警、早处置。

二是"掌上协同"提升多跨协同力。柯桥区以领导督办、线上线下协同为特色，实现基层治理各类事项的快接单、快协同、快反馈。以事件为驱动，激活掌上指挥协同机制，生成"一事一码一预案"，实现按需找人、按责交办、限时闭环，提升了事件多跨协同处置能力、基层扁平指挥能力、重大事件的感知能力。

三是"一键响应"提升应急处置力。柯桥区从实战实效出发，围绕重大事件

"紧急救援"，开发了一键响应功能。基于掌上基层微信小程序，新增紧急救援入口，自动定位获取周边资源，就火灾等紧急事件对附近微型消防站、村委相关联系人实现"一键齐呼"，实现"哨响人到"的应急响应机制。

四是"平安督导"提升隐患防控力。柯桥区以"线上＋线下"的形式，构建人、地、情、专项等多种不同模式的督导检查。按需建立督查任务，设定督查时间、内容、指标等，督查人员通过手机端按要求录入督查情况，系统自动汇总督查内容并形成分析报告，指挥室工作人员全程跟踪督办，让督导问题有据可依、有章可循。

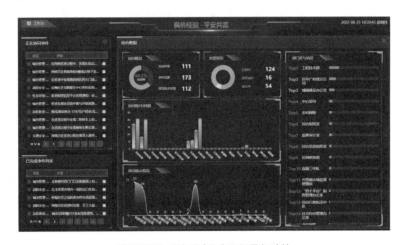

"枫桥经验·平安共富"应用场景驾驶舱

二、助力基层整体治理提升的主要成效

（一）赋能基层社会治理

根据执法事项清单，由镇街指导办在"基层治理四平台"对执法事项发起"掌上协同"，相关部门根据职责开展事件处置，过程节点自动留痕，便于复盘查证。柯桥区利用"掌上协同""平安督导""风险智判"等功能，为"大综合一体化"联合执法、矛盾风险预警与调处、跨部门跨层级复杂疑难事件协同处置等提供应用支撑，实现可快速感知、可视化处置、可追溯管理，为"基层智治大脑"实现精准赋能。截至2022年底，已建立焦点模型26个，成功化解涉稳涉疫事件90余件，利用"掌上协同"处置跨部门、跨层级事件81件，处置效率提高65%。

（二）提升网格实战效能

柯桥区配套建设三大机制，提升了村社、网格实战效能，建立了趋势预测、隐患预警、风险预防的"三预"早研机制，实现矛盾风险事前预防、主动化解；建立快接单、快协同、快反馈的"三快"响应机制，实现了简单事件"一键交办"，复杂紧急事件线上"组团协办"；建立民警"常驻"、站所"轮驻"、按需"随驻"的"三驻"强基机制，实现了"网格吹哨、站所报到"。如严重精神障碍患者摸排，可通过"平安督导"根据《精神行为异常识别清单》设置摸排任务，发现精神行为异常线索的，通过"基层治理四平台"派单落实复核诊断，按诊断结果将需纳管人员录入"严重精神障碍患者库"，由五人看护小组进行走访服务。全区1393个网格，3200余名机关、站所人员下沉网格，协同治理网格事件。

（三）夯实共富平安基础

柯桥区实现督查、处置等过程节点自动留痕，便于复盘查证，强化两个闭环，即处置监督一体闭环和督查整改一体闭环。处置监督一体闭环，实现镇街小闭环、区级大闭环，加强退单调查、超时督促、投诉问责。督查整改一体闭环，强化专项查、定期研、常态督的督查模式，推动了一域平安向全域平安转变。截至2022年底，柯桥区开展了高层消防、"守小门"等督导68次，发现并解决问题2605个，月均处置风险隐患问题507个。

（四）为重点场所安全巡查赋能减负

通过"平安督导"建立重点场所安全巡查任务，如"高层消防安全检查"，根据消防安全督查任务和清单，落实网格开展安全检查，对存在问题的交相关单位整改，如对违建、乱堆放等导致的通道堵塞等问题，可发起"掌上协同"，多部门开展联合处置，为安全巡查工作减负。

（文字和图片资料参考自"绍兴发改"公众号及柯桥区委政法委相关公众号）

整理：徐喆

样本 44 聚焦"柯桥工匠"培育，着力增技添富保就业

技能人才是促进产业升级、推动高质量发展的重要支撑。2022年，柯桥区政府将新时代"柯桥工匠"培育列为民生实事项目之一。作为主办单位，柯桥区人力社保局以"技能增富"行动为抓手，全面贯彻落实"稳增长稳市场主体保就业"举措，聚焦技能型社会建设和"浙派工匠"培育，大力推进新时代"柯桥工匠"培育工程民生实事项目，坚持"劳有技能"导向，着力增技添富保就业。进一步强化政策供给，提升培训质量，积极推广应用"智慧技能公共服务平台"，确保民生实事落地生效。

截至2023年6月底，"浙派工匠"民生实事省指标全部提速完成，培训人数3.15万，新增技能人才8317人，新增高技能人才5080人，完成率分别为140%、101%、127%。

一、职业技能提升民生实事项目主要内容

（一）着眼制度重塑，夯实技能人才政策保障

一是拓宽政策涵盖范围。柯桥区将职业技能培育相关政策进行统一梳理、整合、迭代、优化，分别从制度、人员、企业、培训四个维度搭建"柯桥工匠"培育工程的基本框架，同时将技能人才进一步纳入柯桥区人才政策体系。

二是升级人才评价体系。柯桥区迭代升级技能人才评价体系，摒弃单纯用资金吸引人才的粗放模式，出台《柯桥区企业技能人才自主评价实施意见》，鼓励企业、行业协会在国家职业资格标准的基础上，围绕生产能力、工作业绩自主设置评价标准，把规范执行操作规程、解决生产问题能力、完成生产任务情况作为技能人才等级评定的重要依据，核发相应职业技能等级证书。

柯桥区人力社保局高度重视技术能手的业务提升工作，积极开展首席技师评选活动，深入推进"金蓝领"技能提升行动，鼓励优秀的职业技能带头人和高技能人才建立技能大师工作室，开展名师带徒活动，切实发挥大师的引领作用。通过大力弘扬工匠精神，厚植工匠文化，使尊重劳模、崇尚劳动在全社会蔚然成风。截至2022年底，全区共有国家级大师工作室1个、省级7个、市区级40个。

三是加大工匠激励力度。柯桥区对市、区级技能大师工作室分别给予3万元、1.5万元开办经费，考核优秀的分别奖励2万元、1万元。柯桥区积极宣传高技能人才先进事迹，给予发展党员、评选劳动模范、选拔人大代表和政协委员等政治待遇，营造有利于技能人才发展的良好社会氛围，如"全国技术能手"称号获得者、国家级技能大师工作室领办人丁卫松被选拔为区政协委员。

技能大师带徒弟实践

（二）锚定全链培育，推动增技载体能级跃迁

一是全面深化产教融合。柯桥区高级技工学校入选2021年省级高技能人才公共实训基地建设项目，是全省3家之一，为全市唯一一家。围绕全区纺织印染重点支柱产业，结合新材料、泛半导体、生物医药等新兴产业的发展优势，柯桥区优选35家行业龙头企业，按需开展纺织品染色打样、纤维检验、纺纱工、服装制版师、钳工、模具工等27个专业工种的岗位技能提升培训，截至2022年底，共组织了117期培训，培养产业转型发展急需的技能人才5000余名。

二是抓深抓实校企合作。柯桥职业教育改革发展走上提质培优、增值赋能的快车道。结合民生实事项目推进情况与实际需求，打造了职业教育培训体系，推动职校生、专任教师、企业签订三方人才培养协议，设立了企业冠名班、订单班，就黄酒酿造、染色打样等 23 个专业需求开展岗位培训。根据企业需求，灵活采取校企双师带徒、工学交替培养、脱产或半脱产培训等组织形式，按需实施"送教入企"、线上教学、课题攻关等教学模式，组织区内 267 家企业与区内外 7 所职业技术学校合作，"订单式"组织智能楼宇、机电一体、机械制造、纺织染色、服装制作等 37 项岗前培训和职业技能提升培训，定向输送技能人才 5000 余名。

三是一体贯通数字培训。柯桥区深入开发"智慧技能"数字化技能培训平台，整合功能分散的各级系统，积极对接绍兴市职业能力信息系统、职业培训券管理平台、"智慧技能"公共服务平台等操作平台，实现多系统、多模块、多功能强集成，通过"云平台"实现自动识别培训人员身份户籍、社保缴纳、用券情况等信息。

二、实施技能增富保就业的几点启示

（一）完善制度流程，内外监督并行

柯桥区出台了《关于打造新时代高技能人才高地助力先进制造业强区建设（2023—2025 年）的通知》，进一步提高了制造业领域紧缺工种补贴标准，引导职业院校、社会培训机构加大制造业领域高技能人才培养规模并增加培训班次。积极落实漠视侵害群众利益问题专项整治工作，建立了常态化自查自纠模式，完成对全区民办职业培训学校的安全专项检查。

（二）加强以赛促强，全力培养高技能人才

柯桥区历来重视职工劳动技能竞赛，以赛引才、以赛促训、以赛代评，其中由区人力社保局联合区总工会打造的"金梭奖"品牌更是深入企业、深入职工，成为柯桥区培养职业技能工人、培育工匠的一张金名片。

2023 年，区人社局与区总工会联合开展了第十一届"金梭奖"系列技能竞赛活动，筹划组织了电子商务师（网络直播）、纺织面料纤维检验、消防队伍比武、无人机操作、营销员等 10 个区级比赛项目，成功举办了劳动关系协调员、电工、保育师、互联网营销师、营销员等 4 场市级竞赛区级选拔赛。

（三）做实做优培训，扩面提质增效

柯桥区重点围绕纺织印染、新材料等"1+3"重点支柱产业，围绕机构备案、

评价实施与督导、证书编码与制证、数据管理及档案保管等模块，全流程服务、指导与监管，使企业真正成为人才评价的主导者，与教育、卫健、民政等部门合作，对全区托育机构、养老机构及妇幼保健医疗机构从业人员开展保育师、育婴员、养老护理员等工种的针对性、大规模职业技能培训。

（四）政策下乡，打通宣传"最后一公里"

柯桥区深入开展人社政策宣传活动，切实让老百姓"知晓政策""会用政策"，开展"政策下乡"活动，"摆摊设点"，"面对面""点对点"地进行社保、就业、技能培训等人社政策宣传，使各类惠民政策深入群众心里，打通宣传"最后一公里"。工作人员就群众关心的职业培训补贴、就业创业服务、参保对象、缴费标准、缴费方式、参保登记所需材料及待遇享受等相关内容，用通俗易懂的语言，为群众答疑解惑，把意义讲透、政策讲准、内容讲清，为前来咨询的群众提供各类就业招聘信息，岗位涵盖电商、销售、服务等多个领域，所提供的岗位满足多类人群的就业需求，进一步提高了群众的就业积极性。

（文字和图片材料由柯桥区人社局提供）

整理：徐喆

样本 45　颐养柯桥，幸福养老

　　柯桥区积极探索高水平实现"老有所养、老有所医、老有所为、老有所学、老有所乐"的有效路径，高标准打造"颐养柯桥"养老品牌，全力推进党建统领多方协同助力"浙里康养"样板区建设。不断完善以居家为基础、社区为依托、机构为支撑的养老服务体系，积极打造"颐养柯桥·幸福养老"柯桥品牌。围绕"浙里康养"工作，聚焦优质优享服务，完善政策体系、抓好项目建设、落实运营监管，破解养老服务领域问题短板，重点抓好提升服务水平、强化数字支撑、对接高端项目、打造品牌示范点等方面，真正打造一批具有柯桥辨识度的"浙里康养"标志性成果。

　　柯桥区投入 10 亿元打造"颐养柯桥"养老品牌，养老工作连续 3 年以最高票入选柯桥区十大民生实事工程。王化"金秋家园"养老综合体项目、柯东居家养老中心等社会反响好、成效显著的典型经验不断涌现。

柯桥街道柯东居家养老中心

一、推进"颐养柯桥，幸福养老"的主要做法

（一）幸福养老提档升级

2022年，柯桥区在省级民生实事基础上，共投入了3800余万元，开展区级民生实事项目。其中，在全省范围内率先创新实施80周岁及以上高龄老年人补贴，标准为对普通高龄老年人每人一次性发放1000元，对困难高龄老年人（低保、低边）每人一次性发放3000元，并出台《绍兴市柯桥区2022年一次性高龄老年补贴实施方案》，以现金方式在重阳节前为全区户籍80周岁及以上老年人发放一次性补贴，共发放补贴2411.9万元。同时，还完成17万老年人自理能力筛查评估，在全市范围内率先为养老机构发放纾困补助。此外，为使全区范围内70周岁及以上老年人全部参与"浙里惠民保·越惠保"，柯桥区还根据当前参保人员名单，摸排了93339人，使其全部参保。

（二）适老化改造工程提升老年人居家生活品质

柯桥区积极探索党建统领康养产业发展路径，推动形成以政府投入为主体，以民间资本为重要补充的康养产业"柯桥模式"。

为满足老年人需求，柯桥区大力开展困难家庭适老化改造工程，在适老化提升改造前，为每位老年对象开展身体能力、改造需求意愿、居住房屋状况等评估，制定"一户一案"改造方案，通过安装改造、设施配备、辅具适配等方式，改善老年人居家生活环境，提升老年人居家生活品质。柯桥区2022年适老化改造任务数为500户，按照"如厕洗澡安全，室内行走便利，居家环境改善，智能监测跟进，辅助器具适配"五方面功能，每户财政最高补助8000元。

（三）以点带面16个镇街居家养老中心实现全覆盖

柯桥区加强支撑保障，健全完善养老服务政策体系，出台了《关于推进"十个有"居家养老服务照料中心标准化建设（提升）的实施意见》。居家养老服务照料中心建筑面积一般不少于150平方米，可以单独建设，也可与党群服务中心、邻里中心等合建实现资源共享。按照"镇街居家养老中心三年实现全覆盖"的目标要求，2023年，区民政局在明确镇街建设任务的基础上，加大对镇街的全方位指导，定期进行走访督查。全区16个镇街已实现居家养老中心全覆盖，可为老年人提供生活服务、康复护理、托养、家庭支持、社会工作（心理疏导）、康复辅具租赁等六大类服务，以点带面，推动区域性居家养老服务水平的提高。

柯岩街道三佳居居家养老服务照料中心是区民政局聚焦"浙里康养"示范点建设，打造"乐活鉴湖里"品牌的一个缩影。为了让全区老年人乐享福寿康宁的美好生活，区民政局联动推进"浙里康养"，建成 5 家康养联合体；全面实施智慧养老工程，建成 1 家区级智慧公办养老院，完成 17 家镇街居家养老中心智能服务终端配置，不断增强老年人的幸福感、获得感，全力打造"颐养柯桥"品牌。

（四）文化养老，发展老年教育

柯桥区将老年教育发展纳入"十四五"规划，将发展老年教育写入区政府工作报告，把文化养老内涵融入"颐养柯桥"建设，迭代升级《柯桥区老年学校、老年学堂办学标准 2022 版》。区财政保障老年教育办学经费每年稳步增长，每年学员人均经费达到 400 元。柯桥区投资 2 亿元在柯桥城区新建 2.5 万平方米的老年大学新校区，可增加学额 7000 人次。柯桥区实行"统一办学、分级管理、分类创建"模式，各镇（街）对辖区内分校提供教学设施和硬件设备经费支持，村（社）将大学学费纳入老年人福利政策。

柯桥区平水镇养老护理员培训

二、"浙里康养"样板区建设的主要启示

（一）优化服务供给，实现村社居家养老提质增效

柯桥区优化服务供给，实现村社居家养老提质增效。针对现有部分村（社）居家养老服务照料中心设施不完备、功能不齐全的状况，柯桥区从硬件设施建设

入手，推进村（社）居家养老服务照料中心新建、提升、改造，确保功能更明确、空间更合理、服务更优质。同时将村（社）照料中心与邻里中心、文化礼堂等相结合，采用"五社联动"模式，即社区、社会组织、社工、社会资源、社区志愿者优势互补、资源共享，将居家养老无缝融入社区发展，与社区其他功能互为一体，共享资源，打造一老一小惠民综合体。

（二）"服务覆盖＋精准惠老"双向发力

柯桥区加快养老服务机构全覆盖进程，通过财政补一点、乡贤助一点、老人付一点的方式，完善"老年食堂＋助餐服务点＋社会餐饮企业"的老年人助餐服务体系，实现城市社区100%全覆盖，农村社区65%覆盖率。通过免费办理出行平安保险、意外伤害保险及"越惠保"等，不断筑牢老年人出行、医疗等保障底线。

（三）数智赋能"三大阵地"

柯桥区线下发挥347个镇村两级党群服务中心综合保障作用，打造集文化礼堂（家园）、养老中心、医疗站点等于一体的服务矩阵，保障老人各类需求。线上用好"浙里兴村治社"应用，融会贯通各类养老服务数字平台，养老政策、指令等自上而下直入网格一贯到底，老人的"急难愁盼"自下而上发自网格一键直达。

前沿服务阵地优化网格设置、聚合网格力量，依托"浙里兴村治社"应用中民情触发、处置、分析、评价、榜单的"民情一键回应"服务机制，打造以网格团队为主，以"红色业委会"成员、"纺都先锋"党员志愿者等为补充的网格连心常态走访机制，开展"敲门行动"，厘清网格养老底数，为老人提供常态关爱服务。

智慧交互阵地加快推动"浙里康养"应用落地，大渡未来社区试点建设中的"享优待""约服务""智守护"三大养老场景，在全省率先上架"浙里办"。建立区、镇、村"三级联动一平台管理"模式，全区328家养老服务机构实现"智慧可视化"技术全覆盖。发放"安全爱心包"，通过门磁、红外探测等安全守护板块，为空巢、独居老人提供特殊关爱，远程交互式管理老年人起居。

（四）多元培育"三大生态"，共同参与养老服务

柯桥区创新运行机制，鼓励社会力量参与养老服务，多元培育家庭养老、社区居家养老、机构养老"三大生态"。引进沪杭两地品牌服务机构，培育本土养老公司，通过专业的社会服务与运营模式有效提升养老服务质量。鼓励专职社工、

医疗陪护等多层次、各领域人员参与到养老服务体系中，建强养老服务人才队伍。积极开展养老护理人员职业技能培训，每万名老年人拥有持证养老护理员 26 人。利用"契约化"党建共建资源，推动在职党员到居住地报到，为老人提供志愿服务，帮老人完成"微心愿"。通过推动各类资源持续向康养服务集聚，发挥互补优势，凝聚强大合力，整合镇（街）、村（社）辖区内相关机构、组织等力量，加强"五社联动"，实现共建共享。

柯桥区老年教育联盟成立仪式

（文字和图片资料由柯桥区民政局提供）

整理：徐喆

样本 46　厚植民生保障，织密社会保障网

党的二十大提出，我国要建立健全覆盖全民、统筹城乡、公平统一、安全规范、可持续的多层次社会保障体系。柯桥区人社局聚焦民生兜底服务，创新服务方式，补齐民生短板，办好民生实事，着力探索构建柯桥共富型大社保体系建设，多次被评为区级先进单位，社保窗口被评为"全国人力资源社会保障系统 2017—2019 年度优质服务窗口"。2017 年至 2022 年底，柯桥区户籍人口基本养老保险参保率从 83.81% 逐年上升，实现六连增。截至 2023 年 6 月，区户籍人口基本养老保险参保 69.61 万人，参保率为 99.49%，基本养老保险费收入 20.68 亿元，缴费人数 40.15 万人。

一、织密社会保障网的主要做法

（一）立体宣传，全力推进企业职工基本养老保险提标扩面

柯桥区量化社保提标扩面目标，全面摸排企业职工参保疑难问题，拓宽宣传渠道，创新采用服务对象"点单"、社保部门"送单"模式，构建立体化宣传矩阵。线上通过"柯桥人社"微信公众号、新闻媒体等线上渠道进行政策解读，线下以"社保课堂进基层"活动和"大走访大调研大服务大解题"活动为抓手，组建社保业务骨干团队，深入街道、社区，集中宣讲社保领域政策信息。

2022 年，区人社局在福全、安昌、钱清等 6 个街道，面向 500 余名企业人事干部及基层平台工作人员开展政策宣传讲解，大力引导就业人群参加城镇职工养老保险。区人社局以部门间数据共享为抓手，深度挖掘社会保险扩面空间，通过将大数据中心流动人口数据、劳动年龄段人口数据等相关信息与全区参保数据进行全量分析比对，精准摸排出未参保外地户籍灵活就业人员信息 31.69 万条，进

行点对点政策短信推送，以挖潜增效稳步推进，为精准扩面提供坚实保障。

柯桥区人社局"社保课堂进基层"主题活动

（二）共富先行，全面提升待遇保障水平

截至2022年底，柯桥企业职工退休待遇平均累计提高521元/人，月人均养老金达到2589元，城乡居民月退休待遇平均累计提高263元/人，提升幅度达97.77%。通过建立困难群体管理台账，坚持动态监测，依据上级下发的困难群体名单，建立区、镇街、村社三级联动机制，人社干部积极入户走访、线上交流沟通等，进行一对一名单确认，做到早发现、早帮扶，严格落实为低保户、低保边缘户、特困人员、残疾人四类困难群体代缴城乡居民养老保险费政策。

（三）风险防控，全方位保障社保基金安全

柯桥区加强政策、经办、信息、监督"四位一体"社保基金风险防控体系建设，提高稽核工作效能，做到事前预防有效、事后处理规范，全面加强对一次性补缴、待遇补发、个人关键信息变更等高风险业务的有效监督，依托现有数据共享平台，深化部门联动，通过跨险种、跨业务、跨部门的联网核验和数据筛查，夯实风险防控体系，筑牢社保基金安全网。

（四）受办分离，全速优化社保经办服务

自开展"最多跑一次"改革以来，柯桥区人社局持续优化经办服务。2023年，以"服务提升年"为抓手，在"一窗受理、集成服务"改革基础上，进一步深化落实受办分离方案。在原有经办格局下，加大服务前置力量配备，以领导窗口坐班为切入点，持续完善咨询台值班长、取号员队伍配置，专设"柯"服经理、自助机

帮办员等，"零距离"面对面回应群众难点问题，及时填写业务申请表单，引导群众梳理办事材料，帮办自主业务，全面提高窗口服务事前咨询效能，持续提升社保经办服务水平和服务能力。围绕社保法律法规、经办难点问题等，进行集中讲课，制定标准化经办流程，提高工作人员综合业务能力，进一步强化"经办内功"。聚焦标准化经办，开设业务小学堂，开展1—2小时业务经办交流活动，通过经典案例分析、模拟审批等，快速提升个人综合业务经办能力，变"专才"为"通才"。

柯桥区人社局人社业务自助服务体验区

二、厚植民生保障的几点经验和启示

（一）加强部门协作

柯桥区建立健全部门沟通对话机制，完善各单位的责任考核制度，从办事群众角度出发，参考其他地区的先进做法，为柯桥区建设融杭接沪的排头兵、深度融入长三角一体化贡献力量。

（二）强化调查研究

柯桥区立足社会保险事业的重点任务、群众对社会保险发展的新需求、新期待，坚持理论研究和实际应用相结合、专家与实际工作者相结合，加强对事业中长期重大问题的预测与研究，建立常规调查、抽样调查、统计监测等多元统计调查体系，积极挖掘大数据资源，切实提高工作决策的民主化、科学化水平，稳妥落实人力社保重大政策、重大举措。

（三）落实工作责任

柯桥区加强规划实施的指导和宣传动员，将信息发布、政策解读与业务工作同步考虑、同步部署、同步推进，全方位、多角度开展宣传活动；同时，加强各业务领域、横向各部门、上级部门之间的政策协调、信息共享和资源整合，并建立对规划实施情况的监测、评估和考核机制。

（文字和图片资料由柯桥区人社局提供）

整理：张增祥

样本 47　社会救助帮扶服务联合体，聚焦托底保障

社会救助事关困难群众基本生活和衣食冷暖，是保障基本民生、促进社会公平、维护社会稳定的兜底性、基础性制度保障，也是集中体现我们党全心全意为人民服务根本宗旨和中国特色社会主义制度优越性的民生事业。柯桥区紧紧围绕健全完善中国特色社会救助体系这个目标，牢牢把握高质量发展这条主线，按照保基本、兜底线、救急难、可持续的总体思路，认真谋划、研究、推进社会救助制度改革，加快构建信息聚合、资源统筹、高效便捷的体制机制，不断推动社会救助体系建设取得新成效。

截至 2022 年 12 月，柯桥区共有困难对象 3903 户 6032 人，其中特困对象 157 人，低保对象 3206 户 4436 人，低边对象 540 户 1439 人。

一、"助联体"建设的主要做法

（一）建设社会救助帮扶服务联合体

柯桥区建设社会救助帮扶服务联合体，系统性集成政府、社会、市场等多元帮扶资源，充分发挥社会救助在共同富裕示范区建设中的兜底保障作用，提升救助的精准度和时效性，助力困难群众实现共同富裕。

按照"兜底线、织密网、建机制"的总体要求，柯桥区通过建设一个实体化平台、搭建一个智能化系统，实现"主动发现、无感救助、闭环反馈"的智慧救助。由区民政局牵头，横向联动社会救助职能部门、特殊群体救助单位、惠民补贴相关单位等 24 个部门（单位），纵向建设区、镇、村三级"助联体"实体化平台，系统集成政府、社会、市场三方力量，为困难群体提供救助、帮扶、服务，形成集

救助、监测、服务于一体的多业务协同、多维度监测、多元素帮扶的救助新模式，推进困难群众救助"一件事"集成联办改革。

柯桥区充分发挥"助联体"成员单位作用，不断完善"助联体"建设标准，做好资源统筹、联动服务；通过大胆创新、改革破题，打通数据孤岛，实现关键信息共享共用，构建了"主动发现、无感救助、闭环反馈"的智慧救助体系。

一是建立困难对象主动发现和返贫监测的长效机制。柯桥区以省大救助信息系统为支撑，对脱贫不稳定户、边缘易致贫户、因病因灾因意外等刚性支出较大或收入大幅度缩减导致基本生活出现严重困难户进行动态监测，对符合困难对象认定条件的群众实行及时救助。

二是建立救助帮扶清单。柯桥区明确区社会救助联席会议成员单位的职责分工，完善对困难群众教育、住房、医疗、就业等社会救助，对重点优抚对象、残疾人、困难职工、困难家庭青少年、贫困妇女等特殊群体提供救助，在交通运输、电力、供水、燃气、通信网络等民生事项上予以帮扶减免，慈善公益、社会工作、志愿服务等社会力量共同帮扶，形成救助帮扶清单。

三是组织实施"一件事"线上惠民联办。柯桥区积极完善线上线下结合的联合帮扶中心（共同富裕促进中心）功能，为群众提供网上办、上门办等多种形式救助申请代办服务，完善"幸福清单"数据归集及探访关爱等延伸服务，全面增强困难群众的获得感、幸福感。

柯桥区社会救助联席会议

（二）对社会救助对象实施诚信激励失信惩戒机制

2020年以来，柯桥区全面推进浙江省级社会救助诚信试点建设，通过"一套体系、一个平台、一张网络"，开展社会救助对象的失信行为认定、惩戒和管理以及个人守信激励，提高精准救助水平。

创设联动保障"一体系"。区民政局到各镇（街）调研，广泛听取村（社）干部和群众的意见建议，形成《柯桥区社会救助对象诚信体制建设办法》（以下简称《办法》），发挥社会救助联席会议领导小组在社会救助对象诚信体制修订中的议事作用，专题召开柯桥区社会救助联席会议，向各部门征求意见，对体制进行修改完善。

启用监测预警"一平台"。以浙江省大救助信息系统为依托，在救助诚信模块中做好失信记录数据管理，实时向有关职能部门同步救助对象有关数据和失信记录，确保及时预警、实时追溯，并对失信者进行记录、修复、更正等动态管理。

编织奖惩运用"一张网"。区民政局与医疗、教育、住建、社保等部门联动，探索建立社会救助对象失信行为联动惩戒机制。各部门根据职能，对社会救助对象失信行为实施联动惩戒，对瞒报、漏报和骗保人员形成反向倒逼，对信用记录良好的困难家庭开展从优从快救助等守信激励，并联合社会力量，根据困难对象的公益性行为开展信用修复。

柯桥区社会救助管理部门为《办法》的执行主体，按照"政府领导、民政牵头、部门协同、社会参与"的工作协调机制，实施社会救助对象的承诺激励。按照"分类管理、分级实施"原则，区社会救助管理部门履行实施管理的主体责任，各镇（街道）履行具体落实责任。区社会救助管理部门为《浙江省社会救助条例》明确的区教体局、民政局、人力社保局、建设局、卫生健康局、医保分局等区社会救助联席会议成员单位。

建立承诺激励告知机制。按照"权责一致"原则，凡申请社会救助的对象必须签署承诺书，明确承诺其提供所有资料和数据的真实性并自愿承担相应法律责任。无正当理由拒绝签署的，视作自动放弃或自愿停止（取消）社会救助资格。

区社会救助管理部门还对社会救助对象履行承诺书的情况进行监督。对于没有违法、违规和失信记录且主动报告家庭经济状况变化退出社会救助，经区社会救助管理部门认定为信用记录良好的，可予以激励。

二、聚焦托底保障的经验启示

（一）分层分类，健全社会救助制度体系

柯桥区聚焦托底保障，实现困难帮扶"扩面"和"精准"。通过开展救助联合体建设，整合救助服务政策和资源，建设区、镇两级"助联体"实体化平台。"助联体"线上线下联动，为困难群体提供精准救助服务，创新"物质＋服务"救助，通过探访关爱、精神慰藉等提供帮扶和人文关怀。

柯桥区以信息系统为支撑，全面推进新时代大救助体系建设，建立由政府各救助部门和社会力量参与的大救助格局，构建起由五个层次四个类型组成的分层分类社会救助制度体系：救助对象上，分为特困、低保、低保边缘、支出型贫困救助、临时救助等五个层次；功能作用上，分为基本生活救助、专项社会救助、急难社会救助和补充性救助四个类型。对不同层次的救助对象，根据需求分别给予不同类型救助。同时，柯桥区建立健全了精准识贫、主动发现、长效帮扶、诚信评价和探访关爱五项工作机制，确保体系建设落细、落实。

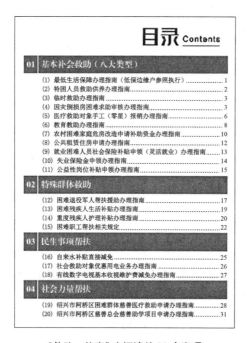

"救助一件事"幸福清单 20 个事项

（二）精准救助，统一认定救助与扶贫对象

按照"识别标准统一、认定部门统一、对象管理统一、救助帮扶统筹"的思路，柯桥区民政部门统一负责低保对象、特困人员、低保边缘对象等困难人群的认定识别和动态调整，其中，农村地区低保、低保边缘、特困三类救助对象即为扶贫对象。民政部门牵头建立统一的信息系统和数据库，对救助对象进行动态管理，并与扶贫等部门进行大数据比对，确保对象认定精准。实施"绍兴有爱"行动，围绕稳经济惠民生，形成区、镇、村三级同步运作机制，向困难群众发放实体消费券。

（三）智慧救助，加速社会救助数字化改革

聚焦数字赋能。柯桥区实施应用场景"新建"和"升级"。结合柯桥区实际，区民政部门找准数字化改革重大应用场景的小切口，开展救助对象承诺激励场景省级试点，引入社会组织参与激励，提升诚信救助水平，迭代升级大救助信息系统，整合原有省社会救助系统和核对系统，救助结果信息汇聚共享。

开展惠民联办。依托浙江政务服务网和大救助信息系统，实现"一证通办"，14个社会救助事项"一件事"集成办理。

强化监测预警。医保部门推送大额医疗费用信息，系统预警提示乡镇民政工作人员，主动发现因病致贫对象。

发放幸福清单。将救助对象获得各项救助的结果汇总生成幸福清单，定期送达困难群众，教育引导困难群众感党恩、跟党走。

（四）前移关口，推动社会力量参与救助

为适应新发展阶段需要，柯桥区积极促进社会救助向"物质＋服务"转型，开展困难群众探访关爱。在乡镇（街道）一级全面建立困难群众探访关爱制度，前移兜底保障关口，常态化开展探访关爱。

（文字和图片资料由柯桥区民政局提供）

整理：周群芳

样本 48 激活慈善力量，助推三次分配

柯桥区是全国十强区，民营经济发达，公益资源丰富，慈善文化氛围浓厚。柯桥区慈善事业主要采用"政府引导、企业主体、全民参与"的发展方式，创新慈善捐助模式，开展大量的慈善活动，形成了特色鲜明的资金募集方法，建成了卓有成效的慈善事业机制，对于提高全柯桥居民生活质量和推进社会公平分配起到了重要作用。柯桥区慈善总会已成功创建为 5A 级社会组织。2021 年，在浙江省慈善城市慈善发展指数排名中，柯桥区位列全省第一。

一、慈善助力共同富裕示范区建设的主要做法

（一）专业化运作，夯实"乐善柯桥"基础盘

柯桥区坚持政府推动、社会实施、公众参与、专业运作的原则，积极培育发展各类社会慈善组织，引导激励更多企业、个人和社会力量参与慈善事业，改变了"富人才做慈善"的传统思维，慈善主体由"少数人"转向"多数人"。在重点支持枢纽型慈善组织的基础上，构建了多元化慈善运行模式，建立了党建引导服务、慈善组织培育、慈善要素整合、全民参与联动、监督评估服务、信息宣传展示等 6 项运行机制，并与院校合作成立"专家工作站"，搭建多样化实体平台，提供专业的运行指导。

柯桥区注重充分激发基层慈善活力，在区级、镇街、村社三级公益慈善平台的基础上，全力开展基层慈善服务点建设，引导慈善资源合理流动，聚焦解决发展不平衡不充分和群众"急难愁盼"问题。同时，联动多种公益资源，引导发展新型慈善组织，跨界帮扶促共富。

（二）精准化救助，提升"乐善柯桥"影响力

柯桥区慈善救助主要有助困、助学、助医、助孤、助老、公益援助、赈灾等项目。精准救助的主要目的在于采取更具针对性的方案来解决救助对象的当下困难，通过提升慈善款物的利用效率降低贫困人口数量，解决这部分群体的暂时困难。柯桥区慈善机构在困难对象识别和慈善信息平台方面进行有效衔接，形成政策合力，对社会救助的"盲点"进行"补位"。

第一，成立定向慈善基金，实现点对点帮扶。柯桥区"爱心娘子军"慈善基金定向用于柯桥区未成年孤儿及贫困山区助学，让贫困孩子顺利就学。该基金已累计与柯桥区 19 名未成年孤儿进行结对，并资助柯桥南部山区（王坛、稽东、平水等）百余名贫困生，发放助学金将近 100 万，用"她"力量去温暖和爱护孩子们。"盛兴·泌尿肾病关爱项目"资金定向用于泌尿疾病患者的救助。稽东"一老一小"关爱帮扶项目，以爱心企业家和纺城人爱心团队为捐赠主体，全部善款汇入稽东镇"一老一小"关爱帮扶项目，重点支持稽东镇社会救助、儿童关爱保护、养老服务、社区治理、社会工作等民生领域服务项目。2022 年入冬时，柯桥区开展"大爱绍兴·善行柯桥"活动，面向低保对象、低边人员等发放 4500 份御寒大礼包。

第二，吸引跨界帮扶，探索慈善募集新模式。区民政局创新探索公募和非公募相结合，引导企业建立冠名基金，参与第三次分配。2022 年，全区共有大额企业冠名慈善基金（信托）61 只、专项慈善基金 20 只，基金规模达 3.45 亿元，涵盖助医、助困、助孤、助老、助残、助学等领域，实现困难人群和救助类型 100%覆盖；全方位培育扶持社会组织参与共同富裕，累计投入 1000 余万元，资助 84个公益创投项目，开展助老、助困、助学等公益活动 6000 余场次，服务 50 余万人次。2022 年 11 月，区民政局"激活慈善力量，助推三次分配共富先行"入选绍兴市高质量发展建设共同富裕示范区最佳实践"收入分配制度改革先行示范"。

（三）数字化赋能，提升柯桥慈善透明度

公开透明是慈善事业的立足之本。柯桥区坚持以人民为中心，深化"1+8+X"大救助体系建设，用信息化手段提升慈善管理服务水平，形成了"让捐助者心甘情愿，让受助者心怀感恩，让身边的人心生温暖"的"三心工作法"，积极打造阳光慈善。

一是采用"互联网 + 慈善"模式，探索"指尖捐赠"。为落实捐助者知悉善款

去向的需求，柯桥区畅通"捐助线"，规范慈善渠道。通过"慈善柯桥"门户网站、微信服务号、支付宝、网银等渠道，探索"指尖捐赠"，并开通网络捐赠票据即时获取系统，推动"人人慈善"。规范开展慈善领域审批事项和相应信息公开，提高慈善总会募捐实力和项目化运作能力，线上捐赠善款持续增长。

二是建立捐赠及时反馈机制，畅通公益项目渠道，实现捐赠闭环管理。捐赠人可登录"慈善柯桥"门户网站或微信公众号，在线查询个人捐赠清单及后续支出明细，确保捐赠收入支出"笔笔清"，提高慈善捐赠的便利性和透明度。

三是发展"新媒体公益"，促进慈善披露和透明度提升。新媒体通过强大的传播力，利用网络海量信息流动与存储的特点，发布公益信息、年度工作报告和财务会计报告等，公开募捐、慈善项目、慈善信托情况，重大资产变动及投资、重大交换交易及资金往来、关联交易等一目了然，有力地促进公益慈善组织透明度的提高。如果说公信力是慈善组织的生命线，那么阳光透明则是慈善组织最好的天然养分。

（四）示范性带动，营造"乐善柯桥"好氛围

一是完善"褒奖制"，积极推优评先，营造向善氛围。柯桥区3个单位（个人）荣获第六届"浙江慈善奖"，2个单位（个人）荣获第七届"浙江慈善奖"，8个单位（个人）获评"绍兴慈善事业突出贡献集体和个人"。通过承办三省一市慈善盛会——第七届"西湖论善"论坛活动，举办慈善晚会，打造慈善公园，举行慈善展览，评选慈善先进，编撰《柯桥区慈善志》，编印慈善年刊，拍摄慈善微电影等，讲述慈善故事，传播慈善理念，倡导参与慈善，不断提升柯桥慈善的品质与内涵。

二是培育"合伙人"，打造慈善品牌。柯桥区打造"乐善柯桥"品牌，设计"乐善柯桥"logo，开展省级试点"乐善码头"项目，并在柯桥古镇融入乐善元素、开展慈善义卖、设立慈善义诊点等；定期组织"乐善下午茶"活动，邀请部门、镇（街）、村（社）、社会组织、企业、学界、媒体等单位或个人参加，倡导学习交流、经验借鉴、资源共享，搭建公益慈善组织助力共富新平台。

此外，柯桥区成立全市首只慈善信托、首家街道级社区发展基金会，注册首个公益慈善组织品牌"厢亲厢爱"；成立500万"益路同行"慈善组织发展专项基金，进一步提升慈善行业围绕中心、服务大局的能力，着力推动公益慈善区域系统生态链形成。

柯桥区"爱心娘子军"公益中心开展公益活动

二、"乐善柯桥"建设的主要启示

（一）实现多维联动，支持孵化各级公益慈善组织

通过多维联动，柯桥区已逐步形成了专业化的慈善运作模式：重点支持枢纽型慈善组织，积极探索区级慈善奖项设置、评选及表彰等筹备工作，进一步加大宣传推广力度，通过公众号刊文以及召开座谈会、研讨会、培训等方式，让更多的个人和机构看到和了解慈善信托与慈善网络，助力慈善事业发展和第三次分配。

（二）依靠智库力量，打造特色公益慈善品牌

柯桥区在构建多元慈善平台方面选定实体化运作平台，聘请专家团队监督，在大渡等16个社区建立"乐善分码头"，其覆盖率超50%，并确立范蠡广场为慈善组织公益展示场所。筹建了300平方米的"乐善码头"公益网红店，打造公益慈善品牌，涵盖购物区、公共服务空间、公益艺术馆和公益学堂等功能，设置全景公益体验。

柯桥区还积极引导企业成立冠名基金，实现困难人群和救助类型全覆盖；建设基层慈善服务点，实现全区各镇街全覆盖；积极引入多种公益资源，引导社会组织入驻"乐善码头"开展培育孵化；联合企业、社会组织和共建单位，成立"乐善联盟"；吸纳"壹园公益"爱心商家，筹集社区互助资金，点亮社区微心愿。

（三）实现数字赋能，发挥助力社区治理能力

柯桥区坚持以人民为中心，深化救助体系建设，不断提高慈善数字化程度，

用信息化手段提升慈善管理服务水平，探索"互联网＋慈善"，坚持"一键化"捐赠和"一条链"管理，慈善资源对接过程中做到需求精准、高效，在慈善项目发布、核实、对接等流程中实现全域闭环。充分利用数字赋能，使得慈善工作透明度大幅度提升，进一步深化落实"1+8+X"大救助体系建设。"互联网＋慈善"模式与"新媒体公益"互促共进，使得群众捐款有据可循，点对点帮扶更具精准性。捐赠及支出情况每日通过"柯桥发布""慈善柯桥"等微信公众号公示。

（四）加强引导监管，政府助力慈善基金规范化

慈善事业的发展面临经济新常态和脱贫攻坚的发展环境，经济总体发展速度趋缓，资源结构优化调整加速，社会治理方式更加注重个体差异和机制创新。柯桥区通过加强基金规范化管理，促进跨界帮扶的深化落地，不是简单地投入资金大水漫灌，而是通过精准滴灌让慈善力量慢慢渗透到百姓生活之中，无形中守护好千家万户的幸福。

（文字和图片资料由柯桥区委统战部提供）

整理：张增祥　柯科

样本 49　乡贤"六回归"行动造福桑梓

柯桥是著名的名士之乡，柯桥乡贤在天南地北闯荡打拼，他们之中包括企业家、基层干部、道德模范、技术人员等。柯桥区启动"老绍兴回归工程"，充分发挥乡贤的人脉资源优势，着力以亲情、乡情、友情招引在外优秀乡贤创业创新、回报家乡，促进总部、产业、技术、人才、信息、感情"六回归"，全力助推现代化"国际纺都、杭绍星城"建设。

2021 年 6 月，250 余名乡贤从五湖四海齐聚柯桥，在柯桥区委、区政府的关心支持和乡贤、柯桥人民的热切期盼中成立了乡贤总会，并在全国各地设立了 15 个在外城市商会、50 个乡贤驿站、56 个海外乡贤驿站。乡贤们把事业拓展到世界各地，带去了家乡的物产，带来了世界的文化、理念与项目。

一、柯桥区乡贤助力共同富裕建设的主要做法

（一）引贤回乡创业，赋能柯桥城市能级

柯桥区鼓励乡贤回乡投资创业，乡贤经济成为柯桥经济的一股强劲力量。以乡贤总会会长马建荣为代表的乡贤们积极在家乡投资兴业，2021 年以来，共有 60 多个重大项目签约，对柯桥区经济结构的改善和经济高质量发展、打造现代化"国际纺都、杭绍星城"都起到重大作用。

在宁波港铁路有限公司党委书记、董事长邬晓强的努力下，2022 年秋，中欧班列轻纺城专列开通，打通了柯桥陆上"出海口"，使柯桥成为"一带一路"重要支点，印证了柯桥乡贤实践"四千"精神的当代意义，拉近了柯桥与世界的距离。

杭州市柯桥商会会长孔剑平无论身在何处，首先想到的就是将新项目引进家

乡柯桥，他在柯桥临空新城投资 25 亿元，创立豪微创新科技产业项目，致力于新一代泛半导体制造。

（二）激发乡贤活力，绘制家乡建设新蓝图

柯桥区各乡镇街道乡贤会主动激发乡贤参与乡村振兴"新活力"，绘制乡贤支持家乡建设"新蓝图"。

杨汛桥街道邀请乡贤回乡参与建设，从基层治理、乡风文明、公共服务、经济发展等 4 个方面梳理制定 8 个子项目，分别由乡贤对接认领，助力共同富裕，并成立"闻汛而动"乡贤志愿者队伍，引导 30 余名有志人士参与新乡贤志愿活动。

王坛镇在杭州、上海建立了区外乡贤联络站，常态化对接联系 150 余名在外乡贤，发布家乡关怀、征集致富信息，成功落地北京国际露营大会环保露营标杆示范地、丹家村露营基地等项目。

钱清街道乡贤完成 6 个优质项目签约，引领钱清街道朝着"开启临空时代，建设融杭新城"目标高质量发展，基本实现村级乡贤参事会全覆盖。

夏履镇康养产业由乡贤李兰娟院士发起。自 2017 年起，李兰娟院士连续多年带领乡贤名医回乡义诊，成立全国首家"双院士"级基层乡贤名医工作室，20 名乡贤名医定期回乡开展义诊服务，让百姓在家门口就能获得优质医疗资源。2022年，夏履镇聘请 14 名区"两代表一委员"为 12 个村社担任兴村治社"第一指导员"，参与村级治理，发挥乡贤的特色指导优势。

（三）支持项目回乡，助益民生改善

随着柯桥区乡村振兴工作的全面推进，散布在全区各地的乡贤们怀着对家乡的深情，不断推动资金回流、项目回归、信息回传、人才回乡，大力推进共富星村建设，涌现出刻石山民宿、海丰花卉、金秋家园、中禾竹业等一大批发展农业产业、带动村级经济、助益村民增收的好项目。

王坛镇丹家村乡贤们以"旅游＋产业"的模式推动乡村文旅发展，利用露营基地优势，吸纳村民就业；舜皇村乡贤创办有机茶基地带富周边农户，通过组建大越山农有机茶专业合作社，带领农户开荒、挖土、栽苗，并投入 1000 多万元用于产品改良、厂房清洁化改造、新添茶叶生产流水线等，农户种茶经济效益增加8—10 倍，王坛绿色茶基地也有了新发展。

稽东镇邀请乡贤参与香榧文化旅游节等重大活动，经乡贤牵头或参与的共富

项目纷纷签约落地。乡贤们募集资金成立榧香共富基金，专项用于当地榧农的扶危救困；稽江村 700 亩高产高质油菜播种，由"科创中国"油菜产业服务团团长、浙江大学教授周伟军领衔落地；乡贤企业浙江嘉琦生态农业开发有限公司与浙江中科应用技术研究院达成技术合作；乡贤周波牵线对接"家乡来客"农创品牌，由创始人缪杰带领团队开启助农直播，让稽东"好物"通过直播带货走进千家万户；乡贤应华亮从村民手里流转了 500 亩废弃的山林和田地，进行重新开发和利用，将"荒土地"变"黄金地"。

乡贤应华亮撬动家乡农业发展

（四）成立慈善基金，助贤反哺桑梓

柯桥区民政局通过开展优秀乡贤"献爱心"公益慈善活动，引领广大乡贤积极参与公益慈善事业，造福桑梓、回报家乡。乡贤马建荣为家乡捐款 1000 万元，成

马建荣向家乡捐赠 1000 万元，成立"申洲·横江"慈善基金

立绍兴市首个以先进党员、困难党员、老党员、特色党建活动等为资助对象的专项慈善基金——"申洲·横江"初心基金。2020 年 11 月，蜀阜村被评为全省第一批"示范慈善村"；乡贤章金根捐款 1000 万元专项资金用于抗击疫情；乡贤濮黎明捐赠 1000 万元成立"安心安昌·四海氨纶"慈爱基金。

二、乡贤"六回归"的经验启示

（一）引贤回归，共谋共治、共享共建新格局

柯桥区委、区政府通过不断探索，大力弘扬乡贤文化，实施新乡贤培育与成长工程，鼓励新乡贤回乡投资、参与公共项目和基础设施建设。柯桥区各乡镇、街道积极搭建乡贤沟通联系平台，成立乡贤会；拓宽乡贤作用发挥渠道，使乡贤工作面上有声势、线上有活动、点上有成效；充分挖掘乡贤资源，调动一切力量，大力推进城市发展和共富星村建设。乡贤回乡后，依靠自己的经验、学识、专长、技艺、财富参与新农村建设和治理。他们身上散发出来的文化道德力量可教化乡民、泽被乡里、温暖故土，对凝聚人心、促进和谐、重构乡村传统文化大有裨益。唤起乡贤回报家乡的激情，鼓励乡贤参与新农村建设和乡村治理，有利于形成兼具乡土性与现代性的乡村治理模式。

（二）基层党组织主导引领"聚贤力、向未来"

新乡贤是一个新兴群体，主要由当地基层党组织号召产生。党建工作做得好、带头人有威望的乡镇、街道，对乡贤的重视程度高，乡贤组织的运行较为顺畅，乡贤的作用发挥较好。"引凤归巢"的最终目的是"聚焦共富"。柯桥区新生代乡贤充满激情和抱负，2022 年以来，参与"同心共富"实践基地，设立共富基金，为柯桥区高质量发展建设共同富裕示范先行区尽心尽责、发光发热。在党建引领下，柯桥区积极培育和吸引在外经商、从政、为学的"能人""贤人""名人"回归，参与、支持、投资新农村建设，破解乡村社会治理缺人才的问题，让群贤聚力，拥抱未来。

（三）承袭文明乡风，弘扬崇德向善新风尚

柯桥乡贤积极投身美丽乡村建设、文明乡村治理等工作，推动文明乡风的引领与承袭，大力引导发动优秀乡贤参与基层治理，成为柯桥乡村振兴、共同富裕的一支重要力量。乡贤＋社会治理是杨汛桥乡贤的一张金名片，街道成立

"正千工作室"，吸纳律师、司法所退休干部等力量，助力基层矛盾纠纷化解。各村（社）"乡贤娘舅"充分运用他们在辖区内的威望，营造睦邻有礼的和谐氛围，培养居民对村（社）的信任感和满意度。王坛全镇近500名乡贤参与到基层社会治理工作中，其爱心惠及文旅、生态、文化、教育、养老等多个领域。

新乡贤作为模范代表，其言行在一定程度上弘扬了乡村新风尚。柯桥区充分发挥乡贤在服务村民、致富经营过程中积累的良好口碑的作用，以其嘉言懿行垂范乡里、涵育乡风，发挥其在思想、信仰、价值等方面的激励作用，以新乡贤文化的向心力和凝聚力，培育文明乡风、优良家风、淳朴民风。

（四）建言献策，合力画好高质量发展"同心圆"

新乡贤在经济、社会、文化等资源方面有着自身的优势，并且愿意将其转化成能够影响乡村社会建设与发展进程的推动力。乡贤们运用自己的新知识、新理念，为家乡的政策提建议、谋方法，使乡村发展更贴合民意，更符合潮流。他们为家乡"双招双引"牵线搭桥，将拳拳赤子之心转化为"项目归乡、人才归乡、资本归乡"的实际行动。他们是柯桥的"形象大使"，用浓浓乡音把"柯桥故事"讲得更好，把"柯桥声音"传得更远，让更多人了解柯桥、走进柯桥、扎根柯桥，不断提升柯桥城市的知名度和影响力。

柯桥乡贤牵头稽东镇与浙江大学作物科学研究所进行战略合作

（文字和图片资料由柯桥区委统战部提供）

整理：张增祥

样本 50 "银政联盟 1+N" 稳经济惠民生

　　瑞丰银行作为浙江首家上市农商银行、柯桥区乡村振兴主办银行，积极践行把银行自身发展好、把区域经济服务好、把社会责任履行好的"三好理念"，坚持"瑞丰心中有百姓，百姓心中有瑞丰"的宗旨，切实扛起高质量发展建设共同富裕示范先行区金融担当。作为柯桥区金融助力共富的中流砥柱，瑞丰银行每年拿出不少于1000万元慈善资金，定向实施助困、助村、助学，并充分发挥"银政联盟 1+N"模式优势，联动区农业农村局、区民政局、区教体局、区科协等单位，全面发动董监事单位和爱心企业、社会各界参与，联合打造富民、强村、助困三大"共富联盟"，合力构建共建、共享、共治共同富裕机制，为柯桥打造现代化"国际纺都、杭绍星城"贡献更大力量。

　　2021年4月，瑞丰银行建立"两员一顾问"机制，向全区各镇街、平台和行政村选派132名驻村金融指导员、特派员，聘请300多名普惠金融顾问，推进"三帮一扶"（帮村、帮企、帮农、扶困）机制。同年6月，瑞丰银行推出以绍兴南部三镇为主体的"帮富"计划，授信30亿元共富信贷。2022年，瑞丰银行在安昌街道发布"瑞·共富"行动计划，为该街道各村（社）提供共计10亿元授信。

一、瑞丰银行稳经济惠民生的主要做法

（一）集结金融智库，专业团队促共富

　　一是夯实办事服务队伍。瑞丰银行通过"两员一顾问"机制，落实"三帮一扶"，即每人每年"帮助1个村集体增收""帮助2家小微企业增效""帮助3户低

收入农户增收""扶助群众解决急难愁盼问题",把金融助力"三服务"工作落实到老百姓心坎上。

二是强化党建宣传队伍。按照"一支部一基地"要求,瑞丰银行全行 37 个党支部全部建立"两个基地 + 一个课堂"模式,以精神文明建设教育基地和艰苦奋斗实践教育基地为平台,为驻村金融指导员设立"星期四学习日"。发挥驻村金融指导员的带头作用,全行在职党员干部参与"党建 +"公益活动。

三是搭建融资融智队伍。选派熟悉基层、学历较高、专业知识丰富的驻村金融指导员(特派员)驻点服务,在镇街、平台和行政村设立专门的驻点办公室,每周固定半天驻点服务,列席各类会议,做好"融资 + 融智"服务。

(二)践行为民理念,规范服务谋共富

一是坚持金融为民的服务理念。瑞丰银行坚持贴近实际、贴近生活、贴近群众,推行驻村金融指导员行为管理和轨迹管理,实施数字化网格管理,每周 5 个半天入村入户,每户至少 40 分钟。

二是透明化、公开化,记录驻村日记。在"企业微信"平台上线金融指导员"驻村日记",详细记录走访时间、服务内容、服务成效以及后续跟踪方案,既有九旬老人丢失存折急需上门办理等小事,也有疫情冲击下小微企业面临资金难急求放贷等急事,还有对农村新问题、新路径的思考和实践。

三是问题导向,撰写针对性调研报告。瑞丰驻村团队每月开展派驻村(社)调研活动,深入解决驻村服务中发现的困难和瓶颈问题,基本建成"一村(社)一方案"专属定制服务体系。

(三)坚持数字赋能,创新服务助共富

一是打造"一块屏"。瑞丰银行以 107 家网点、380 个乡村金融便民服务点为依托,逐步推进"社区金融生态大屏",构建基于社区、行政村、园区生态的客户基础数据平台,直观展示多维社区生态数据,深化客户经理网格化运营与管理,成为精准服务共同富裕的"指挥大脑"。

二是开发"一朵云"。整合街道、村(社)、总行各方资源和力量,在柯岩街道试点推进"社区云"建设,构建集基层社区治理、社区自治和数字化党建等功能于一体的服务平台,居民可足不出户享受生活缴费、物资共享、报事报修、代办申请、街道预约、代办查询等便民服务。

三是建设"一个码"。探索银行、市场主体以及辖区群众等多元主体"共享共治"基层数字化治理新模式，联手公安部门，将银行的"支付码"与公安的"治理码"两码合一建设"安心码"，实现行政村无现金缴存、银村直联、村务卡结算等功能。

（四）提升造血功能，基地建设筑共富

一是建立"共富基地"。瑞丰银行探索金融从"输血"到"造血"的扶贫增收之路，着眼绍兴市柯桥区南部三镇（稽东、王坛、平水）经济洼地，推行"土地流转＋农户种植＋技术辅导＋蔬菜包销"模式，试点建立首个"共富菜"基地，引入各类蔬菜 20 余种，由稽东镇大桥村 8 位农户种植。

二是建立"共富联盟"。以银政、银企联盟为抓手，联动农业农村局、科协和有机化肥、质量检测等企业机构，以公益扶贫模式邀请当地规上企业加入采购服务，形成六方参与帮扶模式，由市、区两级农业农村局牵头，协同 100 家左右大型企业定点采购"共富基地"的农副产品，带动更多企业参与"共富联盟"建设。

三是构建"共富基金"。通过"信贷＋基金"形式，实现"点上突破＋面上普惠"。信贷方面，专列 50 亿元"共富信贷"，用于强村公司发展、经济薄弱村帮扶、村级物业有机更新。基金方面，创设绍兴市首个共富基金。建立助村助学助困机制，每年拨出 1000 万元，定点帮扶全区 4500 余户低保贫困户、20 个行政村和 300 个贫困学子。

瑞丰银行助力乡村振兴

（五）强化载体支撑，平台打造推共富

一是深化"百园工程"。驻村金融指导员下沉园区，将辖区所属 5 家以上小微企业集聚点纳入标准化服务，每人认领建设 1—2 个样板园区。根据园区方提供的入驻企业清单，结合走访后获得的企业相关信息，做好信息档案建立工作，实现走访、营销、需求发现和服务落地的闭环管理。

二是实行"全园驻点"。设立小微企业服务工作站，每个工作站配备 1 名服务人员，一年深耕一个园区，为园区内企业提供资金结算、信贷资金支持、代发工资和代扣代缴水电费等服务，推进企业金融服务工作全覆盖，切实解决企业融资堵点。

三是配套"两套模型"。围绕愿贷、敢贷、会贷机制建设，首创并推广"企业信用库"模式和"三分三看三重"（分行业、分等级、分地域，看流水、看车间、看三费，重信用、重合作、重口碑）小微操作技术，对小微企业授信统一测评、动态管理、批量审批，降低小微企业融资成本，提高信贷审批效率。

瑞丰银行小微企业园金融服务站

二、"银政联盟 1+N"模式的经验和启示

（一）打造柯桥区首个"共富地"，"月亮湾""致富田"实现试点推广

首批大桥村"共富菜"产出后，瑞丰银行发动全行 26 家支行食堂实行包销，并积极向外界推广，吸引了当地企业食堂采购。参与"共富地"项目的还有区科协、化肥公司、质检公司、联盟企业等企业机构，形成了种子供给、种植技术、

化肥保障、质量检测、渠道销售、收购资金等一揽子服务。

2022 年，瑞丰银行在稽东镇和大桥村的协同下，完成了"月亮湾"剩下 10 多亩土地的流转，将"共富地"扩大到 20 亩，进一步放大共富效应。柯桥区有关部门也多次调研这一项目建设，认为"共富地"实践为柯桥区南部三镇共同富裕探索出了一条新路径。

（二）创设"共富联盟"，安昌街道"政银村"助力便民共富

安昌街道在"瑞·共富"首个项目——白洋居农产品集散中心上跳出单方面引资框架，与瑞丰银行安昌支行结对建成"共富联盟"。安昌支行用最低利息为白洋居"输血"，推动白洋居自己"造血"。老农贸市场存在设施落后、环境卫生差、经营思维比较固化、创新动力不足等问题。白洋居农产品集散中心相较于老市场，新摊位数量增加了两倍，消费环境也得到显著改善，吸引了更多周边群众前来消费，每年能为村集体增收 170 余万元；此外，还建成公园和停车场，使村民能够更多地享受到集体经济发展的红利。

（三）组建党建联盟赋能发展，拓宽资金保障渠道

瑞丰银行坚持把党建引领作为推动乡村共富的"红色引擎"，筑牢战斗堡垒，创新引领路径，激发主体活力，以高质量党建引领乡村共富跑出"加速度"。以"党建＋金融"为引领，通过银政联盟、银村结对，以联盟形式赋能乡村发展，共谋共同富裕新格局，探索共同富裕新路径。

瑞丰银行深入村社一线，深化"三帮一扶"机制，推行数字乡村建设，在推进业务的同时积极为乡村发展创造良好的平台及便利条件。积极履行区域大行责任，对各村（社）授信，在基础设施、民生工程等项目建设上给予金融支持。

（四）深化"两员一顾问"机制，慈善助力乡村共富

瑞丰银行进一步做深做实"三驻三服务"工作，使"两员一顾问"机制落到实处。驻村金融指导员明主职、有目标、善参谋，深入群众，扎根基层；金融特派员当好参谋，服务企业生产经营；普惠金融顾问架好"连心桥"，发挥好关键人作用。

围绕"物质富庶、配套富足、精神富有、环境富丽、治理富实"，瑞丰银行携手街道，共同扛起建设好"三镇一园"的责任。瑞丰银行承诺，每年将 20 万元慈善资金用于支持乡村振兴，每年向镇街贫困低保户、贫困学子等捐助 20 万元慈善资金，助力共同富裕。

（五）推行普惠金融政策到家，支持强村公司培育发展

瑞丰银行大力推广普惠金融，实现整村授信，通过"线上＋线下"模式，有效满足当地百姓的资金需求。通过进村、进企、进户等方式，多维度、全方位地将惠民政策送到农户手中，让辖区内农户人人可贷，打通金融服务"最后一公里"。

通过村银合作模式，指导组建强村公司，给予金融扶持，支持公司发展壮大。强村公司作为壮大集体经济的主引擎、促进农民增收的新渠道、履行社会责任的排头兵，引导实现市场化运营、抱团发展、盘活各方资源，并助力解决劳动力就业问题。

（文字和图片资料由瑞丰银行提供）

整理：柯科

样本51 一统三化九场景，创建未来社区

大渡社区和下市头社区均位于绍兴市柯桥区主城区内，社区周边交通便捷，拥有优质教育资源、保护良好的历史建筑和水乡古城景观，且得益于柯桥区整体经济发展情况及靠近轻纺城等因素，社区内居民整体就业和收入情况良好。

大渡社区和下市头社区都有人口基数大、人员构成复杂、居民诉求多样的特点，因此对社区服务能力和治理能力的要求极高。两个社区以"党建＋数字＋治理"的模式，按照省委"一统三化九场景"（即坚持党建统领，以人本化、生态化、数字化为价值导向，以和睦共治、绿色集约、智慧共享为基本内涵，构建未来邻里、教育、健康、创业、建筑、交通、低碳、服务和治理九大场景）的要求，开展了一系列社区基础设施升级、服务领域拓展、组织结构调整的工作，促进社会公共服务资源在社区的接入与整合，提高社区内部资源的利用效率，强化社区治理体系发现诉求并及时回应诉求的能力。

大渡社区积极打造"大渡一家亲"服务品牌，先后获得省级综合减灾示范社区、省级绿色社区、省级卫生社区、省级体育先进社区、市级卫生社区、市级生育文化特色社区、市级和谐社区等诸多荣誉，于2021年5月入选浙江省第三批未来社区创建名单。

下市头社区曾先后荣获全国综合减灾示范社区，省级绿色、卫生、老龄工作规范化社区，市级先进基层党组织，市级老年体育工作先进集体等100多项荣誉称号，于2021年12月入选浙江省第四批未来社区创建名单。

一、柯桥区未来社区创建的主要做法

（一）以"契约化共建"为基础整合公共服务资源

社区党建"契约化共建"是源于绍兴越城区的社区治理手段，目的在于打破"条块分割"的基层治理格局，在社区层面实现公共资源整合。

大渡社区在"契约化共建"的基础上探索了"轮值主席"制度，通过周期性的"契约化共建"工作会议和社区组织内部明确的权力责任安排，与电力部门、水务公司等公共服务供应单位的社区驻点网格员一道梳理、解决居民生活服务方面的问题和需求，实现服务到家的承诺。

下市头社区利用区位优势，与包括浙江工业大学之江学院商学院在内的多个公共事业单位签订"契约化共建"协议，探索多种形式的文体活动，发掘本地文化资源利用优势，并以此为基础谋求多方面社会发展。

（二）以数字社会文化多跨场景应用助力社区资源共享

大渡社区依托社区一体化智能公共数据平台，与"城市大脑""文化大脑""健康大脑"等充分对接，打造了"家头条""邻里帮""文E家"三大场景。"家头条"场景内设置了"家关注""家记忆""家故事"等5个子场景，创设大渡论坛、社区贴吧等网络公共交流空间和信息共享平台，引导居民自主发布社区故事、关注社区内的生活动态，从而为创建社区文化提供基础。"邻里帮"场景内设置"三点半学堂""一起拼多多""邻里车位"等8个子场景，着眼于社会资源共享和邻里互助，以信息化平台实现邻里间的需求和冗余资源的精准对接。"文E家"场景内设置"e课堂""随e点""文e队""e书房"等4个子场景，利用数字化空中书屋、空中戏院、空中讲堂等资源，满足社区居民多样化的学习、休闲、娱乐需求。

（三）以社区、社工、社会组织"三社联动"盘活社区人力资源

大渡社区和下市头社区依托社区党群服务中心培育本地社会组织，建设社区志愿者队伍，构建全新的邻里互动方式。大渡社区内有满足居民文艺需求的"鸿雁歌舞"、关注婚恋需求的"缘分天空"、服务精神健康的"心灵驿站"等多个社会组织。下市头社区则有多个体育运动队伍和关注老年群体生活与心理需求的"居家养老服务站""晚霞情联络站"等社会组织。在社会组织干部牵头和志愿者、社工的支持下，社区内开展了丰富多彩的社会活动。在建立多个社会服务平台、方便居

民获取各类社会服务的同时，也为邻里社交创造了大量机会；邻里社交的加强又反过来促进居民在社区活动中的人力资源投入，实现了社区文化建设的良性循环。

（四）以居民需求前置、由点到面的基础设施改善与公共空间整合

大渡社区和下市头社区在物质空间重构方面的行动，包括在社区党群服务中心建造适合行动不便的居民上下的坡道，在户外休息区域开辟出适合轮椅停留、回转、通行的空间，设立专门的无障碍停车位，在红绿灯路口增设方便盲人过马路的过街语音提示，为社区图书馆的电脑安装盲文键盘等。通过一系列着眼于细节、服务于弱势群体在社区生活当中的具体需求的细微改造，最终实现整体提升社区公共服务质量的目标。

大渡社区居家养老照料服务中心

二、"党建＋数字＋治理"的未来社区创建模式的主要成效

（一）社会公共服务质量显著提升

大渡未来社区建设的根本目的是要重建居民对其居住地所在社区的归属感和认同感，通过"契约化共建"、数字信息平台等方式理顺社会公共服务资源接入社区的渠道、完善社区层面的服务供应方式、提升社区内部的需求响应能力和资源利用效率。

大渡社区的"契约化共建"已签约国家电网等契约共建单位30家；社区还高规格建设了"小哥驿站"示范点，成立了顺丰速递党支部、柯桥街道快递行业联合

党支部；"家头条"场景发布了"家记忆""家有礼""家关注""家故事"等信息；"e书房"上线了电子书10000余册，日均阅读超500人次；"小Do假日乐园"登记在线志愿服务者、专业人才开展志愿陪聊活动，为社区居民提供相应帮助。

（二）邻里社会交往氛围有效创建

大渡社区内已有30余个"学习共同体"，通过社区学习共同体重构社群关系，改进传统社区以家庭为细胞的组织方式，构建专属于各个年龄层人群的学习型社团，在互助互惠共享共利中引导居民重回"熟人社会"。在整改升级社区的过程中，大渡社区将优质文化公共服务资源下沉至社区，既培育了一个民生平台，更创造了一个促进个人发展的平台。社区既作为承载日常生活的空间，又作为人们的精神家园，在"人""家""社群"之间建立起崭新的人伦。

（三）舒适便利的社区生活环境持续打造

2020年至2022年底，大渡社区无障碍改造项目主要涉及九大类140余个点位，包括无障碍坡道改造60余个、盲道改造1000余米、安装扶手105米、无障碍车位改造11个、无障碍公厕改造2个、无障碍公园改造1个、无障碍入户改造3户等，还陆续开展了景观照明提升项目和数字化提升建设项目，为居民打造了舒适便利的生活环境。

（四）以基层党建为抓手社区治理体系得以重构

大渡社区和下市头社区的实践证明了以基层党组织间的合作为抓手，可以有效整合各类社会资源，且这种合作延伸到基层治理的各个方面，完成了以党建为线索的社区治理体系重构。提升社区治理效率的关键是要让居民主动参与社区事务，尤其要建立有效的邻里互助机制，使个人和社会资源能够有效服务整个社区的居民生活。在依赖邻里互助满足生活需求的过程中，居民参与社区事务的主体意识被唤醒，社区的服务能力和自治能力都得到加强。

（文字和图片资料来自"柯桥发布""柯桥传媒"等公众号）

整理：陈雪莹

样本52 打造城市社区共富单元"立新范例"

　　立新社区位于绍兴市柯桥区，东至明珠路，南至鉴湖路，西至笛扬路，北至新开河及马山闸西江，区域交通便捷，配套设施完善。社区下辖8个小区，多数建造于20世纪90年代，常住户数3100户，常住人口11750人，以"新柯桥人"与原拆迁户为主，兼具多元、包容特色。自2006年4月成立以来，立新社区先后获得省级卫生社区、省级和谐示范社区、市级文明社区、市级绿色社区等荣誉称号。在产业经济方面，立新社区坚持"保强创优"，力争"走在前列"，对市场进行了全面升级改造，有效提升市场品位，使经济持续发展与稳步增长，创造了成效显著的经济效益。

　　立新社区立足社区老旧小区多、老龄人口多、老大难问题多的"三多"实情，探索构建以党建引领为内核，多元合力共治共享的网格治理体系。通过抓好党员、老人、居民三大群体，构建"1+3+1"党建治理体系，推动党建统领网格"柔"性治理，着力打造"幸福养老"特色品牌，以及上下联动、共建共享的基层治理工作格局，积极推进融合型现代社区建设，力争率先打造城市社区共同富裕先行范例。

一、立新社区多元网格治理体系建设的主要做法

（一）厚植红色基因，迭代智治手段

　　立新社区以"党引领网格、党建在网格"为原则，充分发挥党组织的核心领导作用。将辖区合理划分为10个网格、97个微网格，配有网格长、专职网格员等近20人，着力构建"纵向到底、横向到边"的党建网格治理新体系。聚焦居民实

际需求，解锁基层治理的"红色密码"，与辖区 18 家单位党组织签订党建共建协议，以"契约化共建"实现党群服务中心资源共享，让共建单位党组织党员走出机关、走进社区、走进小区，参与社区卫生治理、公益活动和关爱空巢老人等行动。利用好"浙里兴村治社"场景应用，结合"基层治理四平台"，将党员干部与人民群众紧密联系起来。对于群众反映的各类问题，开展"一站式"网上服务，实现"网上＋网下"双重联动。

（二）用好特色力量，激发自治动力

立新社区下设 7 个支部，共有 123 名退伍军人和 183 名党员，其中 60 岁以上老弱党员占 49.1%。社区党委通过"老带青、青帮老"的方式，组建"老青互助志愿队"。"老带青"，就是发挥老党员阅历优势、经验优势，组织社区年轻人去老党员家中听党课，遇重大事件让热心老党员担任年轻志愿者领队。"青帮老"，就是发挥年轻人的精力优势、服务优势，组织社区外来流动党员为老党员送温暖、悟初心。

立新社区大力培育退伍军人志愿服务队伍，定期开展夜间巡逻、反诈骗宣传、慰问老人等志愿服务；战时挺身一线，全力协助社区治理，无论是台风"烟花"雨水倒灌，还是疫情防控昼夜奋战，都以军人之姿成为强大力量支援，开创了社区"共建、共治、共享"退役军人服务治理新格局。在服务中宣传党史知识，挖掘志愿者，激发其自身价值感、服务获得感，为社区治理提供源源不断的先锋力量。

（三）聚焦银龄群体，谱写享老篇章

为满足银龄群体的精神需求，使老人主动融入社区建设，增强共同富裕带来的获得感，立新社区以实现老年人的幸福生活为目标，以"敬老爱老"为主题，组建全区首个"伴聊银龄"陪聊团，上门提供读报、陪聊、健康咨询等服务。党员志愿者发挥先锋带头作用，主动走进网格、微网格，以走访的形式与老人零距离谈心，化解邻里纠纷。在社区居家养老服务陪聊室内，老人可以自助点单，自主选择心理疏导、法律咨询、健康知识、智能设备培训等多项陪聊服务，让志愿服务更有成效。

立新社区成立区级公益创投社会组织，补贴 30 万元为老人提供远低于市场价的洗衣、助浴、打扫等服务，打造全方位惠老爱老的宜居环境。在居家养老服务中心安装全区首台老年人爬楼机，以提高老年群体行动的便捷性和安全性。此举

获得"学习强国"、越牛新闻等多家官方媒体报道，吸引周边小区的老人纷纷前来体验，成为老年人的"网红打卡地"。

立新社区还开设"智在指尖"数字养老培训，以菜单式服务为老人制定个性化课表，助力老人乐融乐享"键上"生活，为现代社区建设贡献"享老范例"，建设现代社区"幸福养老"升级版。

二、城市社区共富单元建设的经验和启示

（一）基础设施日臻完善，环境品质显著提升

立新社区完善了小区环境卫生和服务设施，创造了舒适宜人、便捷安全的居住环境，为居民生活的改善和品质的提升发挥了积极作用。老旧小区改造提升工作有序推进，针对新江新村开放式老旧小区内停车混乱、设施破旧、物业缺位等问题，社区老党员和热心居民自发组建业委会，共同商议各项事务，积极探索解决思路，多举措推进取得成效，先后实施了大门改造、建筑立面改造、排污管道改造、雨棚改造、停车位改造等20余个小区改造项目。逐一解决遗留难题后，新江新村环境秩序井然，小区内道路通畅，由"问题小区"转变为"和谐家园"。

立新社区博爱公园

（二）社区品牌彰显特色，幸福养老卓有成效

立新社区立足于实际，以提升老年人生活品质为出发点，积极探索居家养老新模式。一是打造智慧养老数字平台，二是打通养老服务神经末梢，不断增强老年人的获得感、幸福感、安全感，社区"幸福养老"品牌特色凸显。依托"智在指

尖"智能手机培训平台，帮助老年人跨越数字鸿沟。通过开设"伴聊银龄"陪聊团，以多样陪聊形式排遣老人的孤独寂寞。以"走进去＋走出来"的创新模式，鼓励老年人走出家门、融入社会、畅享生活。着力在无障碍社区创建居家养老服务站点，在老年人爬楼机等硬件设施设备上进行提档升级，倾力打造"一站式"、全领域、多维度的社区养老服务新模式。为行动不便的老人解决生活实际困难，并对接医疗机构，定期为老人开展体检、讲解健康知识。

立新社区"伴聊银龄"团开展服务

（三）党建赋能助力发展，共建共享逐步深化

党建赋能进一步增强了立新社区党组织的凝聚力和战斗力，充分发挥了党员干部的先锋模范作用。社区定期组织党员开展"学习共富要义，赋能领跑竞跑"主题党日活动，通过书记上党课、清廉教育、党员过生日等形式，深入学习国家重大会议精神，激发社区党员积极助力共同富裕、助力创建文明城市的动力。强化"抓党建、带队伍、促业务"的整体合力，提升基层党组织的凝聚力和战斗力。

立新社区深入推进"契约化共建"，积极整合辖区资源，补齐基层治理短板，实现互联互动，融合共进。以"资源共享、优势互补、共建共享"为原则，通过设立各小区、各网格志愿服务点位的方式，志愿者分点入驻小区网格，深化志愿服务，构建了"以点串线，连线成面"全覆盖格局，融合"党建＋"模式建立红色志愿服务网络。

（四）聚焦薄弱环节，强化精细管理

　　共富先行征程中，让全体居民受益是题中之义，建设现代社区，任何时候都要把居民尤其是弱势群体的获得感作为最重要的价值取向。社区建设应坚持抓重点、补短板、塑品牌、强管理和促提升，有力推动各项创建工作落实。立新社区聚焦老年人口比例高、老旧小区设施不齐全和风貌不佳等薄弱环节，深入分析原因，找准问题症结，采取多项措施，突出补齐短板，在理念思路、程序步骤和方式方法等层面提供了经验和借鉴。

立新社区居家养老服务照料中心

　　（文字和图片资料由柯桥区立新社区提供，部分文字参考自"笛扬新闻"等公众号）

整理：柴诗瑶

样本 53　垃圾智慧分类"接地气"

　　福全街道位于柯桥区南部，东临越城区府山街道，西连漓渚镇和湖塘街道，南接书法圣地兰亭，北邻中国轻纺城，距柯桥城区 11 公里，离绍兴市城区 6 公里，104 国道南复线穿境而过，地理位置和自然条件十分优越。因境内有山，状若倒覆之船，后人雅称"福全"。总面积 39.82 平方公里，下辖 22 个行政村和 2 个社区，辖区内共有 12128 户，3.9 万余人。

　　福全街道全面推进城镇高质量发展，形成"人产城文景"深度融合，建造具有福全特色的生态宜居后花园，点亮百姓幸福生活，谱写乡村振兴新篇章，为柯桥打造社会主义现代化先行示范区，实现"领跑全市、竞跑全省"贡献力量。

　　福全街道坚持深入实施"八八战略"、协调推进乡村振兴战略和新型城镇化战略的重要决策部署，以建设"动能转换先行区、生态宜居后花园"为目标，将垃圾分类工作有效融入村庄治理和建设，不断满足群众对优美生态环境的需要，坚定不移走好生态优先、绿色低碳发展之路。

一、福全街道推进垃圾分类的创新做法

（一）花式宣传接地气，垃圾分类入人心

新时代展现新风貌，推进乡村文明建设，需要春风化雨、润物无声，引导群众思想观念和行为习惯等逐步与农村社会治理现代化的要求相适应。2016 年，福全街道垃圾分类工作全面启动，如何让那些往河里倒惯了垃圾的村民改变习惯成了最大的难题。街道工委通过自编自演节目、编写顺口溜、流动广播等形式宣传

垃圾分类，不仅确保宣传"到村到户到人"，更是做到了"入耳入脑入心"。除此之外，街道还组织各村和社区的家庭户主代表参与垃圾分类知识培训，让垃圾分类家喻户晓。同时，由各村文艺骨干组成的文艺小分队陆续在各村开展以垃圾分类为主题的文艺演出。不定期开展的垃圾分类流动课堂、垃圾分类趣味游戏、有奖竞猜等活动让更多人掌握垃圾分类知识，提高了村民参与的积极性。

垃圾分类课堂

垃圾分类文艺宣传演出

（二）整治工作有章循，全员攻坚抓落实

自新修订的《浙江省生活垃圾管理条例》正式实施以来，福全街道结合多年实践，主动探索创新、积极学习，持续推进垃圾分类全面覆盖、全域提升进程。街道按照"先谋后动"工作方式深入调研，主要领导召集行政村干部、相关部门负责人、联村领导等召开座谈会，广泛征求意见，经过充分论证，出台了《2022年福全街道城乡环境卫生考核管理办法》《关于开展环境卫生整治提升攻坚月活动实施方案》等文件，确保辖区环境卫生长效保洁有章可循、依制推进。

在福全街道办事处门口，"福全街道城乡环境卫生赛比榜"格外引人注目，"先进村""进步村""末位村"颜色各异的图标鲜明显示了各村环境卫生月度情况。街道还专门拨出资金用于各行政村环境卫生长效保洁，实行专款专用，基础保障与工作绩效相结合，充分调动各行政村工作积极性。

2022年初，福全街道启动了城乡环境卫生"大整治、大提升"行动，上下联动、人人参与、科技赋能，针对环境卫生薄弱点、问题点打响攻坚之战。在层层发动、正向激励、网格挂牌、赛比亮旗等举措下，福全街道环境卫生攻坚氛围愈来愈浓。街道主要领导下村督查指导，各村（社）主职干部带头，所有村干部下沉网格，动员全部环境卫生工作人员参与垃圾分类、道路绿化、公厕保洁，清理河道、沟渠、堆积物，整理飞线、断线。

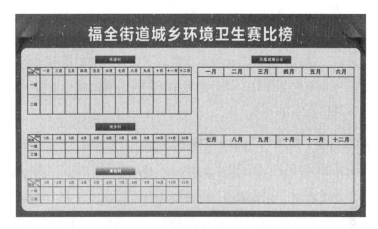

福全街道城乡环境卫生赛比榜

（三）垃圾分类治理 2.0，数智赋能新风尚

为全面提升垃圾分类水平，自 2021 年起，福全街道撤销了 450 余个垃圾投放点，全面推行垃圾分类上门收集和定点投放，做到"进村不见垃圾桶、垃圾不落地"。在福全街道欣华村，实施垃圾上门收集后，投放准确率达到 98% 以上，其中厨余垃圾投放准确率达 100%。

福全街道还启用数智化手段，在"基层治理四平台"中增加环境卫生线上管理模块，检查人员可实时上传问题照片，各村（社）直接定位问题所在位置，一键导航，第一时间进行整治，并上传整改照片报街道审核。

福全街道垃圾分类数字化定时定点运营项目在 9 个小区内正式投放使用，全新的"定时定点"破袋投放模式，通过 AI 智能设备对居民的每次投放行为都进行垃圾重量、垃圾照片等相关数据采集，根据易腐垃圾的分类质量，系统每天给予居民不同的分类积分，而这些积分可以用来兑换肥皂、洗衣液等生活物资。

在福全街道小任家坂使用的"数字化定时定点"投放模式，从每日后台系统的数据反馈来看，大部分居民能够配合垃圾分类工作，自觉进行垃圾分类。福全街道垃圾分类治理工作进入 2.0 时代。

（四）靶向精准找问题，垃圾出路有保障

福全街道定期召开环境卫生整治专项行动座谈会、环境卫生负责人例会，各

村（社）汇报环境卫生整治、垃圾分类行动进度以及下一步打算，交流讨论整治和工作过程中碰到的疑难杂症；街道对各村（社）整治行动做出点评和要求，针对整治中遇到的问题提出相应的解决方案。

为切实解决各村（社）大件垃圾处置问题，福全街道通过改造旧厂房，完成了再生资源回收站的建设运行，从根本上实现了大件垃圾的资源化、减量化、无害化处理，进一步减少了各村（社）处理堆积物的后顾之忧，各村（社）严格按照大件垃圾分类标准凭券入场。

二、垃圾分类"接地气"的经验和启示

福全街道按照"党建引领、政府推动、部门联动、全民参与"的原则，加快建立分类投放、分类收集、分类运输、分类处理的收运处理体系，推动城市生活垃圾分类工作与建设美丽乡村、整治农村人居环境有机结合，采用各种"接地气"的方式动员全民参与，多措并举治理，使得垃圾分类试点范围逐步扩大，分类收运体系基本建成，生活垃圾处置能力明显提升，人居环境不断美化，描绘出生态宜居的新画卷。

在福全街道欣华村、锦坞村等村庄，实施垃圾分类相关政策后，村庄垃圾减量三分之一，垃圾分类投放准确率达到90%以上，"垃圾清运不及时"投诉量下降90%。福全街道的做法提供了关于垃圾分类与处理工作的诸多经验与启示。

（一）长效机制为保证

在垃圾分类工作中，福全街道探索总结出党建引领机制、块区网格化机制、三级监察机制、考核激励机制和红黑榜机制等长效机制，这是各项工作平稳有效进行的重要保证。

（二）深入宣传为前提

福全街道要求各级部门多方式、广角度深入开展入人心、接地气的垃圾分类宣传工作，倡导辖区居民争做垃圾分类的参与者、宣传者，提高广大人民群众参与垃圾分类的投放意识和垃圾分类政策的覆盖率，让绿色环保的理念深入人心，提升全民环保意识，为垃圾分类营造良好的社会氛围。

（三）广泛发动为保障

街道党组织、居委会、村委、业委会和物业公司是垃圾分类治理工作的主力，

以党员干部、学生、社区群众为主体的志愿者也是重要的补充力量，大家齐心协力，是各项工作顺利进行的保障。

（四）科技赋能为助力

福全街道积极探索垃圾分类智慧赋能新模式，通过源头实时监管，强化垃圾分类上下游协同管理。通过数智化手段，构建一条"源头—识别—整改—奖励"的垃圾分类完整链路，破解了垃圾分类中分类准确率不高、投放不精准、混装混运等难点痛点问题，有力带动了全民参与垃圾分类绿色新时尚。

垃圾分类是民生问题，也是生态文明建设和高质量发展建设共同富裕示范区的题中之义。高质量、接地气、重实效地持续推进垃圾分类工作，形成绿色发展方式和生活方式，才能真正提高福全人居环境质量，谱写乡村振兴新篇章。

（文字和图片资料由福全街道提供）

整理：夏佳龙

第

五

篇

杭绍星城与水韵纺都

共 同 富 裕

柯 桥 样 本

分论（五）

柯桥区西邻杭州、东接宁波，是长三角一体化发展壮阔蓝图上的耀眼明珠。柯桥区充分发挥这一先天优势，全面融入杭州、接轨上海，奋力领跑竞跑，大力建设柯北未来城、杭绍临空经济示范区，争当全省高质量发展建设共同富裕示范区的先行地。柯桥区以特色优势为支撑，统筹推进产业融合、创新协同、开放接轨、民生共享、交通互联、政策互鉴，推动柯桥区在更高水平、更高层次、更宽领域上接轨沪杭甬、融入长三角，进一步扩大对外开放、提升城市能级。柯桥区按下融杭接沪"快进键"，融杭接沪发展新格局已现雏形。同时，柯桥区切实发挥"市场 + 产业"的独特优势，充分利用国际国内两个市场，有力推动柯桥纺织向时尚化、数字化、绿色化迈进；主动将千年纺织文化与现代时尚文化有机融合，以"国际纺织中心 + 江南水乡名城"两大要素作为资源特质，高标准建设"水韵纺都"城市风貌。

一、接轨沪甬，杭绍星城

柯桥作为杭绍一体化发展的重要节点，抢抓长三角一体化、杭绍甬同城化机遇，主动出击、顺势而为、乘势而上。围绕绍兴市建设现代化网络大城市的发展目标，同时结合杭州市 2035 年远景规划中构建特大城市新型发展格局的战略目标和"一核九星"的空间布局，柯桥以优化现代产业体系、坚持改革开放创新、突出文化培根铸魂和推动共富示范先行等为重点，全力打造杭绍之间"综合实力领先、人文魅力独特、发展活力强劲、文明和谐幸福"的璀璨星城。在综合实力上，优化现代产业体系，永争一流、勇当标兵，建设实力星城；在城市建设上，加速融杭接沪联甬，主动融入绍兴网络大城市，建设魅力星城；在高质量发展上，深入践行新发展理念，激发科技创新因子，打造活力星城；在文化建设上，突出传承发展，培育星韵星味，建设文化星城；在共同富裕上，让每个人自由追逐梦想，让每个人共享发展成果，实现"人人奋斗""人人享有"，建设幸福星城。

（一）布局优化

重点打造"一核两区两翼"的城市发展格局："一核"，指培育一个城市经济发展核；"两区"，指临空经济现代产业片区和鉴湖城郊文创休闲片区；"两翼"，指柯北经济综合开发带和南部生态康养共富带。柯桥区按照这一格局，充分发挥中国轻纺城的龙头作用，高标准打造城市经济核心区，全域推进城乡风貌、未来社区和未来乡村建设，进一步打响"老绍兴·金柯桥"城市品牌。核心区辐射带动作用显著提升，平台承载力持续增强，服务功能不断完善，建成一批标志性的城市建筑，逐步实现功能合理、特色明显、宜居宜业的城市发展新布局。

（二）能级提升

柯桥区以亚运效应提升美誉度，高水平承办亚运相关赛事，高品位完善城区国际化功能，高标准建设"柯桥未来城"，全力构建水陆并进、高快协同、外联内畅的综合立体交通网络，打造绍兴融杭接沪联甬的"第一门户"。抢抓亚运窗口机遇，以"办好一个会、提升一座城"为目标，持续升级城市美化亮化工程，高标准完成亚运三大场馆建设，高水平承办亚运相关赛事，全面激发体育市场活力和全民体育消费热情。持续实施交通"内畅外联"战略，深入谋划对接通城大道—杭金衢连接线、彩虹快速路接钱滨线、群贤路西延等一批交通融杭项目；加快建成杭州中环柯桥段、杭甬高速柯桥互通改造工程、杭金衢高速至杭绍台高速联络线、柯诸高速等一批重大交通工程；充分发挥水乡优势，加强内河水系航道梳理，着力推动杭甬运河千吨级航道改造工程，加快公用码头、航道服务区建设；加快推进职住平衡发展，实现客货交通适度分离，逐步构建起水陆空贯通联运、快速路和慢行道快慢相宜的综合交通体系。

（三）共富发展

柯桥作为杭州都市圈的一部分，在引领浙江新型城市化、城乡区域协调发展中扮演重要角色。积极发挥交通运输引领支撑作用，构建以轨道交通、高快速路、快速公交为骨架，高效便捷衔接杭绍中心城区，覆盖重点城镇、产业节点的都市圈快速交通体系，缩短时空距离，结合国土空间规划对空间资源的调配，促进主城三区融合，优化片区间及片区内的交通衔接，提高交通基础设施供给的均等化和便利化水平，不断扩大对周边城镇、偏远地区的覆盖，围绕增强城乡居民一体化出行获得感，推动城市公交、城乡客运、镇村公交三位一体城乡客运一体化发展。加快打造杭绍临空经济一体化发展示范区绍兴片区，抓住萧山国际机场扩容增效契机，积极发展临空高端制造业，力争打造成新的"万亩千亿"省级平台、市级引擎。同时，围绕缩小区域差距，加快推动飞地合作项目建设，打造山海协作、东西部协作升级版；在推动对口地区加快发展的同时，进一步放大优势互补效应，不断拓展柯桥发展的纵深空间。

二、国际纺都，水韵宜居

（一）纺都传承

柯桥从古至今，以布扬名。从纺织越地到国际纺都，从一幅"水街柯桥"的场景到一幅"丝路柯桥"的画卷，从一段"步满全球"的历程到一部"布满全球"的史诗，一块"布"打开了一扇窗，一块"布"托起了一座城。打造国际纺都，是一种古越文化的传承，也是一种责任使命的担当。柯桥区充分利用国际国内两个市场，更好发挥"市场＋产业"的独特优势，有力推动柯桥纺织向时尚化、数字化、绿色化迈进，努力构建纺织领域"双循环"的战略枢纽支点，始终不渝地推进产业升级，努力打造现代、开放、时尚、大气的国际纺都。

（二）纺业升级

柯桥紧紧抓住实体经济这个根本，加快做大做强产业集聚平台，打造一批具有国际竞争力的产业集群，不断提升产业基础高级化和产业链现代化水平。全域改造提升纺织印染产业，全面完成工业厂区"低散乱污"整治提升，深入实施产业集群新智造省级试点，做深做实"织造印染产业大脑""浙里工程师"等多跨场景，加快推进纺织产业数字化、绿色化、高效化发展，不断提升纺织产业核心竞争力。依托中国轻纺城市场大平台，充分发挥市场的龙头带动和集聚辐射作用，谋划开展新一轮市场创业计划，推动现代服务业加速集聚发展，进一步提升轻纺城市场的综合竞争力。

（三）水韵风貌

柯桥区聚焦"全球轻纺创新引擎、新江南诗意城区典范、魅力生活城市中心"三大建设目标，以创高点、塑中心、兴风貌为路径，全面实施"水韵纺都"城乡风貌整治提升。充分挖掘浙东古运河两岸的人文产业价值，持续推进城市、市场、产业深度融合，把中国轻纺城打造成为新经济时代下市场转型升级的样板，高品质建设共同富裕现代化基本单元。充分挖掘古越文化特质，高标准建设"水韵纺都"城市风貌样板区，全力打造柯桥城市新地标；高质量建设美丽城镇、美丽乡村、未来乡村，让柯桥颜值更高、气质更佳。

（文字资料参考自柯桥区委书记陈豪报告《永争一流，勇当标兵，奋力在社会主义现代化新征程中打造国际纺都杭绍星城》）

执笔：王涛

样本 54　产业融杭，杭绍临空一体化

2022 年 5 月 23 日，浙江省人民政府正式发文，同意设立杭绍临空经济一体化发展示范区绍兴片区（以下简称"杭绍临空示范区绍兴片区"）。规划面积为 115 平方公里，空间范围包括绍兴市柯桥区华舍街道、钱清街道、杨汛桥街道的全部区域，辐射带动夏履镇；东至华舍街道东边界、钱清街道东边界，南至华舍街道南边界、钱清街道南边界、杨汛桥街道南边界，西至杨汛桥街道西边界，北至钱清街道北边界、杨汛桥街道北边界。2021 年，区域内常住人口约 30.5 万人，实现地区生产总值约 320 亿元，规上工业产值约 410 亿元，财政总收入约 67 亿元，其中，一般公共预算收入约 44 亿元，外贸出口总额约 300 亿元。

杭绍临空示范区绍兴片区以习近平新时代中国特色社会主义思想为指导，紧扣"高质量"和"一体化"两个关键，全面融入长三角一体化发展等国家战略，全力落实省委、省政府"四大建设"决策部署，打造全国一流临空智造区、杭绍同城合作创新区、绍兴未来城市实践区，为高质量发展建设共同富裕示范区作出积极贡献。杭绍临空经济一体化发展示范区是浙江省深入推进"一带一路"、长三角一体化发展战略的开放平台，是省级层面高度重视、杭绍两市共同谋划建设的一体化合作先行示范平台，已列入浙江省"十四五"规划纲要。杭绍临空示范区绍兴片区作为重要组成部分已列入浙江省级开发区（园区）名单，是绍兴市"2+6+N"平台体系中"2"代表的市级平台之一。与此同时，以"杭绍都市区共享全球门户"与"临空生态圈产创协同枢纽"为主题，实现杭绍间的环境共造、民生共享、城市共建、交通共联、产业共融。

杭绍临空经济一体化发展示范区绍兴片区揭牌仪式

一、柯桥区杭绍临空一体化建设的主要思路

（一）"1+N"产业体系

杭绍临空示范区绍兴片区聚焦新一代光电信息方向，以"1"主导产业＋"N"支撑产业为核心，"1"主导产业为新一代光电信息，具有光模块、光通信芯片以及集成电路三大主体；"N"支撑产业包括现代制造和临空服务，其中现代制造主要聚焦于新材料、精密制造、现代纺织等，临空服务则包括总部经济、科研创新、商业商贸、应用教育、保税物流、文创设计、跨境电商、休闲康养等。

与此同时，杭绍临空示范区绍兴片区以"打造国内领先的光电信息产业链条"为产业策略，重点围绕三大方向，依托科研院所，搭建光通信芯片及器件研发平台；依托精密制造龙头，搭建光模块整件研发与制造平台；依托国际国内一流团队，搭建集成电路设计与应用平台。此外，通过打造"东侧光电信息产业、西侧融杭智能制造产业"的制造产业空间，形成"产业社区＋产业组团"的产业载体。

（二）"1213"发展格局

杭绍临空示范区绍兴片区规划形成"一区两廊、一核三片"的"1213"发展格局。"一区"为杭绍融合发展特别合作区，"两廊"为融杭人才科创走廊与西小江人文生态走廊，"一核"为临空智创城（中央绿心公园），"三片"则为光电信息产业片、融杭数智产业片以及生态康养休闲片。

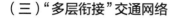

（三）"多层衔接"交通网络

轨道交通方面，杭绍临空示范区绍兴片区打造多层次轨道系统直连核心板块，新增高速铁路和城市地铁各 1 条。第一条为萧山机场连接线，从绍兴北站直连萧山机场；第二条为轨道 1 号线西线，从前梅站利用杭州既有规划 22 号线廊道，衔接既有 7 号线坎山站，新增临空 CBD 站。同时，加密 1 条城际铁路站点，在绍兴风情旅游新干线新增东方山水站、柯桥站、镜水路站，以衔接杭州城站、杭州东站。另外，推进既有规划地铁 8 号线衔接机场，提升杭绍临空示范区绍兴片区衔接机场的便利性。

城市道路方面，对接杭州城市快速交通网络，推进杭金衢连接线快速化建设并向西延伸 1 条快速路。强化区域骨干通道衔接，完善内部组织。延伸优化群贤西路、杨绍线、万绣路、鉴水路、越州大道、张家畈等 6 条跨界主干路，在片区内部延伸优化镇东路、上方山大道、柯北大道、杨江大道、瓜渚路等 5 条道路。

货运体系方面，串联产业空间，多方向联通杭绍台。新增杭金衢高速至杭绍台高速连接线，增加高速出入口。打通杭金衢连接线、上方山大道、104 国道等 3 条货运主廊道，新增航空货运站与供应链中心，以及迁改港口码头。

二、推进杭绍深度融合的几点思考

杭绍临空示范区绍兴片区通过贯彻落实省委、省政府关于整合提升全省各类开发区（园区）的指导意见精神，按照"一个平台、一个主体、一套班子、多块牌子"的体制架构，与绍兴市柯桥区综合设置管理机构，实行统一管理、统一规划、统一招商、统一协调。绍兴市政府通过切实加强组织领导，以数字化改革为牵引，完善工作机制，创新发展方式，落实重点任务，明确责任分工，高起点编制完善相关规划，加快推动了绍兴片区的高质量发展。

（一）规划先行

空间总体规划和产业发展规划率先编制，确定了杭绍临空示范区绍兴片区"一区两廊、一核三片"的总体空间结构和"1+N"的产业布局。编制临空智创城、西沙路站地铁 TOD 等重点区域的城市设计和控制性详细规划，以及交通、电力、给排水等各类专项规划，构建完整的多层级规划体系。

（二）工程稳进

有效推进群贤路西延萧山南秀路（一期）新建、钱杨大道新建、瓜渚路和万绣路改造提升、临空保障房建设等重点工程项目。联动属地镇街攻坚克难，优先攻克重难点项目，如钱清老电厂签约工作、群贤路西延工程周边的村级物业拆迁签约、浙玻地块拆迁签约等。

（三）双招双引

积极开展高层次人才引进及申报工作，依托中国科学院西安光学精密机械研究所、西湖大学等科研院所以及清华大学罗毅院士在光电信息领域的资源优势，导入国际、国内光电模组器件、芯片设计制造、封装测试等顶尖团队，开展前沿技术攻关，加速产业化应用技术开发，打造国内光电领域重要的研发制造基地。充分利用省级有关部门和杭州市政府对杭绍临空示范区绍兴片区建设发展提供的指导帮助，尤其是规划编制、政策实施、项目布局、体制创新、开放合作等方面的支持，营造出良好发展环境。

（四）交通畅行

在绍兴地铁 1 号线与杭州 5 号线相连，以及杭州中环高架的基础上，进一步启动群贤路西延萧山南秀路、钱杨大道、瓜渚路西延、万绣路南延等"二纵二横"道路建设。规划构建"745128"交通网络，即 7 条铁路、4 条轨道线路、5 条高速公路通道、12 条快速路通道、8 条临空衔接通道，在交通方面做到与杭州无缝衔接。

（文字和图片资料参考自中国城市规划设计研究院关于绍兴片区空间总体规划文本、公众号"绍兴发布"发表的文章《杭绍临空经济一体化发展示范区绍兴片区揭牌》，以及相关简介与汇报材料）

整理：何倩倩　黄韵

样本 55　交通融杭，互联互通更便捷

　　柯桥区以"打造全国一流现代化交通强区"为发展目标，全面融入长三角，大力推动与沪杭甬空间连接和功能对接，加快形成一体化交通网络格局。2020 年来，柯桥区统筹推进铁路、轨道交通、公路、水运、管道等多种运输方式全面发展，加快推进融杭道路建设，大力完善区域路网体系，优化内河水系航道功能，全力构建水陆并进、高快协同、外联内畅的综合立体交通网络，形成交通建筑、交通运输、交通关联服务业协调发展的综合交通产业体系，健全综合交通运输管理体制机制。城区 10 分钟上高快速路网，30 分钟通勤市域、通达杭甬，60 分钟通达上海，打造全域"镇镇通高速"的便捷高效交通运输体系。

一、现代化交通强区建设的主要做法

（一）推进立体多元通道建设，促进一体化融合发展

　　柯桥区立足长三角区位优势，全面对接绍兴"两横两纵两联结"空间布局和全省"六纵六横"综合运输通道布局，统筹各种运输方式，完善综合交通网络布局，均衡化发展不同方向对外通道，充分发挥综合枢纽集成作用。

　　柯桥区依托交通引领城市空间格局、支撑经济社会发展的基本功能定位，构建柯桥交通多元立体、对外开放新格局，形成"两横两纵"综合运输通道，对外连接四大都市区，接轨大上海，融入大战略，优化市域空间布局，带动区域发展，提高共享水平，强化市区首位度，促进一体化融合发展。

　　柯桥区协同构建杭绍同城通勤圈，高质量建设杭绍城际铁路、杭绍台铁路一期、绍兴轨道交通 1 号线、杭绍甬智慧高速、杭绍台高速、31 省道北延接萧山机

场、杭州中环柯桥段、杭金衢高速至杭绍台高速联络线、杭州湾环线高速（杭甬段）柯桥互通改扩建工程、群贤路西延接萧山南秀路等同城交通标志性工程，推进铁路杭州萧山机场站枢纽及接线工程、绍兴轨道交通 2 号线一期、杭金衢高速连接线接通城快速路、钱滨线接彩虹快速路等。实施亚运公交优先计划，推进杭绍城市（镇）间开行城际公交，推进公共交通工具"零距离换乘"。

（二）构建立体互联交通网络，推动交通强区建设

1. 构建多向贯通的铁路网

柯桥区着力建设融入长三角、杭州都市区，快捷连通粤港澳大湾区的铁路主骨架。建成了杭绍台铁路一期，加强柯桥与杭州、台州等长三角重要城市的快捷连通；推进铁路杭州萧山机场站枢纽及接线工程，加强了柯桥与杭州萧山机场的连接，加速临空经济区建设。实现了 0.5 小时通达杭州都市区，1 小时通达宁波都市区，2 小时通达上海、苏州等长三角主要城市，5 小时通达京津冀、粤港澳、长江中游等城市群。同时，加密了绍兴风情旅游新干线车站站点，谋划绍兴市城际轨道 S2 线（绍兴至诸暨市域铁路）、S3 线（绍兴至嵊新市域铁路）。

2. 构建一体融合的轨道交通网

柯桥区推进城市轨道交通实现新突破，以支撑杭州都市区一体化发展为方向。杭绍城际铁路、绍兴轨道交通 1 号线建成通车，快捷连通柯桥中心城区和都市区发展主轴，高效衔接沿线城镇，推动柯桥融杭战略实施。推进实施杭绍轨道交通运营管理"一张网"和票价"一票制"，基本形成杭绍同城 30 分钟交通圈。

绍兴地铁一号线柯桥段 2021 年 6 月 28 日率先通杭

3. 构建高快一体的干线公路网

柯桥区构建高效联通的对外交通网，按照新增通道、扩容能力、加大覆盖、优化衔接的思路，优化柯桥区公路网整体布局，总体上形成"一环五纵八横"的网络布局。构建了快捷一体的对内快速路网，注重均衡布局、存量优化，推进网络提升改造，逐步实现了快速干线公路全面达到一级公路的技术等级。通过高速互通改造等方式，创造条件构建高速路网与快速路网的直接连接与便捷连接，形成城市交通与高速交通之间的快速转换。

（三）满足人民美好出行需求，支撑双循环格局构建

1. 打造舒适便捷的客运服务体系

柯桥区聚焦人享其行，以公共客运为主导，以联程联运为目标，推进城际、城市、城乡客运协调发展，持续优化客运结构，提升客运服务便捷化、多样化、均等化、一体化服务水平，更好地满足人民群众美好出行需求。

2. 构建经济高效的货运服务体系

柯桥区坚持新发展理念，坚持以"两进一出"工程（快递进村、快递进厂、快递出海）为抓手，着力完善基础设施、稳定末端网络、激发市场活力、深化产业融合、强化科技创新、提升发展质效，努力打造邮政快递业高质量发展的"柯桥样板"。

3. 建立开放有序的综合运输市场

柯桥区培育壮大运输市场主体，鼓励扶持打造一批信誉度高、带动示范作用明显以及能提供全过程化、专业化和优质服务的现代交通运输企业。强化运输市场监管，加快构建行政监管、信用管理、行业自律、社会监督、公众参与的综合监管体系，加强信用交通管理数字化建设，加快推动从传统治理方式向事前信用承诺、事中信用监管、事后信用奖惩的全链条信用治理转变。

二、便捷高效交通运输体系建设的成效

（一）基础设施建设日益完善

柯桥区高速公路建设取得了长足进步，路网结构趋于合理，运行质量大幅度提高，高速公路网初步形成，为构建起区域快速便捷的交通网络体系奠定了坚实基础。拥有五进五出 10 个车道的杭州湾环线高速（杭甬段）柯桥互通改扩建工程

北出入口开通运行，成为省内唯一一个8个方向上下高速、南北双出口的高速收费站。北出入口与原南出入口（柯桥收费站）遥相呼应，共同担负起柯桥连接杭甬高速大动脉的重任，为杭绍甬一体化建设进程的加快提供了交通保障。积极推进国省道项目建设，先后完成104国道柯桥段改建工程、31省道北延柯桥至萧山段工程等项目。公路通车里程逐年稳步增长，通达通畅水平进一步提高。铁路轨道实现突破，建成杭绍台铁路一期。柯桥区实施轨道交通线路建设，杭绍城际铁路、绍兴轨道交通1号线、绍兴风情旅游新干线钱清站已建设完成。"柯桥智慧交通体系建设"被列入全省综合交通"改革试点经验复制推广清单"，助推数字交通优质发展，有序推进市绿色交通重点支撑项目。

杭甬高速柯桥互通改造工程

（二）运输服务水平不断提高

柯桥区不断扩大高品质、多样化、个性化的客运服务，促进交通物流降本增效，交通运输保障能力显著提升，充分发挥了交通运输在经济社会中的基础性、先导性、服务性作用，为柯桥区实现经济持续繁荣发展提供了坚实保障。"互联网+"智慧交通发展步伐加快，"云""端"信息基础设施建设不断加强，智慧交通云网合一架构进一步推进，各业务领域传感网覆盖率全面提升，数据采集自动化水平不断提升，交通运输基础设施、运输工具、运行信息等互联网化进一步推进，完善的交通运输感知体系逐步建立。

（三）行业管理能力持续提升

柯桥区利用跨部门共享数据，实现系统人员准入审查、营运车辆信息同步、从业资格证换证时驾驶证有效性审查等多个子项功能开发及部署应用，实现了受理、审核、许可、发证全流程无纸化办理。安全和应急保障能力也同步增强，全面深化了交通法治建设，构建了综合交通运输法规体系，促进了交通运输行业治理体系和治理能力现代化，交通诚信监管体系逐步完善。

（四）城乡一体化发展有序推进

全面贯彻落实公交优先理念，优化线网布局，完善公交基础设施和提高公交服务水平，形成以大运量公共汽车为主体、出租车为补充的城市绿色公交系统体系，为城市居民就业、购物、旅游、居住提供方便、快捷和舒适的交通服务，以公交发展引导城市发展，实现柯桥区公共交通与城市定位的和谐共生。柯桥区综合交通网络布局稳步推进，综合交通线网里程不断增加，交通网络密度持续提升，交通固定资产投资规模再创新高。

（文字和图片资料由柯桥区交通运输局提供）

整理：王涛　赵嵩年

样本56 亚运融杭，提升城市新能级

　　绍兴作为杭州第19届亚运会办赛城市，是杭州之外承办亚运会项目最多的城市。而柯桥承接了攀岩比赛、男子排球小组赛、足球训练场任务。对标《杭州市亚运城市行动计划纲要》，柯桥努力践行"办好一次会，提升一座城"，落实融杭联甬接沪战略。以"一切围绕亚运、一切服务亚运"为工作主线，以"迎亚运、强作风、促提升、展风采"为工作主题，对标定位谋发展，凝心聚力抓落实，推动城乡面貌焕然一新、基层治理迭代升级、美丽乡村强村富民。

一、借助亚运提升柯桥城市能级的建设思路

（一）健康活力城市行动

　　积极开展亚运场馆建设。柯桥区高标准建设赛事场馆，推进羊山攀岩中心项目、柯南足球场改扩建工程、"6+1"公共体育场馆大提升行动等亚运场馆建设行动。做好场馆及周边市政、节能、园林绿化等配套设施的规划建设工作，开展亚运场馆周边和主要道路沿线环境整治，做好赛事沿线及街景布置，提升城市风貌品质。

　　培育引进亚运国际品牌赛事。柯桥区加强与国际性体育赛事组织、国家体育总局和国家级协会、国际体育中介（代理）机构、长三角体育竞赛联盟等单位和机构的联系与合作，建立了体育赛事引进申办联动机制和国际性体育赛事竞标机制，引进了一批高端体育赛事，形成市场化、多元化、专业化办赛模式。

　　广泛开展亚运全民健身行动。柯桥区组织机关单位、镇街、协会（社团）等开展"迎亚运，共参与"活动。开展社会体育指导员培训工作，以及全民健身民生实事工程实施。依托"周周有赛事、天天有活动"群体品牌，开展一系列"迎亚运，共

参与"排球、足球、篮球等全民健身活动和比赛，提高市民身体素质。实施"一所学校、一个运动项目"计划，鼓励每所学校开展一项与亚运会有关的体育活动。

羊山攀岩中心，融现代于大自然中

（二）杭绍同城合作行动

聚焦"同城"，使亚运"杭绍同城"更加紧密。柯桥区牢牢把握亚运契机，做深、做细、做实"融杭"文章，深化战略、政策、机制协同，加快基础设施联结互通、生态环境共保联治、公共服务便利共享、要素市场开放互认，构建"文体会商旅"共同体，集成推进跨区域板块协同共建，助力打造杭州都市区杭绍同城主中心。柯桥区积极协同构建亚运通勤圈，重点推进杭绍甬智慧高速、杭绍台高速公路、杭绍台铁路、杭州中环柯桥段工程、彩虹快速路东延接钱滨线前期等相关工程建设，制定出台轨道交通管理条例办法。实施亚运公交优先计划，推进杭绍城市（镇）间开行城际公交，推进公共交通工具"零距离换乘"。

（三）基础设施完善行动

聚焦"同标"，使亚运"城市更新"更具品质。柯桥区对标亚运和杭州标准，以场馆配套、交通、通信、无障碍设施和安全保障、志愿服务等为重点，完善各类城市软硬件和配套设施建设，全面提升国际标识系统和公共服务国际化水平，加快形成"一线城市"标准的城市核心功能。提升亚运城市整体承载能力，以电力、供水、能源保障为重点，完善各类城市配套设施建设，确保实现"零差错、零故障、零距离"目标。做好亚运排球场馆、攀岩馆、足球场的电力保障工作；开展无障碍设施改造、亚运观赛空间建设等。对标杭州出台标识设计导则，建立中英双语对照城市标识系统，实现重要场所、重要设施国际化标识全覆盖。结合各类创建和节会赛事活动，常态化严管严控市区市容环境秩序，净化、美化亚运城市。

协同发展日新月异

（四）文化名城展示行动

聚焦"同频"，使亚运"绍兴记忆"更加深刻。柯桥区坚持中国风范、浙江特色、绍兴韵味，在办会中融合绍兴深厚的历史文化底蕴，突显清丽优雅的江南气质，联动杭州和各协办城市开展城市整体品牌、赛事品牌、旅游品牌推介宣传，培育人文品质新亮点、展示城市发展新特色，讲好亚运故事、绍兴故事。配合杭州亚组委、绍兴市筹办开展亚运节点活动；在城区主要出入口、通道、广场等地点进行亚运氛围营造。开展"亚运风采在绍兴"媒体采风、"水乡亚运风"网络传播活动。与杭州开展亚运全过程合作，协同开展赛事宣传和营销，努力讲好绍兴体育故事，留下绍兴"亚运记忆"。深度对接杭州世界旅游联盟总部，制作"亚运绍兴地图"，开通亚运绍兴旅游专线。

（五）数字智慧赋能行动

柯桥区加快数字经济与实体经济深度融合，推进落实羊山攀岩中心、柯桥区博物馆等 5G 基站建设，以及智慧体育公共服务平台升级建设。完善智慧文旅公共服务平台，依托省"浙里好玩"旅游服务平台，打造柯桥"柯好玩"品牌馆。将旅游资源和数据下沉到未来社区，结合区级文旅信息发布应用场景，集成创新打造"社区版"旅游在线服务应用。打造"城市大脑"智慧"中枢"，突出平安综治、智慧交管、无废城市、古城保护、智慧旅游、互联网＋监管、数字交通、应急指挥、城管执法、政务服务等重点应用方向，共建"云"平台、共享"数"资源、共绘"智"蓝图、共创"＋"速度。

（六）文明绿色共建行动

开展"文明过马路""礼让斑马线""文明旅游"等主题实践活动和风尚文明引领行动。柯桥区组织公益广告通稿设计，将"亚运礼仪"内容纳入公益广告征集活动中，优秀作品在全区范围内广泛刊播。通过制作发放宣传册、分发倡议书、开设专题展览、组织大学生宣讲团、举办国际礼仪讲座等形式，普及亚运知识和国际礼仪。在全区体育场馆、交通枢纽、文化旅游服务区、博物馆等公共场所配置自动体外除颤器（AED），普及应急救护知识与技能，培养具有专业救护知识、技能的志愿者和社会工作者。

（七）平安城市护航行动

柯桥区打造亚运保障"绍兴标准"，探索建立重大国际赛事医疗、安保、气象保障等专项工作机制。重视亚运安全防控，开展安防设施及装备更新、视频防护网建设。建立健全亚运应急保障体系，制定应急保障预案，加强业务人员的培训和管理，增强安全服务意识，开展联合演习，提高协同应对突发事件的能力。

二、亚运提升城市能级的主要成效

（一）亚运项目特色显著

羊山区块及上方山大道环境综合提升工程、亚运休闲公园向市民开放，为居民散步、游客休憩、运动员休闲创造了良好休闲环境。柯桥区建立了完善的亚运场馆日常维护管理制度，保持场馆最佳的运行状态。持续推进全市大型公共体育场馆服务水平提升，完成了亚运场馆应急救护设施设备的配置。引进和举办国际品牌体育赛事，承办第五届绍兴马拉松，积极引进中国男子篮球职业联赛（CBA）浙江稠州金租男子篮球队主场落户柯桥，组织开展柯桥区第六届运动休闲时尚周，举办2022中国赛艇大师系列赛浙江·绍兴柯桥站暨国内名校赛艇挑战赛、2022中国攀岩联赛（浙江·绍兴柯桥站）等赛事。

（二）城乡面貌焕然一新

柯桥区以亚运攀岩场馆和通勤线为重点，抓实周边配套建设，尤其是全面铺开了"1020"道路环境大提升、全域环境大整治行动。全面推进了羊山公园提升改造工程、亚运休闲公园新建工程、亚运沿线提升工程、沿线店招店牌升级等17个配套项目，以及交通设施提升、城市内涝治理、羊山联勤警务站智能化改造等20多个建设项目。

（三）基层治理迭代升级

为维护好亚运场馆周边环境，柯桥区启动了"大综合一体化"行政执法改革，组建了由街道站所和上级机关下沉部门组成的综合行政执法队，搭建了数智管理平台，实现了综合执法可视化指挥、留痕化管理、协同化调度和智慧化考核，推动了基层治理的迭代升级。

（四）亚运民生共富先行

借助亚运契机，周边街道及乡村积极推进上方山大道、柯北邻里中心等重点工程建设，布局公园、绿道、酒店等事关民生的基础设施，并建成以攀岩场馆为主的各类体育设施，大力引进高端商贸和品牌住宅。完成了众多民生实事工程相关项目，建设了百姓健身房、体育公园、足球场、社区多功能运动场、健身步道等，实现人均体育场地面积大幅提升的目标。

宜居环境乘势而上

（文字和图片资料由柯桥区亚运综合办公室提供）

整理：王涛　赵嵩年

样本 57　潮领马鞍，产城融合赋新生

马鞍历史悠久，早于新石器时代就有人类活动，清康熙时，居民渐集，镇区始成，为柯桥区北部沿海贸易中心。新中国成立后，马鞍经历了围涂造田与印染纺织集聚，形成了独具辨识度的围涂文化和染缸文化。如今，马鞍街道紧紧围绕"经济建设主战场、产城融合示范地"这一定位，千方百计抓投入、促转型，实体经济稳进提质；持之以恒补短板、提品质，产城融合全面提升；坚持不懈惠民生、办实事，幸福指数不断提高。

马鞍街道聚焦产城融合、绘就共富新篇。街道紧紧围绕"产城融合示范地"总体目标，空间布局不断优化，基础建设不断加码，商贸业态不断丰富。坚定扛起全区经济主战场的重任，一手稳工业增长，一手抓发展动能，全面筑牢工业经济"压舱石"，经济大盘企稳回升。以"工业特色型美丽城镇新样板""全国一流产业新城"为目标，立足"蓝印世界，潮领马鞍"的城镇定位，以问题和目标为导向，通过构建"实力马鞍、品质马鞍、时尚马鞍、幸福马鞍、平安马鞍"等五大愿景，坚持打造富有马鞍地域特色的美丽城镇，让马鞍人民在最大程度上享受美丽城镇建设带来的幸福感、获得感。

一、马鞍街道"产城融合示范地"建设的主要做法

（一）工业创强，打造高质量实力马鞍

马鞍街道以"一大核心、两大体系、三大策略"为发展路径，坚持印染产业绿色高效发展，稳步实施印染企业智能化、数字化改造，加快"互联网＋"信息技术应用，积极打造一批以迎丰科技为代表的智能工厂集群。持续深化"加工＋经销"，

有效整合企业生产端与贸易链，实施企业工贸一体化发展，培育多家年产值超亿元的龙头企业。坚持化纤产业动能提升，保障恒鸣化纤年产140万吨功能性纤维和元垄化纤年产20万吨低碳差别化纤维两大项目全面投产。推动重大产业项目落地建设，重点引进亿元以上重大项目，盘活存量土地。加快推进旗滨产业园、宝旌碳纤维、五大印染组团等项目建设进度，鼓励企业实施二次开发和厂房有机更新。

马鞍街道俯瞰图

（二）产城融合，打造高能级品质马鞍

柯桥区从"产业社区—产业生活圈—工业邻里中心"三级产城融合体系着手，加快推进柯海线二期拓宽、钱滨线沿线绿化、越江路与江滨路连接及新围路二期整治等一系列路网基础性工程建设；加快实施城市绿心公园、马鞍文体中心、老旧小区改造、无障碍社区创建、既有住宅电梯加装、蓝印时尚小镇停车场、工业区邻里中心等一批惠民利企项目建设。围绕核心商贸区、工业区和老集镇三大区域，加快商贸服务业发展引育，重点抓好昌鸿、新滨、勤业、蓝印时尚小镇四大综合体的建设启用进度，进一步促进城乡消费，加快完善城市功能，提升城市品位。

（三）循环经济，打造高格调时尚马鞍

柯桥区重点推进循环经济产业园项目建设，打造固废综合利用和处置的样板，形成产、学、研、用一体化的固废经济模式，保障建成环境优美、技术领先、设施一流的现代化"园林式"垃圾焚烧发电厂。推进以"一个中心、两条廊道、四个功能区"为总体布局的蓝印时尚小镇工业旅游建设。作为绍兴印染产业集聚、转型、创新发展的平台，加强工业经济与旅游经济互动，实现"染缸"文化价值的延

伸，打造工业旅游与休闲度假相结合的高品质休闲、研学、生活中心。

蓝印时尚小镇

（四）民生改善，打造高标准幸福马鞍

马鞍街道积极构建镇村生活圈，以"对标城区、领先全区"为目标，推进教育、健康、文化等大提升，加快推进马鞍中学和兴海小学教学楼扩建、兴海幼儿园装修改造等项目建设，扎实推进马鞍医院三级乙等综合性医院改扩建工程，加强工业区、村（社）医疗站点管理，进一步提升镇街、村社两级医疗卫生服务能力。以打造"10分钟健身圈"为目标，规划建设全民健身中心，最大限度发挥好文化礼堂、篮球场、笼式球场、"八个一"工程效应，出台综合利用配套方案，办好各类文体赛事活动，进一步推动全民健身与全民健康融合发展。

（五）治理优化，打造高水平平安马鞍

柯桥区从强化基层治理、突出依法治理、提升应急治理、创新社会治理四方面着手，建设智慧城镇综合治理中心，构建"美丽城镇5G+"；积极构建"5分钟应急救援圈"，探索应急救援联动机制马鞍样板。依托街道和村社两级矛调中心的平台载体，进一步完善"大调解"体系建设，实施矛盾纠纷多元化解机制，构建社会治理共同体。建立有效的城镇长效管理机制，城市管理抓实落细，深化市容秩序整治、垃圾分类处置、渣土运输管理、控新拆违管控等工作，核心商贸区实现禁货。深化"最多跑一次"改革，深入开展"三驻三服务"，深化组团服务企业机制，及时协调解决困难问题，持续优化营商环境。

（六）优化布局，完善城市功能配套

马鞍街道紧密对接经开区总体发展规划，优化拓展马鞍发展空间，构建"北工中城南闲"的空间布局，融合山水、人文、村庄、城市和产业等要素，形成生产和生活有机融合、生态和产业协调发展的良性互动。完善路网体系建设，形成兴滨路、柯海线、钱滨线、江滨路等"四纵七横"交通大动脉。积极推进印染集聚区环境综合整治提升，老旧小区立面改造，马鞍文体中心、马鞍医院等城市基础设施工程建设。加快推进昌鸿综合体、新滨广场、蓝印时尚广场、勤业未来城综合体四大商圈建设，引进万达广场等高品质商贸业态，积极招引国内国际知名酒店、商超、餐饮、娱乐品牌入驻。

镇中"镇"——马鞍街道夜景

二、产城人融合发展建设的主要成效

从传统的工业重镇到如今的产业新城，马鞍街道以"快马加鞭不下鞍，敢立潮头勇争先"的马鞍精神，以"工业创强"争当发展主力军，全面提升完善"软基建"，以"产城融合"助推工业转型升级、创新发展、绿色发展，形成产业集聚与人居环境协同发展的良性循环。

马鞍街道坚持真抓实干，积极探索实现共同富裕示范标志性成果：建设共同富裕示范区先行地、打造美丽乡村标杆地的做法，获浙江卫视《浙江新闻联播》头条报道；"八个一"惠民实事工程成功入选第二批全国公共服务典型案例，是浙江省唯一获此殊荣的镇街；综合集成"一体化"社会民生保障、"一站式"公共文化服务、"一平台"社会综合治理功能，建设全区首个数字村庄；实现村一级的公益性

笼式足球场全覆盖，被《浙江日报》刊发报道，被授予绍兴市足球实训基地称号。在潮领马鞍理念下，已逐步形成品质新马鞍、幸福新马鞍、平安新马鞍、实力新马鞍的产城融合新气象。

（一）品质新马鞍

在山外村木枝湖畔，文化礼堂、城市书屋、医疗服务中心集聚，俨然成了村级文化阵地综合体；在宝善桥村，城市书房书香满溢、学子盈门；在寺桥村，腾退的工厂办公用房改建成医疗服务中心，人们在家门口即可享受高标准医疗服务……成功入选第二批全国农村公共服务典型案例的马鞍街道"八个一"惠民实事工程不断高质量深化推进，乡村面貌更加靓丽，村民生活更加舒心，城乡协同发展，昔日围涂而建的马鞍农村串珠成链实现全域美，马鞍群众过上了让城市人羡慕的幸福生活。

（二）幸福新马鞍

日益完善的基层医疗是马鞍街道农村（社区、企业）公共服务提升的一大亮点。而最靓丽的成绩单要数马鞍教育事业的大提升。民生保障有效加强，便民服务中心提档升级，居家养老、志愿服务、慈善救助扎实推进。文体事业加快融合，成功举办"全面小康·抖音季""全面小康才艺秀""全面小康成就展"，"潮领马鞍"杯绍兴市笼式足球邀请赛，重阳登高节等专业赛事和活动，常态化开展"周末剧场"，成为"幸福马鞍"最生动的实践。

（三）平安新马鞍

马鞍街道创新举措，通过调解员轮流"坐班制"、专业律师"助阵制"以及案件"包干责任制"三制度化解劳资纠纷。"三制度"化解劳资纠纷是马鞍街道多部门联动，积极打造现代基层治理样板地的一个缩影。

（四）实力新马鞍

马鞍街道坚持推进"工业创强"，积极引导企业进行数字化升级，推进"加工＋经销"试点扩面，实施印染企业"龙虎榜"机制，推进印染产业做大做强。传统产业凤凰涅槃，新兴产业动能澎湃，"实力马鞍"描绘出新篇章。

（文字和图片资料由马鞍街道提供）

整理：王涛

样本 58 飞地联动，山海协作谱新篇

柯桥、江山两地共同谋划山海协作，共同深化两地产业合作，共同推进"飞地产业园"建设，共同打造山海协作美丽乡村新样板，共同完善协作交流新机制，进一步深化文化旅游、教育医疗、人才科技等领域的合作，进一步建立健全干部交流互派机制和要素保障支持机制，不断拓展迭代山海协作的新内涵、新载体，不断推进双方之间的优势互补、协作共进，为全省高质量发展建设共同富裕示范区赋能助力、增光添彩。

为进一步深化山海协作，高质量发展建设共同富裕示范区，按照省政府《关于进一步支持山海协作"飞地"高质量建设与发展的实施意见》有关要求，柯桥、江山两地协作发展"飞地经济"，柯桥经济技术开发区作为"产业飞地"项目承载地，与江山经济开发区深入对接，全面启动柯桥－江山"飞地产业园"建设。通过项目招引，推动区域之间高质量发展，实现资源共享、合作共赢。

一、柯桥、江山两地深化山海协作的主要做法

（一）筑巢引凤，高起点打造"飞地产业园"

在土地空间资源十分紧缺的情况下，柯桥区加强规划引领，优选"产业飞地"，高标准建设"飞地产业园"。

一是多方磋商，优化选址。柯桥、江山双方会同国土资源部门，多次踏勘，反复论证，决定产业园选址在柯桥经济技术开发区马鞍区块，飞地规划面积1588亩，实行一次规划、分期建设。其中一期区块占地1101亩，二期区块占地487亩，两地块紧临钱塘江和杭州湾大道、柯海大道，水陆两运，交通便利，位置优越。

二是健全架构，紧密协作。秉持长期合作、共同经营原则，柯桥、江山两地经开区拟以股份合作形式成立飞地公司，并已拟定股权架构、出资比例和运营方案，两地经开区签订了"产业飞地"合作协议。

三是提前谋划，完善配套。高标准开展园区主干道和区前道路的规划设计，提前完成产业园的水、电、气配套管线建设，确保地块具备项目摘地即开工条件，有力保障"飞地产业园"项目早动工、快建设、出成效。

"产业飞地"项目洽谈

（二）招大引优，高质量开展"飞地"项目招商

柯桥区紧扣高质量发展主题，围绕"十四五"发展规划，全力引进带动引领性强的重大产业项目，努力争当"产业飞地"建设排头兵。

一是严把项目准入关。摒弃以往低端化、高能耗产业转移的模式，主要引进高端纺织、高端装备、新材料、新能源产业。同时，强化招引项目的碳排放审核，严控新上"两高"项目，严格项目用能监察，确保高质量实现工业结构和能源结构战略性调整，致力打造绿色生态产业园。

二是开展多元化招商。柯桥经开区和江山开发区发挥两地招商专班优势，凝心聚力，精密合作，全力开展以商引商、产业链招商和精准招商，着力招引重大产业项目落户。

三是实行高标准管理。多方抽调专业骨干力量，为落户项目提供全程式跟踪服务，专业化管理运作，并以首个百亿级项目为起点，让更多更优质的项目落户"飞地产业园"，实现区域之间高质量发展资源共享、优势互补、合作共赢。

（三）落地为王，高效率推动入驻项目开工建设

为全力推动"飞地"项目快建设、出成效，柯桥区集中优势资源，开辟绿色通道，强化服务保障，全力加快项目落地动工。

一是强化要素保障。积极争取落实土地、能耗等要素指标，并成功列入省"4+1"重大产业项目，有力保障"飞地"项目建设。第一时间全面启动地块红线规划方案、"三通一平"等工作，确保项目摘牌前地块已具备建设施工条件。

二是优化项目服务。成立区级项目专班服务队伍，抽调骨干力量实施现场办公、一线服务，合力攻克项目推进中的困难和问题。建立项目督查通报机制，定期通报项目和配套建设进度、存在问题，即时召开推进会、协调会，及时解决影响项目进展的问题。

三是加快项目建设。服务团队提前介入项目方案审查，帮助项目方与设计单位沟通对接，在土地摘牌前加快完成整体方案设计和办公宿舍、生产车间等区域的细化设计、地勘等。

二、山海协作"飞地"高质量建设的成效和启示

以两地经开区为载体，通过资源共享、优势互补、平台共建，全面启动柯桥－江山"飞地产业园"建设，集中优势资源，强化要素保障，优化项目服务，已成功引进百亿级重大产业项目。截至 2022 年 10 月，项目推进过程中急需土地等各项配套指标落实到位。在园区建设方面，江山市与柯桥区两地秉承"共建共管共招共享"理念，实行干部互派、项目共招、资金同引。园区形成了以木门家居、高端装备、健康生活、消防应急为主的产业体系，先后引进欧派、大唐、娃哈哈、大北农等大型企业项目在园区落地。自实施山海协作工程以来，江山与柯桥两地开展了一系列经济技术合作活动，在平台开发建设、产业梯度转移等方面取得了显著成效。产业园建设得到省有关部门肯定，2022 年，江山－柯桥山海协作产业园连续 6 年获得省级工业类产业园绩效评价一等奖，累计获得省级奖励及专项补助资金 1.5 亿元。

柯桥－江山山海协作"飞地"高质量发展的主要启示有以下几点。

（一）成立专班，高起点谋划建设

柯桥区成立专项工作领导小组，下设办公室作为专门的管理机构，着力推进

方案的策划、实施。同时也积极保持与江山市的互通互访，初步商定拟采用股份合作形式组建国有开发公司开展具体建设运营。

（二）强化保障，全方位完善配套

柯桥经开区在土地空间资源十分紧缺的情况下，经多次踏勘现场、反复论证，优选区位条件好、发展较为成熟的地块作为"飞地产业园"建设用地。同时，迅速启动产业园规划布局，同步推进水、电、气等产业配套建设。确保落户项目具备土地摘牌即开工条件，全力推动"飞地产业园"项目快落地、早见效。

（三）多元招商，高标准优选项目

充分发挥两地招商专班优势，开展紧密合作，研究建立有针对性的一体化协同招商机制。首个总投资100亿元的华天光学膜项目落户"飞地产业园"，项目规划用地面积约1000亩，计划建设12条光学级功能性膜材料生产线及拓展下游应用产品制造，项目成套装备、工艺技术及单位效率处于行业领先水平，建成投产后，预计年营收可达80亿元。

（文字和图片资料由柯桥区发改局、柯桥经济技术开发区提供）

整理：周群芳

样本 59 丝路柯桥，布满全球

柯桥作为全球代表性的纺织产业集聚区、中国千亿级纺织产业集群，在共建"一带一路"的框架之下，贡献出了独特的力量。在全球经济复苏不断向好的趋势之下，开放合作是历史潮流，互利共赢是人心所向。站在新的历史起点，绍兴柯桥以举办世界布商大会为契机，抓住全球机遇、把握时代脉搏，推动形成更大范围、更宽领域、更深层次的对外开放格局，为中国产业发展开辟新空间，为世界纺织行业复苏和增长增添新动力。

"丝路柯桥·布满全球"行动计划旨在抢抓"一带一路"机遇，加强与全球纺织产业链的融合联动，加快接轨国际市场，参与国际竞争与合作，共筑纺织经济新增长。

一、"丝路柯桥·布满全球"行动计划的主要做法

（一）向东拓展"纺织朋友圈"，提升外贸国际影响力

"一带一路"建设，为柯桥外贸和国际市场的开拓带来了全新机遇。共建国家巨大的纺织品需求、低廉的生产成本和优惠的产业政策，均为柯桥加强与共建国家交流合作提供了更广阔的空间。为此，柯桥区积极搭建对外服务平台，强化企业主体意识，通过"政企联动、抱团参展"新模式，服务"一带一路"倡议。

2022 年 5 月 18—20 日，"丝路柯桥·直播全球"2022 柯桥布商云商展首站登陆意大利。相隔万里，中意纺织服装行业同人共聚云端，跨越地域与时差，在热烈的交流之中开启了线上经贸新旅程。此次 40 家柯桥优秀面料企业的专业直播，首次融合了"面料服装化"的精彩走秀展示，为百家意大利服装、配饰、家纺品牌、贸易公司等采购商提供了丰富多元的产品选择，进一步提升了供需匹配的效率。

2022 柯桥布商云商展—意大利站

（二）向西对标国际潮流，加速发展高层次开放经济

柯桥区加速走向国际时尚潮流中心，积极对标欧美市场，加快发展更高层次的开放型经济。

意大利作为世界著名的时尚国度，孕育了许多历史长达百年的世界一线服装品牌。如何将意大利的设计优势和柯桥的面料优势相结合，是双方共同探索的新课题。柯桥纺织行业将"走出去"与"引进来"相结合，以中欧时尚梦工厂、中纺CBD·东方米兰国际时尚发布中心、"丝路柯桥·米兰馆"等一大批时尚大项目为平台，大力发展纺织时尚产业的新引擎、接轨欧洲时尚前沿的新阵地。以"丝路柯桥·米兰馆"为渠道，柯桥纺织企业走向世界，带去最新的原创、科技、环保产品，多元化全方位展现柯桥纺织产业的最新形象，提升柯桥面料的整体品牌价值和国际话语权。

"丝路柯桥·米兰馆"

（三）线下纺织企业联动，推动产业集群发展

柯桥作为国内诸多纺织产业集群之首，率先捕捉到机遇，在国内积极开展走进各地集群的路演推介会和走进服装品牌的对接会活动。

2019年4月初，"丝路柯桥·布满全球"走进深圳，22家柯桥优秀纺织面料企业与梵思诺、卡尔丹顿、影儿等70余家深圳服装品牌企业及服装设计师进行了点对点、面对面的专场对接。

2021年4月18—20日，第二十四届海峡两岸纺织服装博览会暨2021中国裤装产业品牌博览会在福建石狮举办。由中国轻纺城建设管理委员会主办、国家纺织面料馆承办的"丝路柯桥·布满全球"——走进海峡两岸纺织服装博览会活动同期举行，展现了柯桥优质面料集体品牌，实现供需精准对接，有效促进产业链各环节高效融通，是两大产业集群间一次跨区域、跨产业的深度合作与探索。活动有效推动了海峡两岸纺织服装行业的协同发展，促进了产业链各环节优势资源整合，为全力打造新时期"国际纺织之都"赋能。

（四）线上企业精准对接，打破时间空间局限

2022年5月27日，在柯桥纺织行业面临疫情影响、下行压力加大等多重挑战的情况下，为期5天的2022"丝路柯桥·布满全球"（中亚纺织品专场）网上交易会圆满落幕，完成一对一连线对接100余次。

2022"丝路柯桥·布满全球"（中亚纺织品专场）网上交易会海报

全球纺织网作为国内权威的一家专业做纺织的B2B电商平台，汇聚海量供应商建立网上商铺，发布产品信息，并向全球采购商采集订单需求，实现产品信息、企业信息、订单信息的精准对接，致力于以互联网信息技术改变纺织行业。其推出的"金蚕宝宝"微信小程序成为数字轻纺城建设项目线上拓市的应用工具。"金

蚕宝宝门店管理系统"经过前期的路演推广，在市场内获得了广泛的应用，软件筛选轻纺城市场内明确有线上拓市理念的核心经营户，通过开展产品数字化、私域流量运营指导、线上线下宣传推广等一系列服务，打造20家具有典型示范效应的核心数字化门店。通过核心用户的深度应用，以点带面进一步推动了轻纺城门店数字化进程。

二、与全球纺织产业链融合联动的主要成效

（一）围绕国际化目标，实现智能发展

外贸是中国轻纺城市场的王牌。疫情防控期间，经营户"走出去"步伐受阻，柯桥涌现了一批像海促会这样的平台和咨询公司，帮助经营户了解国外市场动向、对接国外客户，不断适应海外市场需求。同时，政府深入推动"丝路柯桥·布满全球"行动，开展了20余场海外精准线上对接会、云展会；积极推进市场采购贸易方式试点，完善采购贸易联网信息平台运行，建立市场采购贸易"白名单"制度，为经营户构筑了对接国际市场的便利通道。轻纺城部分布业公司通过抖音、快手等线上平台推介产品，通过直播看产品，通过物流体验样品，再加上微信即时沟通，客户可以在一段时间内不来市场，网上轻纺城成交额同比增长。

（二）以展览层层递进，深化循环市场

2022年是中国轻纺城冠名30周年，以此为契机，柯桥区成功举办新丝路故事汇·柯桥论坛、第五届世界布商大会、纺博会、时尚周等重点活动，国际影响力和行业话语权大幅提升。此外，中欧班列"柯桥号"正式开行、轻纺数字物流港加快建设、重点市场兴商隆市攻坚行动大力推进、"水韵纺都"城市风貌样板区初具形象，一系列大项目、大行动的推进和落实，为轻纺城市场下一轮发展积蓄了力量。

（三）线上线下联动，探索贸易新模式

2022年轻纺城建管委紧紧围绕新时期"国际纺织之都"建设目标，大力推进中国轻纺城转型升级工作，多项重点工作有力有序推进，不断推动市场朝着国际化、时尚化、智慧化方向发展。随着数字轻纺城建设的不断推进，平台数据的不断积累，商户产品、采购商需求标签精准度的有效提升，将上线并推广"渔舟运营支撑平台"，通过个性化精准推送，持续提高采供活跃度。未来将以更加奋发向上的姿态推进中国轻纺城高质量发展，从打造国际性纺织时尚策源地、营商环境

一流的智慧市场等方面着手，切实发挥好轻纺城作为全区经济高质量发展的主阵地、领头雁的作用。

（四）创新思维求突破，推动高质量发展

柯桥以包容的心态和精神去接纳，用创新的思维和目光求突破，潜心沉淀、厚积薄发，加快接轨国际市场，参与国际竞争与合作，加强与全球纺织产业链的融合联动，全力打造新时期"国际纺织之都"，加速推动中国纺织高质量发展。随着全球气候治理形势日趋紧迫，数字经济成为驱动世界经济复苏的新引擎，碳达峰、碳中和目标成为构建人类命运共同体的必然选择。在百年变局持续深化的新时期，数字经济的赋能与绿色转型的引领，为全球纺织产业寻求未来商业形态进化和经济发展模式升级、实现可持续发展提供了关键支撑。

（文字和图片资料参考自《纺织服装周刊》、全球纺织网等，部分资料由中国轻纺城建管委提供）

整理：史艳　汤蓓蓓

样本60 "天天时尚"赋能柯桥时尚创意产业新生态

  "天天时尚"系列活动是在2018年为响应柯桥区委、区政府"月月有展会，天天可时尚"的目标要求，进一步凸显会展活动的国际化、时尚化、品牌化、常态化，引导培育会展产业与时尚创意产业联动融合快速发展，助推柯桥传统产业进一步转型升级而提出的。活动包括定期的春秋两季时尚周、每月8日的"时尚发布日"、每月第4周的"设计交流周"和不定期组织开展的培训讲座、时尚沙龙以及与各行业协会、机构、时尚平台合作的各类时尚活动。

  在历经4年的摸索与发展后，2022年的柯桥"天天时尚"系列活动进一步优化，分为柯桥时尚地标秀、柯桥时尚大讲堂、轻纺市场深服务、经纬企业时尚汇四大板块，全年常态化开展设计交流、技术研讨、人才培训、产业对接、时尚发布等活动，以线上线下相结合的形式，灵活适应各种不确定性，对柯桥的时尚产业发展起到了非常大的推动作用。

一、优化柯桥"天天时尚"平台的主要做法

（一）时尚发布，尽展品牌多元创意

"时尚发布"作为"天天时尚"的重头戏之一，一方面融合国际设计、中国设计、柯桥设计，联动面料品牌、服装品牌、设计品牌，呈现了高创意、高趋势、高品质引领的品牌风范和时尚魅力，为柯桥本土服装设计企业、面料企业提供了推广品牌、展现企业实力与传播形象的重要平台。另一方面时尚秀演深入市场，不仅创造了市场的时尚氛围，同时也方便客户看样下单，还能提升客户对轻纺城市场的时尚印象。2022年，优化后的"时尚发布"推出"天天时尚·柯桥时尚地标

秀"板块，活动结合柯桥时尚地标，在搭建专业的新品时尚发布平台的同时，提高柯桥人文地标的知名度与影响力，在打造时尚 IP 的同时，助力产城融合发展。

2021 柯桥时尚周毕昌煜设计新品发布

（二）设计交流，尽探时尚前沿趋势

"设计交流周"主要聚焦于流行趋势和市场需求的产业创新链条与产品开发创新体系的构建，着重强化纺织企业较为薄弱的时尚创意环节，不断提升企业对流行趋势、技术创新和时尚设计的新认知，推动技术价值、时尚价值、生态价值转化为品牌张力和商业价值。2019 年初，随着中国女装面料流行趋势研究院在绍兴柯桥创意大厦一层正式开业，"天天时尚·设计交流周"围绕"时尚展示""趋势研究""产品开发""技术创新""设计培训""产业对接"等主要板块开展了一系列活动，有序联动了面料设计师、服装设计师、材料开发商、面料供应商、品牌企业、产业集群及行业服务平台。通过活动，面料企业与设计师能更好地捕捉到纺织设计与服装设计的契合点，获得了启发与灵感，从而拓展思路与调整规划，促进产品开发更贴近时尚潮流与市场的需求。

（三）多维讲堂互动，共启产品发展新思路

"柯桥时尚大课堂"是在疫情防控的大背景下应运而生的，也是在"设计交流周"的基础上发展起来的线上线下联动的交流形式，起着引领趋势、树立企划意识、强化实战、梳理开发方向、解决痛点、探讨企业未来方向的作用。"柯桥时尚大课堂"全年开设，线上线下齐头并驱，帮助企业提升产品开发创新能力、强化

市场营销创新思维及完善品牌管理创新模式，增强企业整体市场竞争力，助力柯桥时尚产业可持续发展。在春秋季柯桥时尚周期间，会推出主题活动。纺织行业同人齐聚线上直播间，聆听国内外时尚专家授课，交流时尚理念，分享学习心得，研讨创新思路，提高了柯桥时尚周的知名度与影响力。

（四）深度对接企业，共谋产业协同创新可持续发展

实现由生产加工型向品牌创新型转型，走品牌创新的道路是诸多企业的所思所想。2021年，柯桥时尚周和"天天时尚"系列活动互动前行，从产业链更深层面推动时尚创意与本土优势特色产业的协同创新发展，从品牌、品质、品类三个维度，集合产业优质资源和原创设计力量，彰显时尚柯桥的创意设计力、产品创新力、品牌发展力，全面展示柯桥时尚元素，引领面料流行趋势，传播柯桥新风尚，助推产业时尚转型。在产品设计环节与上游文化创意产业进行有效互动，取长补短，将设计师的创意与企业本身的设计风格进行有机融合。在独特性的基础上紧贴市场需求，打造具有中国特色、享誉全球的知名时尚品牌。

二、时尚创意新生态建设的几点启示

（一）立足创意，与本土优势特色产业协同创新发展

柯桥"天天时尚"系列时尚发布活动，立足柯桥庞大的产业基础与蓬勃的发展态势，集合了产业优质资源和原创设计力量，从产业链更深层面推动时尚创意与本土优势特色产业的协同创新发展。"天天时尚"搭建的"产业＋时尚＋创意＋设计"平台，集趋势发布、产品开发、成果展示、设计交流、品牌推广于一体，汇聚了中国流行面料供应商、柯桥纺织品牌、新锐设计师、服装品牌等优质资源，吸引了产业界、设计界、时尚界、新闻界等多方人士。平台同时大力引入原创服装设计师，借助柯桥得天独厚的地理位置，打造属于柯桥的独立设计品牌；把新型面料用原创服装形式展示，更直观地展示了面料产品的特性；让面料企业有更高效、卓越的市场企划推广，从而赢得了更多的客户，使其更有信心去开发创新型面料。面料企业和原创服装设计师不断深入交流合作，共同推动柯桥时尚产业的创新与发展。

（二）厚积薄发，共助知名度、美誉度、销售额大幅提高

历经4年的积累与沉淀，"天天时尚"活动极大地提升了柯桥的时尚氛围和

时尚产业的知名度、美誉度和影响度，充分凝聚了柯桥纺织产业时尚跃变的创新成果。2018 年，柯桥全年举办各类活动共计 66 场次，柯桥时尚指数同比上涨 6.42%；2019 年，柯桥区纺织工业创意设计基地的企业设计研发等服务型营业额达 2.93 亿元，带动服务对象企业达到 346.5 亿元销售额，同比增长 15.49%；2020 年，共举行线下活动 69 场，线上直播、课程及论坛等活动 162 场，频次和影响达历年最高；2021 年，柯桥区纺织工业创意设计基地企业设计服务收入达 3.51 亿元，同比增长 8.4%，带动服务对象达到 415.12 亿元销售额，同比增长 8.7%。可见，柯桥在从纺织之都向时尚之都跃升。

2022 柯桥时尚周 "Always lang×light pink" 高定系列发布会

（三）政府扶植，推动本土企业快速成长

"时尚发布日"的秀演企业主要面向柯桥面料品牌、设计品牌、服装品牌企业开展。参与发布的企业将获得柯桥区时尚产业政策的大力扶持与经济补贴。"培育壮大本土面料和服装品牌，是推动柯桥传统纺织产业转型升级、走高质量发展之路的重要路径，更是新时期'国际纺织之都'建设的有力抓手。"特色化、个性化、品牌化、国际化的柯桥时尚元素，是柯桥系列时尚发布活动在"天天时尚"平台上展现出来的独特标签与共同属性。

（四）借力文化地标为品牌发声，助产城融合发展

"柯桥时尚地标秀"活动是 2022 年"天天时尚"系列活动的一大亮点。活动通过优秀设计师、服装品牌企业新品发布与柯桥地标性景点相结合的形式，一方面为企业搭建专业的新品时尚发布平台，另一方面提高柯桥人文地标的知名度与影

响力，在打造时尚 IP 的同时，助力产城融合发展。例如，2022 年柯桥时尚周的开场服装秀，就是以古镇为秀场的江南水乡遇上宫廷风的时尚大秀，是传统与现代的一次碰撞，更是对时尚柯桥的生动注解。绍兴港坤纺织有限公司和知名独立设计师齐斌带来 68 套时尚服饰，充满张力的时尚大秀让现场观众深刻体会到了"水韵纺都""国际纺都"产业与城市交融的独特魅力。

"天天时尚"紧紧围绕当下"国际纺都·杭绍星城"的建设目标，立足柯桥产业特色，集合优质资源和创新设计力量，从产业链更深层面推动柯桥时尚产业的高质量发展，助力柯桥时尚创意产业的新业态、新模式。

（文字和图片资料参考自《纺织服装周刊》、全球纺织网等，部分资料由中国轻纺城建管委提供）

整理：叶玲珠　戚玥尔

样本61 布商大会，合作共生

为进一步提升柯桥纺织产业和中国轻纺城的国际影响力和行业话语权，自2018年起，在国际纺织制造商联合会、亚太零售商协会联盟、国际服装联盟等国际性协会的支持下，在中国纺织工业联合会、中国商业联合会、中国纺织品进出口商会的指导下，柯桥区已连续成功承办了五届世界布商大会。

世界布商大会以国家"一带一路"倡议为指引，秉承"合作共赢·责任发展"的宗旨，遵循《世界布商宣言》倡导的融合共进精神，以开放、务实、高端的国际化纺织合作平台聚拢全球产业智库，共建新局面、共商新理念、共享新未来。

一、世界布商大会实现共商共赢的主要体现

（一）搭建交流平台，推动世界纺织经济融合发展

五届布商大会集聚了全球60多个国家和地区的纺织行业协会和知名企业代表，会聚了包括中国国际跨国公司促进会会长、国际纺织制造商联合会主席、中国纺织工业联合会会长、国际服装联盟秘书长等在内的国际政界、商界、学界、业界的4000多名纺织精英，通过主题大会、圆桌会议、平行论坛等形式，共话全球纺织产业发展议题，推动世界纺织全方位协同、多领域融合。

（二）构建开放格局，提升中国纺织行业话语权

第一、二届世界布商大会广泛邀请世界纺织行业的众多大咖加入，第三、四届大会通过"线上＋线下"双会场模式，面向全球同步直播，通过向全球发布"丝路柯桥·布满全球"行动计划，成立中国轻纺城海外促进会、中国印染博物馆和中意未来时尚创新中心，进一步推动柯桥与世界互联互通、广泛合作。2022年底，

"丝路柯桥·布满全球"积极开展线上线下对接会和云展会，全面开启柯桥新一轮的高水平对外开放，已成功走进 45 个国内外产业集群，市场经营户和全球采购商受众超 5 万人，进一步提高了中国轻纺城的影响力和美誉度；同时在 16 个国家设立中国轻纺城商会，并与 65 个国家纺织协会建立合作关系。在第五届世界布商大会上，从产业融通、数字化转型、可持续变革、融合创新等多个维度，全方位探讨新的时代大势下全球纺织产业革新与发展新趋势。

第五届世界布商大会海外嘉宾连线

（三）聚焦热点问题，探索全球纺织行业发展路径

世界布商大会引发与会者对中国纺织工业的国际化高质量发展与时尚转型的深层次思考，为世界纺织经济的未来发展提供了多元化路径。进一步凝聚了全球纺织行业的共识，为打造数字赋能的经济新高地、构建绿色低碳循环的产业体系、构筑中国纺织行业可持续发展能力营造了广阔的空间。全球业界进行了经验交流、实践分享、智慧碰撞，共商行业发展良策，为行业提供了极具参考性的借鉴方案与智慧启示，同时也展示出了中国纺织服装行业危中求机、逆势而上的强大内在驱动力和发展力。

二、召开世界布商大会取得的主要成效

（一）引领全球纺织产业合作

"合作共赢·责任发展"的会议主旨精神与"一带一路"倡议一脉相承。会议秉承"共商、共建、共享"的合作理念，遵循新时代中国纺织工业"科技·时尚·绿色"的新定位，通过搭建行业利益相关方的交流平台，开拓产业合作共赢之境界，

夯实行业责任发展之根基。主题大会上举行了世界布商大会理事会成立仪式"世界布商大会永久承办地——中国绍兴柯桥"授牌仪式和"丝路柯桥·布满全球"启动仪式，为世界纺织产业构建了更为有序、创新、协同和开放的新格局。

（二）共建产业战略合作项目

自 2020 年起，世界布商大会被列入浙江省"一带一路"建设、"十四五"规划重大交流活动。世界布商大会成为国内纺织行业综合性最强、参与国最多、辨识度最高的国际性会议，柯桥也成为世界布商大会的永久承办地。

面对世界之变局，在全行业进入困难时期，全球纺织业应以畅通高效的沟通，共同维护全球产业链、供应链的韧性与稳定性，开展更多基于共同利益、共同价值的合作，以创新融合、渠道畅通的全球化共同踏上产业繁荣的可持续发展之路。

（三）纺都国际影响力提高

柯桥是世界纺织之都，世界布商大会根植产业沃土，是一场国际化的业界高端盛会，也是绍兴柯桥纺织产业与城市形象全新展示的一次机会。五届大会在构建全球纺织产业链协同体系、深化产能合作、增进人类福祉、推进世界纺织产业命运共同体建设等方面取得了积极成效。

这将进一步推动柯桥纺织产业的高端化、国际化、时尚化发展，促进其与相关业态的联动，加快接轨国际市场，为绍兴柯桥打造千亿级高端纺织产业集群奠定坚实基础，为绍兴柯桥纺织产业走出国门、走向世界打开新的大门。

（四）助力时尚数字赋能

大会为世界纺织经济的未来发展提供了多元化路径，聚焦全球时尚产业的发展态势，带来了前端视野的科技、数字技术、跨界互联的智慧以及市场的内生需求。大会遵循浙江省新发展阶段全面推进数字化改革的战略部署，抓紧统筹产业发展、深化创新数字平台，实现纺织产品线上线下相结合的运营模式。

纺织作为柯桥的支柱产业，是实现共同富裕必不可少的关键所在。大会举办以来，柯桥区全力对标世界级现代纺织产业集群，通过科技创新、时尚趋势捕捉、绿色转型等举措推动纺织产业转型升级，通过打造"数智轻纺城"，赋能纺织产业高质量发展，为新时期纺城再次腾飞插上"数字翅膀"，走出一条传统向时尚、单一向多元、低端向高端的纺织产业高质量发展之路。

（五）推动世界纺织产业命运共同体建设

世界布商大会依托绍兴柯桥作为全球最大纺织产业集聚地的资源禀赋、世界级纺织产业集群先行区的平台优势、浙江高质量发展建设共同富裕示范区的区位优势及其强大的国际影响力和行业话语权，以及中国柯桥国际纺织品博览会（纺博会）、时尚周等高端活动的有力支撑，致力于搭建世界纺织行业沟通交流的重要平台。

在全球经济复苏不断向好的趋势之下，开放合作仍然是历史潮流，互利共赢依然是人心所向。行业需要强有力的国际活动加强全球产业的协同，以提升科技创新应对数字经济与绿色发展带来的挑战的能力。世界布商大会的举办，必将充分发挥柯桥世界级纺织产业集群的独特优势，为全球纺织数字经济和绿色低碳循环发展带来新的机遇和变化，同时也为构建新型的世界纺织产业命运共同体、实现全球纺织产业可持续发展贡献柯桥力量。

中国轻纺城冠名三十周年功勋人物颁奖典礼

（文字和图片资料参考自《纺织服装周刊》《中国纺织报》等，部分资料由中国轻纺城建管委提供）

整理：陆少坎　俞快

样本62 "柯桥优选"，柯桥质造新名片

中国轻纺城是全球规模最大的纺织品集散中心，拥有完整的纺织产业链、最大的专业市场和最强的纺织产能。然而，中低端、跑量、贴牌等在外界形成的刻板旧标签使得柯桥纺织在业界的品牌形象和整体溢价能力相对薄弱。柯桥缺少名品名牌的问题日益突出，迫切需要通过品牌战略推动产业转型升级。"柯桥优选"品牌培育计划应运而生，并成为柯桥区纺织品区域公共品牌建设的重中之重。

"柯桥优选"最初萌芽于2020年，通过推出"柯桥优选"直播计划，帮助柯桥面料企业拓展供应链、对接新渠道，提升柯桥品牌影响力。2021年，该项目升级为"柯桥优选"品牌培育计划，成为柯桥创建纺织品区域公共品牌的重点。该计划以招募柯桥优质纺织企业为起点，通过品牌培育，打造"柯桥优选"集体品牌，打造柯桥纺织行业新名片。

"柯桥优选"品牌培育计划是柯桥区政府打造纺织品公共区域品牌的重大举措，也是轻纺城二次创业由织造到质造的必经之路，旨在切实落实纺织品公共品牌建设，促进产业集群转型升级，紧抓数字化改革机遇，激发高质量发展新动能，借助时尚、品质、科技与绿色，提升柯桥区域品牌的内涵，盘活存量品牌，最大化政府投入效益。

一、"柯桥优选"品牌培育的主要做法

（一）树立严选标杆，塑造集体品牌

"柯桥优选"品牌培育计划面向柯桥纺织企业征集优质代表。在征集优质纺织企业过程中，相关部门分别从品牌毅力、企业实力和创新力上对参选企业进行筛

选。在品牌毅力上，企业需具有自主注册商标或品牌（面料品牌），重视自身品牌建设，主要负责人具备品牌化发展战略思维与决心；在企业实力上，贸易类企业年销售额需在3000万元以上，制造类企业年销售额需在1亿元以上，其主营产品品种特色鲜明、供应链稳定；在创新能力上，企业需注重产品创新，具备较完善的产品开发体系，关注流行趋势，重视渠道、营销等多方面创新突破。在企业自主报名基础上，相关部门通过招募、走访及综合评定，严格控制入选标准。在对照标准的基础上，拉高优质本土企业标杆，演绎"时尚、科技、绿色、品质"的优选内涵。此外，相关部门以"柯桥优选"为载体，将更多优质企业纳入"柯桥优选"，建立"柯桥优选"品牌库，构建更加健全的品牌建设体系，着力塑造柯桥优质面料的集体品牌形象。

"柯桥优选"时尚发布秀

（二）培育优质企业，助力品牌升级

柯桥面料品牌创建和品牌形象塑造相对滞后，严重拉低了柯桥纺织整体形象。为了落实柯桥纺织集体品牌建设，促进产业集群转型升级，柯桥区政府联合上海设界商务信息咨询有限公司和上海归心谷创客空间管理有限公司，为"柯桥优选"培育企业提供系统化活动策划、面料专场直播、品牌培训指导、成果发布会、人才培训、供应链品牌对接等扶持项目，将存量品牌活动和新设计活动融合打通。其中，在产品培育服务上，相关部门聚焦优质企业的切实需求，以趋势共创、全程追踪、集成发布为目标，从趋势出发，对企业进行点对点辅导，跟踪培育各个环节，并将培育成果按趋势主题汇编，以集中展示、巡回发布等模式进行推广；在人才培育服务上，相关部门通过考察企业、企业团建、大咖授课、深度对接等

多元方式，帮助企业培育人才，提升企业综合实力和竞争力，助力品牌升级。

（三）拓展销售及宣传渠道，推广集体品牌新形象

在销售及宣传渠道上，柯桥区政府为优选企业进行多方位拓展。线下，组织"柯桥优选"培育企业组团参加绍兴柯桥国际纺织品面辅料博览会、上海纺织面料展、大湾区国际纺织面料及辅料展览会、中国国际进口博览会、中国进出口商品交易会等，组织企业参加时装周动态秀，如广东时装周、柯桥时尚周等。线上，在实体展的基础上结合"云上展"，以此使展会现场和展会之外的采购商均可随时随地登录轻纺城云展区观看直播内容，远程与展商企业互动交流，实现有效对接。

此外，柯桥区政府协同设界时尚产业服务平台、网上轻纺城、全球纺织网等联合发起"柯桥优选"直播计划。优选品牌企业代表、时尚趋势研究专家和设计师共同直播，从面料特色、趋势以及设计落地的角度全面展示面料优势。观看直播的设计师无须自己想象面料使用后的成衣效果，可通过调样、借样衣，做到所见即所得，在激发其设计灵感的同时，减少设计成本。这种直播方式直接触达对面料有需求的产业链客户，为众多企业降低看货成本。借助设界时尚产业服务平台面向全国 60 多万企业客户及 116 万设计师用户的优势，为培育企业引入大量优质客户资源，增加其与产业链企业有效对接的可能性。在宣传上，柯桥区政府协同POP 趋势和设界时尚产业服务平台，联合 42 家时尚媒体协同宣传。这种多渠道拓展的方式，一方面帮助企业拓展商机，另一方面帮助当地企业树立品牌形象，推广柯桥纺织集体品牌新形象。

"柯桥优选"直播

（四）完善多方激励机制，激发各方积极性

为推进"柯桥优选"品牌培育计划，政府对各方完善了激励机制。由科研院所、行业协会、龙头企业等相关机构担任主要起草单位，组织起草纺织面料细分品类"柯桥优选"团体标准。对于在全国团体标准信息平台备案发布的，经"柯桥优选"建设工作专班评审，给予每品类团体标准 15 万元的奖励。对对标入库"柯桥优选"品牌的试点企业，每家给予 3 万元奖励。支持行业协会、商会、品牌咨询服务等相关机构开展"柯桥优选"区域公共品牌推广，对组织"柯桥优选"品牌集体推介、抱团参展、合作办展等推广活动的，给予国内不超过 30 万元、国外不超过 50 万元的一次性补助。这种对各方机构给予奖励的机制，在一定程度上激发了各方的积极性。

二、纺织品公共区域品牌建设的主要成效

（一）公共区域品牌形象得以重塑提升

柯桥正着力培育壮大一批具有核心竞争力的创新型时尚标杆企业，持续推进时尚品牌建设，做大做强"柯桥优选"，着力将"柯桥优选"建设为柯桥品牌库，以此提升柯桥公共区域品牌影响力。

截至 2022 年底，"柯桥优选"培育计划已招募 45 家优质企业。它们通过产品开发体系创建、产品质量标准体系创建、供应链合作、品牌推广等形式，发挥"柯桥优选"企业头部效应，重塑并提升柯桥纺织品公共区域品牌形象，打破了柯桥以往在外界形成的中低端、跑量、贴牌等刻板印象，为柯桥"国际纺都"贴上了时尚、科技、绿色、品质的新标签。

（二）"柯桥优选"企业实力得以全面增强

优选企业通过"柯桥优选"品牌培育计划，在"设计力""时尚力""营销力""品牌力"上得到了全面增强。企业在趋势培训中，提高面料设计时尚度；结合服装流行趋势的落地，充分挖掘本企业面料优势，并进行企划提炼；借助政府平台对接专业创意设计平台，为企业产品赋能。其品牌价值提升的成果按趋势主题汇编后进行集中展示，如 2021 年"柯桥优选"阶段性成果在绍兴纺博会集体展出。"柯桥优选"品牌培育计划实施后，得到企业的积极响应，这些企业发挥了其头部效应，调动了各企业参与公共区域品牌塑造的积极性。

（三）品牌宣传效果与成果转化显著

"柯桥优选"品牌培育计划已先后开展了诸如营销策划、沙龙讲座、面料专场直播、云上展、静态展、走秀等宣传和推广活动。这种多渠道宣传和推广方式，一方面拓展商机，促进订单成果转化，另一方面为企业展示品牌形象、开展贸易合作搭建有效平台，全方位展现了柯桥纺织行业的时尚元素与发展成果，提升柯桥纺织集体品牌形象，为全力打造新时期"国际纺都"赋能。

"柯桥优选"展

（文字和图片资料参考自《纺织服装周刊》、"柯桥设界"公众号等，部分资料由中国轻纺城建管委提供）

整理：张丹青　李想

样本 63 创新人才引育，助推纺织产业高质量发展

浙江（绍兴）外国高端人才创新集聚区（以下简称"集聚区"）坐落于浙江绍兴人才创业园核心板块，是全省首个外国高端人才创新集聚区。集聚区聚焦国际"高精尖缺"人才，探索以民营企业为主体、以政府优惠政策为配套、以市场化引才为手段的模式，建设"人才引进、技术研发、成果转移、后勤保障"四位一体的综合型平台。

集聚区先后入选"浙江对外开放 40 周年标志性事件"、首批"浙江院士之家"试点和全国人才工作创新优秀案例。2023 年 5 月，浙江（绍兴）外国高端人才创新集聚区入选"浙江海外科技工作者之家"试点。

为深入实施人才强区和创新驱动战略，鼓励更多高端创意设计人才引领时尚产业高质量发展，柯桥区专门出台创意设计人才"经纬计划"，对从事设计开发工作、专业能力突出，在该领域有较大影响力或突出贡献的高端创意设计人才，给予最高 100 万元资助，同时提供政策咨询、融资对接等"管家式"服务。

"经纬计划"每年选拔培育一批在柯桥范围内大纺织产业链上（纺织新材料、面料及花型、服装服饰、家居布艺、纺织装备等）从事设计开发工作的人才，进一步完善"中国轻纺城设计精英人才库"。从 2020 年 6 月到 2022 年 12 月，绍兴市柯桥区创意设计人才"经纬计划"共进行了 6 批人才评选，入选人才 97 人次。实施创意设计人才"经纬计划"，努力实现人才引领纺织产业改造提升，助推传统产业高质量发展，为新时期国际纺织之都建设提供了智力支持。

浙江（绍兴）外国高端人才创新集聚区

一、柯桥区高端人才引育创新做法

（一）服务保障到位，打造标杆示范区

集聚区围绕建设浙江省首个外国高端人才创新集聚区、浙江省人才国际化标杆示范区两个内容进行重点打造，采用"一心""二路""三片""多节点"的做法，打造与众不同的人才会聚高地。

集聚区围绕"着眼全球、广聚英才、立足产业"的发展宗旨，先试先行，积极探索以民营企业为主体、以政府优惠政策为配套、以市场化引才为手段的模式，努力打造综合型外国高端人才创业创新平台。坚持"顶尖的人才要用顶尖的服务来留住"，着力从服务机制、资智对接、生活保障、人文关怀等每个细节入手，打造一流国际社区，会聚五湖四海人才，积极推动海内外更多领域的合作交流，集聚区已完成整体环境的提档升级。

绍兴市柯桥区创意设计人才招才引才，通过线上解读"经纬计划"政策，从制定目的、总体要求、申报条件等方面进行详细推介，真正吸引适合柯桥时尚产业发展的人才。栽下梧桐树，引得凤凰来。柯桥区不仅根据自身的时尚发展需求，引进与地方产业发展方向、层次相适应的人才，让生产要素更好地满足产业发展的需要，而且积极做好引进人才的配套和后半篇文章，真正实现事业留人、感情留人、待遇留人、制度留人，让人才成长和城市发展相得益彰。

（二）纺织与设计双向赋能，补齐纺织产业短板

"经纬计划"一般每年评审两次，入选人才在柯桥区创业创新的，按照创业 A 类、创业 B 类、创新 A 类、创新 B 类分别给予最高 100 万元、60 万元、60 万元、30 万元资助，资助时间最长为 3 年。在资助期和资助限额内，人才可根据实际情况申请符合条件的政策扶持。中国轻纺城重点围绕入选人才开展落户对接，按照政策申报细则要求做好扶持资金兑现，实现人才引领时尚产业发展。

2022 年 10 月 24—25 日，经纬大师联动柯桥企业交流对接会、经纬大师走进中国轻纺城面料市场、经纬时尚汇走进北市场静态展三场活动相继在浙江绍兴柯桥圆满举行，系列活动的举办进一步促进了面料企业与设计师的业务交流与思想碰撞。企业加大创新力度、开发新产品，适应新常态下的新形势。设计师走入企业、了解企业，为面料企业提供专业的咨询服务等，互促成长。三场活动通过创新座谈、精准对接、走访市场、静态展示等方式，立足柯桥产业特色，集合优质资源和创新设计力量，从产业链更深层面推动了柯桥时尚产业高质量发展。

经纬大师联动柯桥企业交流对接会

（三）人才引育迭代升级，"以赛引才"

柯桥区以赛为媒，通过组织中国时尚面料设计大赛、中国拼布创意设计大赛等国家级赛事，发掘和储备新锐创意设计人才。2022 年 5 月，首届中意青年未来时尚设计大赛启动，共吸引 12 个国家 1300 余个创意设计作品参赛，大赛的优秀选手也作为新锐力量直接入选"经纬计划"人才。同时，2022 年柯桥区还联合清

华大学、米兰理工大学等国内外知名院校，共建中意未来时尚创新中心等国际创意交流平台，促进创意要素加速汇集。加大时尚创意人才"经纬计划"实施力度，深化与清华大学中意设计创新基地合作举办专业性时尚设计大赛，"以赛引才"，集聚设计大师和领军型创意人才、营销人才。

二、人才生态最优区建设的主要启示

（一）加强人才驱动，打造人才聚集新高地

集聚区是全省首个专项集聚外国高端人才的创新平台，已入驻各类人才企业21 家，签约来自英国、俄罗斯、乌克兰、印度等多个国家和地区的 10 余位海外院士。集聚区将紧跟政策步伐，持续拓展海外高层次人才服务边界，全力解决好人才面临的"急难愁盼"问题，推动人才智力势能转化为促进发展的强大动力。

从 2020 年 6 月到 2022 年 12 月，"经纬计划"共入选人才 97 人次，进一步完善了"中国轻纺城设计精英人才库"，以实现人才引领纺织产业改造提升。这些入选的创意设计人才，实现了领军型人才和市场型人才的合理分布，且落户柯桥的意愿更加强烈，部分人才甚至在参评前已有项目在柯桥推进。通过名人效应，推进"经纬计划"进一步引才，并结合行业资源、研究项目等，对柯桥纺织产业转型升级起到带动作用，从而实现人才引进和产业发展的良性互动。市场型创意设计人才在年龄结构上更加年轻化，且多是具有海外学习经历的高学历人才，同时具有自创品牌、高端平台工作经历等"实战"经验，这也是时尚产业创新的希望所在，能为柯桥纺织市场创新注入新鲜活力。

（二）纺织创意人才创业之路更加宽广

柯桥区政府和企业对创意设计的重视，为创意人才创业提供了非常不错的生态环境，而创意设计人才"经纬计划"则使创业之路更加宽广。截至创意设计人才"经纬计划"第四批评选结束，全区已引育包含中国时装设计"金顶奖"获得者吴海燕等在内的国内外高端创意设计人才 45 人。

（三）探索引才的路径，打造人才生态最优区

柯桥区深入实施人才强区和创新强区首位战略，在政策制定、平台搭建、人才招引时，充分考虑到了纺织产业强链补链需求，有倾向性地围绕产业链布局创新链，围绕创新链做强人才链，助推柯桥纺织产业高质量发展。招引人才，用好

是关键。以"经纬计划"为契机，中国轻纺城积极引导创意设计人才与柯桥时尚纺织相融合，"柯桥优选"面料品牌计划、创意设计人才"经纬计划"等品牌化发展建设创新不断，形成了以纺织创意设计为核心的时尚产业生态链，努力建成与时代发展相呼应的人才生态最优区。

（文字和图片资料参考自"浙江绍兴外国高端人才创新集聚区"公众号、"清华大学中意设计创新基地"公众号等）

整理：邹迎双　史艳

样本 64 水韵纺都，活力共富展新貌

"水韵纺都"特色产业风貌区（以下简称"风貌区"）东至百舸路、西至育才路、南临柯南大道、北至鉴湖路及瓜渚湖区域，包含了瓜渚湖、浙东古运河以及柯桥古城。

风貌区是打造"整体大美、浙江气质"的战略性工程之一，展现了柯桥具有水乡特色的城市风貌，强化了作为柯桥名片的中国轻纺城这一特色产业风貌。

风貌区通过适宜的改造策略和多种滨水空间及节点营造，结合步道、骑行道、慢跑道、纤道，打造多样、丰富的滨水步道公共空间，再现曾经的"河边布街"的场景，发挥滨河景观优势，强化岸线建筑界面空间，并结合运河岸线特色广场、河岸景观与文化元素，使沿河建筑群落交融共生。古韵文化与滨水新生的打造无疑能繁荣沿河商业空间，而商业的繁荣将给柯桥的经济带来更强劲的活力。

"水韵纺都"风貌图

一、风貌区建设的思路

（一）功能统筹，空间梳理

功能的杂乱与不理想的风貌势必影响轻纺城经济的进一步提升和发展。风貌区建设基于功能分析，合理疏散非市场功能，用以补齐市场设施短板，重点统筹优化区域内部的功能结构，特别是形成市场功能与非市场功能空间的有机融合，提出功能分区发展，明确各分区板块内的发展方向和功能定位。以浙东古运河为轴线，梳理释放公共空间，对自然环境、开放空间、景观中心、景观节点、景观轴线与廊道、特色景观风貌区等要素进行梳理，制定能够体现特色景观风貌特征的整体空间景观结构。着重对慢行系统进行研究，包括游步道、慢跑道、游船等不同出行方式的交通组织，保障其连续性、完整性。

（二）旧堤新景，滨水繁荣

以运河为载体，风貌区建设将"水"与"绿"的脉络相互渗透，构建起运河岸的生态骨架。精细化释放潜在停车空间，多模式融合重构交通结构，全面开展停车位清理与规划，挖掘闲置地下空间和地面"畸零空间"，逐路排查、合理布点，有效解决停车问题。全线打通运河两岸步行空间，扩充运河岸线步行空间，把岸线空间还给市民，满足市民对都市滨水生活的需要，并赋予无障碍通行，把市民休闲生活再次带回都市滨水。设计引入水生植物，利用其对污水的净化效果，对水质进行提升。通过"微更新"手段对岸线生态环境进行了整饬，提升生态绿化景观效果。通过综合治理交通、水质与景观，再一次塑造江南水乡新景观。

改造后的浙东运河轻纺城段

（三）立面改造，古建更新

风貌区建设在对古建、古街和古桥进行"微改造、精提升"的过程中，坚持从小处落笔，力求改造提升与周围环境协调一致，以保留传统、恢复原貌为主，注重保护修复，尽量做到修旧如旧。对场地古建筑进行整体保护，同时结合夜景亮化，对柯城寺等古建进行了景观提升；对柯城寺沿岸和对岸仿古建筑进行古建风格强化，将外墙构件修旧如旧；对联合市场、东市场、东升路市场 A 区进行了立面综合整治提升；对龙华大厦、商业大厦、虹桥宾馆等现代风格建筑进行了去仿古元素处理，并通过外窗更换、空调机位调整、店招改造等多种手法强化现代风格，使其与步行东街现代建筑风格相统一；对于君亭酒店，保持建筑结构及内部几乎不变，进行立面幕墙整体改造提升，将其打造成极为现代时尚的建筑亮点。此外，结合周边建筑风格对场地小建筑进行粉刷、清洗、修缮，并采用铝板或格栅等进行适当美化遮挡。

（四）轻纺 IP，以景引流

风貌区建设着重提升关键节点的城市设计，形成方案设计的核心亮点，重塑高品质特色城市空间。运河景观带主要以带性空间为主，设计方案在基地范围内北市场、东市场人流量较大的区域布置了两个特色广场，以打破整体岸线单一的带性空间特征，丰富岸线空间特色打造，形成特色核心亮点。在市井生活广场位于北市场的区域，将原运河岸边的垃圾临时停放处变换位置，打开运河向市场内部疏通的空间，形成一个特色广场，场地铺地从纺织中寻找灵感，形成编织纹路。在头尾两处码头间增设一处新码头停靠点，并辅助设计码头驿站，为市民提供休憩场所。在柯城寺所在运河岸线区域，提出"庙""酒""市""戏""河""镇""场"等多个景观主题节点，将"庙会"文化元素在此进行艺术创新再现。在柯城寺对岸的"锦绣染坊"景观节点处，将古城内特色的"染坊"作为主要文化展示窗口。

二、风貌区建设的启示

（一）坚持保护传承，深入挖掘"水韵纺都"文化内涵

风貌区建设注重保护修复，加强柯桥古镇空间保护与文化传承，以保留传统、恢复原貌为主，尽量做到修旧如旧。着力提升运河风貌，加快建设滨河景观带，

形成了沿河线型社交休闲空间。通过打造轻纺文化IP，依托世界布商大会、纺博会等活动赛事，集聚了人气商气，凸显了纺都文化标识。

（二）坚持提质增效，全面提升"水韵纺都"环境品质

完善配套服务设施，开展停车位规划，有效解决停车难问题，推动客货交通适度分离，提升出行效率。优化沿线公共空间，完成轻纺城大桥改造提升，全面扩充运河岸线步行空间，打造未来社区典范。

（三）坚持文旅融合，全力打造"水韵纺都"柯桥范例

依托世界布商大会、纺博会、时尚周等活动赛事，集聚更多人气商气，凸显纺都文化标识，擦亮"中国轻纺城"产业金名片；依托柯桥古镇，推出"柯桥夜泊""柯桥十二月市"等系列活动，举办周末古玩集市，持续释放消费新活力。以"飘浮河岸的风帆驿站"为主题，对风貌区的商业设施、公共卫生间、休憩空间等进行整合设计，采用户外高性能遮阳织物，形成建筑整体风格并营造灰色空间，采用单元式釉面玻璃，兼顾美观与隐私保护的需求。沿河飘动的风帆既保证了公共服务系统的完善，又构成了河岸一大风景线。

中国轻纺城——融杭接沪桥头堡

（文字和图片资料由柯桥区住房和城乡建设局提供，部分文字和图片来自网络）

整理：周璐瑶

后 记

POSTSCRIPT

追梦前行，共享精彩。

如果说"八八战略""千万工程""一带一路"等时代"术语"多少带着点炫目的光环，那么在"杭绍星城"的"国际纺都"，我们充分而具象地感受到了"共同富裕"中的"柯桥密码"！

2022年初，我们有幸领受了《共同富裕的柯桥密码》一书的组稿编撰工作，于2022年4月成立本书编委会。在柯桥区社科联等机构的指导下，在全区范围内征集"共同富裕"的典型案例，先后共收集了近百个案例。为此，编委会组织40多名师生开始了一年多的实地调研走访，分赴案例相关的企业、街道、社区、村庄等，得到了相关单位的热情接待，获取了第一手资料。编委会在听取了相关局办的意见建议的基础上，最后拟定了64个能体现柯桥共同富裕建设成果的典型样本，进行深入梳理、访谈和编辑工作。

因为案例涉及面广泛，加上新冠疫情等因素的影响，本书编撰过程中遇到了不少困难，在浙江工业大学之江学院程宣梅副院长的带领下，编撰团队通力合作，几易其稿，图书最终与读者见面了。在成稿之际，十分感谢给予我们无私帮助的各方人士。尤其如，柯桥区社科联原副主席陈月芳为图书框架、案例选择贡献了不少思路；柯桥区农业农村局原副局长陶永兴为农业农村方面案例的筛选提供了很大的支持；绍兴市新闻传媒中心（传媒集团）李武军高级编辑为书稿审核完善付出了大量的心血；区社科联的胡李川、区改革办的李菲、区共富办的严绍南、轻纺城建管委的钱苗娣、区社科联的范勇、区文明办的张帆、平水镇的金莹等等，都对调研工作给予了诸多协助，提供了丰富的素材；更有不少被访谈人抽出时间帮助查证资料等。在此一并表示衷心的感谢！此外，还要特别感谢徐志宏、张若健两位共富领域的专家，为图书案例选择、提高站位、谋篇布局等给予了指导意见。

　　本书的编撰得到了柯桥区社科联和浙江工业大学之江学院社科联的特别支持，但因为时间紧、跨度大、选材广、涉及人员多、统筹工作量大，书中难免还会有不妥之处，敬请谅解并批评指正。我们也期待以这本书的出版为契机，今后能进一步探索和揭示柯桥在高质量发展道路上的更多经验，并上升到理论高度加以研究、提炼和推广，从而将"柯桥密码"作为一种现象和模式进行"复制"及借鉴运用，以带动更多人和更多地区的共同富裕。

《共同富裕的柯桥密码》编委会

2024 年 2 月